新时代高校辅导员
角色认知及履职理念

顾荣华　尹　吴　主编

北方文艺出版社
哈尔滨

图书在版编目(CIP)数据

新时代高校辅导员角色认知及履职理念 / 顾荣华,
尹吴主编. -- 哈尔滨 : 北方文艺出版社, 2022.3
ISBN 978-7-5317-5451-0

Ⅰ. ①新… Ⅱ. ①顾… ②尹… Ⅲ. ①高等学校 - 辅
导员 - 工作 - 研究 Ⅳ. ①G645.1

中国版本图书馆CIP数据核字(2022)第016923号

新时代高校辅导员角色认知及履职理念

XINSHIDAI GAOXIAO FUDAOYUAN JUESE RENZHI JI LüZHI LINIAN

作　者 / 顾荣华　尹　吴
责任编辑 / 张　璐　　封面设计 / 左图右书

出版发行 / 北方文艺出版社　　邮　编 / 150008
发行电话 / (0451)86825533　　经　销 / 新华书店
地　址 / 哈尔滨市南岗区宣庆小区1号楼　　网　址 / www.bfwy.com
印　刷 / 湖北诚齐印刷股份有限公司　　开　本 / 787mm × 1092mm　1/16
字　数 / 202千　　印　张 / 14.5
版　次 / 2022年3月第1版　　印　次 / 2022年3月第1次印刷
书　号 / ISBN 978-7-5317-5451-0　　定　价 / 49.00元

前言
/ PREFACE /

“经过长期努力，中国特色社会主义进入了新时代。”这是中国共产党第十九次代表大会的重大宣告。这一宣告是中国共产党根据时代变化要求与我国发展现实而作出的政治判断，本身就具有非常丰富的时代内涵。新时代，对我们党和国家事业今后一段时间的任务和方向提出了许多新的要求，对我国社会发展的影响是全方位的。在高等教育领域，新时代为高校思想政治教育工作带来新的发展机遇与时代挑战，一方面，新时代对大学生的政治觉悟、思想道德、知识水平等方面提出了更高的标准，另一方面，也对与大学生联系最紧密的高校辅导员提出了更高的要求。

高校辅导员是高等学校教师队伍和管理队伍的重要组成部分，是开展大学生思想政治教育的骨干力量，是高校学生日常思想政治教育和管理工作的组织者、实施者和指导者，是大学生健康成长的指导者和引路人。党的十八大报告指出，把立德树人作为教育的根本任务，培养德智体美全面发展的社会主义建设者和接班人。进一步加强高校辅导员队伍的建设，对于加强和改进大学生思想政治教育、维护高校稳定、推动教育事业发展具有重要的现实意义。2014年3月，教育部印发《高等学校辅导员职业能力标准（暂行）》，对辅导员职业标准、工作范畴和培训要求等作出了明确规定，为推进辅导员队伍建设提供了政策依据和行动指南。同时也要求辅导员根据自身的实际经验总结提炼出一套针对性强、实效性高的方法，做好本身的教学管理工作。

加强对高校辅导员角色认知及履职理念的研究，是提高高校辅导员工作实效性，推进高校辅导员队伍建设的重要途径。对于新时代的高校辅导员来说，不仅要对角色认知与履职理念要有一个较为透彻的理解，也需要对具体履职体现有清晰的认知。高校辅导员的工作离不开学生培养、班级管理、日常事务处理，这些都是支撑辅导员履职的不可或缺的关键点。因此，我们需要与时俱进，随着时代的发展而进行不断的完善，促进我国高校辅导员对角色认知与履职理念的理解，从而进一步促进我国高等教育的发展。

目录

/ CONTENTS /

第一章 新时代高校辅导员岗位职责与角色定位

随着高等教育的变革与发展,高校辅导员的作用和地位发生了深刻的变化。了解高校辅导员制度的历史演进,明确不同时期高校辅导员的岗位职责,特别是在新时期的岗位职责与角色定位,对于理解如何在新时期更好地发挥辅导员作用具有重要意义。

第一节 高校辅导员制度的发展

辅导员制度的发展大致经历了萌芽阶段、确立阶段、发展阶段,辅导员工作根据辅导员在各个历史时期的不同的角色定位而发生变化,并表现出鲜明的时代特色。从历史的角度分析并揭示其发展变化的原因和规律,对现行高校辅导员制度的改进,以及明确高校辅导员制度的发展趋势都有着不可忽视的作用。

一、孕育萌芽时期(1949年以前)

政治指导员制度是中国共产党为了加强党对军队的绝对领导,提升人民军队战斗力的一项具体制度,高校辅导员制度与人民军队中的政治指导员制度有很多相似之处。中国共产党早在20世纪30年代就有了关于政治指导员的相关条例,对于政治指导员的地位、工作内容等都有详细的规定。长征转移至延安后,建立了中国人民抗日军事政治大学(简称抗大),并引进人民军队中的政治指导员制度。抗大建立了完整的学校行政组织系统,设有三个部:政治部、训练部、校务部。抗大政治部规定政治指导员是校政治部委派到连队,在政治协理员及政治部领导下对全连队政治工作的完全责任者,在政治工作上服从其直属政治协理员之指导，在军事上服从大队长。要求"政治指导员必须是优秀的积极的中国共产党党员，绝对向党负责，坚决执行党的路线、决议与号召，保证与巩固党在学员队的领导地位"，政治指导员制度保障了党对抗大的直接领导。抗大的政治指导员制度为日后高校辅导员制度的建立提供了宝贵的经验，产生了深远的影响。

二、制度建立时期（1949～1965年）

1949年11月1日中华人民共和国教育部成立，次年发布了《关于加强对学校政治思想教育的领导的指示》，要求学校对教员和学生开展思想政治教育工作时，无论家庭出身如何，应以说服教育的方式，积极鼓励其前进，对当时高校思想政治教育工作方式提出了具体要求。1951年在北京召开了全国工学院院长会议，提出在全国工学院有准备地试行政治辅导员制度，要求政治辅导员主持思想改造工作。教育部于1952年发布《关于在高等学校有重点地试行政治工作制度的指示》，要求在高等学校设立政治辅导处。政治辅导处设主任1名，设辅导员若干人，其主要任务是在政治辅导处主任领导下，辅导一个或几个系学生的政治学习和社会活动。同时，政治辅导员也可以兼任政治理论课助教，可以逐渐培养成政治课教员。

政治辅导员的地位和作用由此得以确定。时任清华大学校长蒋南翔所倡导的"双肩挑"学生政治辅导员，对高校辅导员制度进行了具有创造性、开拓性的实践。1953年初蒋南翔从政治上、业务上都很优秀的高年级学生中选出20余人，延长一年学制担任政治辅导员，建立"双肩挑"政治辅导员队伍。"双肩挑"即要求政治辅导员的业务学习成绩和思想政治工作水平都非常出色，引导学生树立正确的人生观、世界观、价值观，能够用马克思列宁主义来指导实践工作。他亲自组织第一批学生政治辅导员同教师一起学习《矛盾论》和《实践论》，使他们具有较高的思想理论水平。同时政治辅导员由学生本身担任，品学兼优，也进一步促进了学风、班风的建设。"双肩挑"政治辅导员制度开创了兼职辅导员模式，其指导思想对高校辅导员制度的发展有着极为重要的影响。

三、制度发展时期（1977～1989年）

1977年冬，国家恢复了高考制度。1978年10月4日，教育部通知试行《全国重点高等学校暂行工作条例(试行草案)》,条例对高校辅导员有着明确的规定,要求恢复对高校辅导员的设置,同时还要求政治辅导员都要既做学生思想政治工作,又要坚持业务学习,有条件的要坚持半脱产,担任一部分教学任务。政治辅导员可以适当轮换。1980年4月29日,教育部、共青团中央发出《关于加强高等学校学生思想政治工作的意见》,首次提出高等学校的学生政治工作干部,既是党的政治工作队伍的一部分,又是师资队伍的一部分,担负着全面培养学生的重要任务。从此,我国高校辅导员由单一的政治干部身份开始向具有教师和干部双重身份转变。1984年,中共中央宣传部、教育部出台了《关于加强高等学校思想政治工作队伍建设的意见》,对思想政治教育队伍的各个方面进一步细化和明确化,要求政治辅导员必须具备一定的政治素质,同时具有一定的知识文化水平,必须具有"大学以上文化程度"。第一次对辅导员的文化水平提出相应的标准。提出辅导员"可从本校教师和干部中选调;可从本校毕业生中选留,也可从马列主义理论专业、思想政治教育专业和其他文科专业毕业生中调配"。同时第一次规定辅导员的发展方向可以为党政干部、马列主义理论教师、共产主义思想品德教师、业务课教师。在这个时期,党中央认真总结改革开放以来我国社会主义现代化建设的经验教训,提出物质文明和精神文明"两手抓",切实加强思想政治工作,高校辅导员制度建设也成为重中之重。

四、制度加强时期(1990～1999年)

党的十四大召开后,确立了社会主义市场经济体制,我国经济进入高速发展时期。同时国际政治经济格局也发生了巨大的变化,各种思潮在我国高校内涌动,高校外部环境依然复杂多变。随着改革开放的进行,高校内部的改革也在不断加深和强化,招生计划、培养费用、分配方式进一步变革以适应社会主义市场经济的要求。发展和完善高校辅导员制度,保障高质量的人才产出,确定党对高校的正确领导,成为新时期党和国家所要完成的一项重要任务。

1990年7月17日发布的《中共中央关于加强高等学校党的建设的通知》明确规定,各系的学生党支部书记和团委负责老师可以由专职的辅导员来担任。在1995年11月23日,由国家教育委员会颁布试行的《中国普通高等学校德育大纲》中指出，辅导员和班主任是日常思想政治教育的直接组织者和协调者。要深入学生，搞好班集体、宿舍和年级的工作；组织开展形式多样、生动活泼的教育活动；有针对性地做好细致深入的个别思想工作；加强心理健康和心理素质方面的咨询与指导；要通过各种行之有效的方式，密切学校与学生家长的联系，争取家庭教育与学校教育的良好配合。高校辅导员成为我国高校德育队伍的重要组成部分。20世纪的最后十年，我国社会发展充满着机遇和挑战，党中央以马克思主义理论为指导，结合实践，健全社会主义市场经济体制，坚持走有中国特色的社会主义道路，进一步完善中国特色社会主义制度体系。高校辅导员制度在此时期得到了加强。

五、制度创新时期（2000年至今）

进入21世纪后，我国仍然保持较高的经济增长速度，国际影响力逐渐增强，人民生活水平日益提高。高校中也进行着深刻的变革，高校内逐步实行弹性学制，高校后勤管理进一步社会化，高校大规模扩招，社会矛盾在高校内日益显现，这一系列变化无不影响着高校辅导员制度。2000年7月，教育部党组发布《关于进一步加强高等学校学生思想政治工作队伍建设的若干意见》指出，专职学生思想政治工作人员系学校专职从事和负责学生思想政治教育工作的人员，包括学校分管学生思想政治教育工作的党委副书记，学生工作部（处）从事学生思想政治教育工作的人员，院（系）党总支负责学生思想政治教育工作的副书记、团总支书记，学生政治辅导员等，并规定专职辅导员任期为4～5年，兼职辅导员任期为2～4年。强调“要建立必要的规章制度，切实保证各项培养工作的落实”。对于高校辅导员的选聘方法、岗前培训、日常培养、表彰奖励、考核管理提出了具体实施意见。[①]

文件的发布为新时期高校辅导员制度建设提出了指导性意见，指明了高校辅导员制度的发展方向。党的十六大之后，我国改革开放和现代化建设的步伐进一步加快，党中央更加注重高校思想政治教育队伍的建设和完善，高校辅导员制度处于快速发展阶段。2004年8月26日，中共中央、国务院《关于进一步加强和改进大学生思想政治教育的意见》指

①李蔺．新时代高校辅导员工作发展与变革研究[M]．长春：吉林科学技术出版社，2019.

出,辅导员、班主任是大学生思想政治教育的骨干力量,辅导员按照党委的部署有针对性地开展思想政治教育活动,班主任负有在思想、学习和生活等方面指导学生的职责。院(系)的每个年级都要按适当比例配备一定数量的专职辅导员,每个班级都要配备一名兼职班主任。2005年,教育部发布了《关于加强高校辅导员班主任队伍建设的意见》,这是我国第一次出台专门针对高校辅导员制度建设的纲领性文件,文件指出加强辅导员、班主任队伍建设,是加强和改进大学生思想政治教育和维护高校稳定的重要组织保证和长效机制。该文件对于高校辅导员的选拔配备、培养培训、政策保障提出了制订细则的具体意见,并且提出要把专职辅导员队伍作为党政后备干部培养和选拔的重要来源,根据工作需要,向校内管理工作岗位输送或向地方组织部门推荐。高校选拔党政领导干部,要重视专职辅导员的经历。根据本人的条件和志向,也可向教学、科研工作岗位输送。2006年9月1日开始实施《普通高校辅导员队伍建设规定》(于2017年修订),这是我国教育部第一次出台有关于高校辅导员的法规性文件。2015年11月教育部在官网公布了《普通高等学校辅导员队伍建设规定》的修订情况。《普通高等学校辅导员队伍建设规定》已于2017年8月31日经教育部部长办公会议修订通过,自2017年10月1日起施行。原《普通高等学校辅导员队伍建设规定》同时废止。《普通高等学校辅导员队伍建设规定》对高校辅导的职责作出了明确的要求:“恪守爱国守法、敬业爱生、育人为本、终身学习、为人师表的职业守则;围绕学生、关照学生、服务学生,把握学生成长规律,不断提高学生思想水平、政治觉悟、道德品质、文化素养;引导学生正确认识世界和中国发展大势、正确认识中国特色和国际比较、正确认识时代责任和历史使命、正确认识远大抱负和脚踏实地,成为又红又专、德才兼备、全面发展的中国特色社会主义合格建设者和可靠接班人。”

这一时期党中央、国务院、教育部不仅专门针对高校辅导员制度出台相关文件,同时在高校的形势与政策教育、党团建设、校园文化建设、校园网络管理、大学生社会实践工作、贫困学生资助、学生日常管理等工作出台的文件中均有专门的文字段落阐释高校辅导员在这些工作中应当承担的责任和义务,全方面、立体化完善和发展高校辅导员制度。

第二节 高校辅导员岗位职责

新时期以来,辅导员的角色定位出现了多重性、多元化发展的趋势,其工作职责已经从过去那种单一的思想政治教育中走了出来,发展成集思想政治教育、心理健康辅导、日常管理工作、班风学风建设等多种工作职责于一身的多重角色。进一步明确辅导员工作职责边界,建立科学的考评制度,提升辅导员履职素质,同时还要注意借鉴西方国家经验,有助于更好地履行这些职责。

一、高校辅导员工作职责的文件规定

2017年修订的《普通高等学校辅导员队伍建设规定》(简称《规定》),把高校辅导员工作的基本要求与主要职责再次进行了明确,并详细地列举了高校辅导员职责上的九项工作。

第一,思想理论教育和价值引领。引导学生深入学习习近平总书记系列重要讲话精神和治国理政新理念新思想新战略,深入开展中国特色社会主义、中国梦宣传教育和社会主义核心价值观教育,帮助学生不断坚定中国特色社会主义道路自信、理论自信、制度自信、文化自信,牢固树立正确的世界观、人生观、价值观。掌握学生思想行为特点及思想政治状况,有针对性地帮助学生处理好思想认识、价值取向、学习生活、择业交友等方面的具体问题。

第二,党团和班级建设。开展学生骨干的遴选、培养、激励工作,开展学生入党积极分子培养教育工作,开展学生党员发展和教育管理服务工作,指导学生党支部和班团组织建设。

第三,学风建设。熟悉了解学生所学专业的基本情况,激发学生学习兴趣,引导学生养成良好的学习习惯,掌握正确的学习方法。指导学生开展课外科技学术实践活动,营造浓厚学习氛围。

第四,学生日常事务管理。开展入学教育、毕业生教育及相关管理和服务工作。组织开展学生军事训练。组织评选各类奖学金、助学金。指导学生办理助学贷款。组织学生开展勤工俭学活动,做好学生困难帮扶。为学生提供生活指导,促进学生和谐相处、互帮互助。

第五,心理健康教育与咨询工作。协助学校心理健康教育机构开展心理健康教育,对学生心理问题进行初步排查和疏导,组织开展心理健康知识普及宣传活动,培育学生理性平和、乐观向上的健康心态。

第六,网络思想政治教育。运用新媒体新技术,推动思想政治工作传统优势与信息技术高度融合。构建网络思想政治教育重要阵地,积极传播先进文化。加强学生网络素养教育,积极培养校园好网民,引导学生创作网络文化作品,弘扬主旋律,传播正能量。创新工作路径,加强与学生的网上互动交流,运用网络新媒体对学生开展思想引领、学习指导、生活辅导、心理咨询等。

第七,校园危机事件应对。组织开展基本安全教育。参与学校、院(系)危机事件工作预案制定和执行。对校园危机事件进行初步处理,稳定局面控制事态发展,及时掌握危机事件信息并按程序上报。参与危机事件后期应对及总结研究分析。

第八,职业规划与就业创业指导。为学生提供科学的职业生涯规划和就业指导以及相关服务,帮助学生树立正确的就业观念,引导学生到基层、到西部、到祖国最需要的地方建功立业。

第九,理论和实践研究。学习思想政治教育的基本理论和相关学科知识,参加相关学科领域学术交流活动,参与校内外思想政治教育课题或项目研究。

以上九项工作职责是党和国家对新时期高校辅导员队伍的新定位,同时也是对高校辅导员工作提出的新要求和新任务。如何高效地履行工作职责、出色地做好大学生思想政治教育工作,是摆在高校辅导员面前一项崭新的战略性课题,需要把握高校辅导员的多重定位。

二、高校辅导员工作职责的具体范畴

(一)思想引导

1.思想引导的目的

大学生是十分宝贵的人才资源,是民族的希望、祖国的未来。加强和改进大学生思想政治教育,提高他们的思想政治素质,把他们培养成为中国特色社会主义事业的合格建设者和可靠接班人,对于全面实施科教兴国和人才强国战略，确保我国在激烈的国际竞争中始终立于不败之地，加快推进社会主义现代化的宏伟目标，确保中国特色社会主义事业兴旺发达、后继有人，具有重大而深远的战略意义。[①]

2.思想引导的内容

加强和改进大学生思想政治教育，要以理想信念教育为核心，深入进行正确的世界观、人生观和价值观教育；以爱国主义教育为重点，深入进行弘扬和培育民族精神教育；以基本道德规范为基础，深入进行公民道德教育；以大学生全面发展为目标，深入进行素质教育。解放思想、实事求是、与时俱进，坚持以人为本，贴近实际、贴近生活、贴近学生，努力提高思想政治教育的针对性、实效性和吸引力、感染力，培养德智体美全面发展的中国特色社会主义事业的合格建设者和可靠接班人。

3.思想引导的过程

思想引导的过程就是指辅导员把社会主义要求的思想观念，包括政治观念、思想方法、道德规范等，通过长期有目的、有计划、有组织、有步骤地实施与引导，逐步转化为大学生个体的思想品德的过程。思想引导过程的主要环节大体上包括：确定具体目标，制订工作计划，实施工作影响，促成思想转化，信息反馈，评估控制。思想引导需要坚持教书与育人相结合、坚持教育与自我教育相结合、坚持政治理论教育与社会实践相结合、坚持解决思想问题与解决实际问题相结合、坚持教育与管理相结合、坚持继承优良传统与改进创新相结合。

4.思想引导的方法

思想引导的方法是指辅导员把社会主义要求的思想观念，包括政治观念、思想方法、道德规范等，逐步转化为大学生个体的思想品德而采用的方式和手段。思想引导的方法直接关系到思想引导的效能和目标。辅导员必须掌握和运用一些符合大学生思想和行为活动规律，易于使大学生接受的方法，才能保证思想引导预期目标的顺利实现。在这些方面，辅导员创造了许多有益的经验，既有说理引导法、实践锻炼法、熏陶感染法、比较鉴别法、自我教育法、典型示范法等传统方法，又有根据时代发展要求，在对传统方法批判继承基础上发展出的心理咨询、网络互动等新的方法。未来辅导员在工作中还应根据时代的发展和教育对象

①张世泽．高校辅导员工作指南[M]．沈阳：东北大学出版社，2013.

思想特点的变化,不断创新思想引导的方法,一要在全面总结传统方法的基础上推陈出新,不断探索新方法;二要通过借鉴中西方德育方法的优秀成果,实现思想引导方法的创新与发展;三要吸收科技发展的最新成果,实现思想引导方法的现代化。

(二)发展辅导

1.全面发展

全面发展是指培养大学生在德、智、体、美等方面都得到发展。《国家中长期教育改革和发展规划纲要(2010—2020年)》指出,要全面贯彻党的教育方针,坚持教育为社会主义现代化建设服务,为人民服务,与生产劳动和社会实践相结合,培养德智体美全面发展的社会主义建设者和接班人。辅导员要全面理解和贯彻党的这一教育方针,坚持以社会主义核心价值体系教育引导学生,培养大学生热爱党、热爱社会主义祖国、热爱各族人民的真挚感情,逐步树立中国特色社会主义的理想信念和正确的世界观、人生观、价值观。要坚持以改革创新为动力,遵循教育规律、教学规律和人才成长规律,贴近学生学习和生活实际,不断创新工作方法,发展每一名学生的潜能,提高学生综合素质,促进大学生全面成长成才。要按照实践育人的要求,以体验教育为基本途径,精心设计和组织开展主题鲜明、内容鲜活、形式新颖和吸引力强的教育活动,着力提高学生的社会责任感、创新精神和实践能力。

2.个性发展

个性发展是指大学生在需求、生活习惯、性格、能力、兴趣、价值观念等方面形成稳定的心理特征。辅导员应该按照"保持个性,彰显本色"的要求,重视每个学生的个性发展,并且使大学生的个性特长得到充分发展。从尊重、保护、发展学生的个性来说,要承认个性差异,区别对待,充分支持学生优势潜能的开发。发展学生的兴趣专长,特别是对一些有特殊才能和专长的大学生,更应创造条件,搭建舞台和平台,使其特长能够充分发展。从如何保持个性、彰显本色来说,辅导员要引导大学生处理好两个方面关系:一是正确处理全面发展与个性发展的关系。支持学生的个性发展,不能放弃对大学生全面发展的引领,而一味让学生盲目追求个性发展,忽视个性完善,放任个性的需求,甚至触犯道德的底线和法律的规范。二是正确处理个人、集体、社会的关系。要引导大学生学会与人相处，遵守集体规则和校园制度，学会在良好的校园人际氛围的熏陶下彰显个性。

3. 可持续发展

可持续发展，是指大学生作为个体的人在大学阶段及以后的职业生涯中连续不断地发展和完善，其追求的目标是大学生个体素质的不断完善、和谐和臻美。辅导员要引导大学生树立可持续发展的理念，以职业生涯规划与发展为切入点，帮助大学生制定科学合理的人生规划。要以大学生可持续发展的能力为重点，充分发挥第二课堂的作用，培养大学生的实践能力、创新能力和社会适应能力。要培养大学生健康的心理和健全的人格，不断推进挫折教育和心理健康教育，养成大学生坚强的意志和坚韧不拔的精神。

（三）生活指导

1. 权益与安全

（1）大学生权益类型与合法维护

权益是一种法定的利益，是权利与权利的行使带来的利益之和。大学生权益是指大学生在接受高等教育的过程中应享有的权利，概括起来主要有以下几种：①使用权，是指大学生充分、合理地使用学校的教育教学设施、实验室设备、图书馆书刊资料等的权利；②知情权，是指大学生对学校的各种规章制度、学校的发展状况、自己所学专业的发展前景，对本专业的师资队伍水平、课程设置及经费投入等基本情况有全面了解的权利；③选择权，是指按照学校招生和教育教学管理的有关规定，大学生有自主选择专业、自主选择课程等权利；④监督权，是指大学生对教师的教学水平、教学态度及课堂教学质量，对学校教学经费投入的情况等进行监督的权利；⑤奖贷权，是指大学生有按国家有关规定获得奖学金、助学贷款或助学金的权利；⑥就业权，是指思想品德合格，在规定的修业年限内学完规定的课程且成绩合格，或者修满相应的学分，准予毕业的大学生应当享有的就业权利；⑦申诉权，是指对学校给予的处分或者处理有异议，向学校或者教育行政部门提出申诉，对学校、教职员工侵犯其人身权、财产权等合法权益提出申诉或者依法提起诉讼的权利。

引导大学生树立正确的权益观，辅导员应注意把握如下方面：一是引导大学生认识到享有权益与承担义务的一致性；二是引导大学生认识到权益的实现要受社会和高校自身现实条件的制约与限制；三是在不同主体权益冲突的情况下，引导大学生认识到权益实现的相对有限性。对于大学生合法权益的维护，可以从事前预防、事中干预和事后救济等环节入手，通过各种方式，构建一个完整的维权体系。

(2)大学生的安全防范问题

通过安全防范的教育和培训，培养大学生的社会安全责任感，使学生牢固树立“珍爱生命，安全第一，遵纪守法，和谐共处”的意识，掌握必要的安全行为知识、自救自护的知识和能力。帮助学生了解相关的法律法规常识，养成在日常生活和突发安全事故中正确应对的习惯，最大限度地预防安全事故发生和减少安全事故对大学生造成的伤害。教育学生注意保持健康的心理状态，帮助学生克服因各种原因造成的心理障碍，把事故消灭在萌芽状态。

加强大学生安全教育，辅导员应把握学生认知特点，注重实践性、实用性和实效性，要从加强治安形势与安全常识教育、法律知识与遵纪守法教育、安全防范与自我救助教育等方面开展，把安全教育理论的内容逐步充实到高校素质教育中。要根据不同专业及青年学生的特点，从学生入学到毕业，在教学活动和日常生活中，特别是节假日前适时进行，并善于利用发生的安全事故教育学生，防患于未然。要坚持专门课程与在其他学科教学中的渗透相结合，课堂教育与实践活动相结合，知识教育与强化管理、培养习惯相结合，学校教育与家庭教育、社会教育相结合，自救自护与力所能及地帮助他人相结合，做到由浅入深、循序渐进，不断强化、养成习惯。

2.消费与理财

正确的消费与理财观念是影响大学生成长成才的重要因素之一。掌握大学生消费倾向、消费意识及理财观念，引导大学生合理消费，并进行合理的消费与理财教育是辅导员需要关注的问题。

(1)理性消费

随着市场经济的发展和社会生活环境的迅速改善，大学生的消费观、消费心理和消费行为发生了深刻的变化。总体上，大学生消费的主流是合理的、科学的和理性的。但也有一些不健康的消费心理和消费观，存在炫耀性消费、超前性消费、攀比性消费、情感性消费等非理性消费现象。因此，辅导员应积极发挥在大学生消费教育中的作用，主动关注大学生的消费，探索大学生科学消费的教育对策，从而指导大学生形成科学的消费观念和消费行为。一要通过各种方式引导大学生树立正确的消费观，帮助他们合理安排消费结构，生活消费以节约为原则，发展消费以需要为原则。二要加强大学生消费心理教育，使大学生在消费上保持健康的、适度的消费心态和平和的消费心理。三要加强大学生消费行为的引导，应注意帮助大学生制定合理的、切合自身实际的消费规划，不超前消费，更不能超负荷消费。四要注意保护学生的消费权益，加强大学生维权意识教育，在消费权益受到侵害时提供必要的援助。

(2)合理理财

辅导员要通过各种途径和载体，引导并帮助他们树立正确的理财观念。要充分发挥大学生社团的作用，开展以投资、消费、理财为核心内容的教育活动和实践锻炼，使大学生了解常见的投资方式及其他金融知识，不断提高大学生的理财知识水平和理财能力。要鼓励大学生通过勤工俭学等途径增加收入，既减轻家庭的经济压力，又丰富大学生自身的理财实践。

3.独立与社交

(1)引导学生学会独立

当大学生结束大学生活走向社会，社会就不会再把其当成一个学生或者不成熟的青年来看待，而是把其视为一个有独立思想和行为的成熟个体，并要求其能够承担起社会赋予的责任。同时，大学生也会意识到，真正走向社会，就意味着失去了师长的庇护，因而往往会感到一些惶恐。不少大学生在走向社会的过程中，出现了各种各样的不适应情况，有很多是与独立性不足有关的。因此，在大学期间，如何有意识地培养学生的独立意识，帮助大学生形成自尊、自信、有责任感的独立个性，已逐渐成为广大辅导员共同关注的焦点。

辅导员要对不同的学生进行个性化的教育与引导。对独立性差的大学生，辅导员应该多为他们创造良好的实践环境，使他们在与教师、同学的交往中逐步体验独立人格受到尊重的感受，从而树立自尊、自信。对个性太强的学生，辅导员应该帮助他们形成正确的自我评价标准，根据学生特点设计合理的问题情境，促使学生主动思考如何正确对待他人的评价，对自我进行客观定位。辅导员要努力创设多样化的途径和载体，提高大学生的自我认识水平。在教育过程中，辅导员应千方百计地创设情境，使大学生得到锻炼，帮助他们深化自我认识，形成自信、自尊的优良品质。

要通过社团活动等载体增强学生的独立意识，使他们学会自我管理，学会与他人相处，从而促进其自我意识的发展和自我管理、自我服务能力的提高和独立性的发展。

(2)提升人际交往能力

大学期间，同学之间、师生之间、老乡之间、室友之间、个人与班级及与学校之间等错综复杂的社会交往，构成了大学生人际交往的网络系统。

大学时期是大学生心理趋于成熟的时期。在这一阶段，他们思想活跃，精力充沛，兴趣广泛，人际交往的需要极为强烈。他们力图通过人际交往去认识世界，获得友谊，满足自己物质上和精神上的各种需要。因此，大学生希望被人接纳、理解的心情尤为迫切。辅导员要通过日常工作中潜移默化的影响，引导大学生克服社会知觉中的偏差和各种不正确的认知，明确人际关系的一些基本原则，要通过多种途径和方式，帮助大学生塑造良好的个人形象，培养良好的交往品质，增强个人的魅力。要通过培训等方式，帮助大学生提高交际技巧和艺术，让大学生在与他人的和谐相处中来构建个人成长的良好氛围和环境。

(四)组织管理

1.学习管理

学习管理是指辅导员对刚进入大学的新生与低年级大学生，在其面对新的学习环境、完成新的学习任务的过程中，为帮助他们尽快适应大学学习的要求，尽早确立自身学习发展的目标，获得有效的指导、引导、帮助和激励而进行的各种组织、协调、安排、策划等活动。

(1)学习适应指导

新生进校后，辅导员应及时把指导新生适应大学学习作为自己的工作重点。可以从两个方面入手：一是加强新生入学教育，帮助新生尽快了解和熟悉大学学习的任务、特点和要求；二是引导和培养新生树立自主学习的观念和习惯，掌握大学的学习方法，提高学习能力。

(2)学籍管理

学籍管理属于制度管理,辅导员要认清自身在学生学籍管理中角色的特殊性,即管理者和教育者的统一,做到坚持管理与教育相结合。辅导员要做好相关的宣传、配合、协调、教育等工作。

(3)选课指导

辅导员要指导学生去按照自己的学习计划选课,让学生的选课,既满足学分要求又适合自己兴趣,符合专业培养要求并有助于优化自己的知识结构。

(4)职业生涯规划

辅导员应指导学生在制订大学期间的学习计划时将学习计划和职业生涯规划结合起来,注意引导学生对自己进行准确定位,清楚了解自己的个性、特长,知道自己想做什么、想成为什么样的人,等等。

2.事务管理

辅导员工作千头万绪,对学生日常事务的组织管理更是具体、琐碎。辅导员既要协助校院(系)两级组织及宣传、教务、学生、保卫、团委和后勤等相关部门做好学生组织发展、精神文明创建、日常教务、奖勤助补贷、安全稳定、第二课堂活动和后勤管理等校院(系)日常事务的组织管理,又要做好班级学生财务、档案、健康、宿舍、干部等日常事务的组织管理。虽然工作千头万绪,但做好大学生日常事务的组织管理意义重大,不可忽视。

(1)奖勤助补贷的组织管理

奖勤助补贷的组织管理是指针对优秀大学生开展的评优评先工作和针对家庭经济困难大学生开展的贫困生工作的组织与管理,是对特殊群体学生的奖励和鼓励,对培养大学生的学习热情和帮助大学生顺利完成学业有重要的作用。

第一,评优评先工作。学生评优评先工作包括国家奖学金、专项奖学金、三好学生、优秀学生干部、先进个人等的评审和评选,直接关系到学生的切身利益。辅导员在开展评优评先工作时要有依据、讲原则、按程序,提高评优评先工作的透明度,增强公信力。

第二,贫困生工作。它是指对家庭经济困难的大学生进行的国家助学贷款、生源地信用助学贷款、助学金、勤工助学、困难补助和免除学杂费等的组织和审查，是落实国家有关政策、帮助大学生顺利完成学业的具体举措。辅导员在开展贫困生工作时要按照有关管理规定严格做好贫困生的认定，并在学生中加强诚信、感恩和社会责任感教育。

（2）学生干部的组织管理

学生干部是学生当中的先进分子，也是辅导员工作的协助者和班级工作的具体组织者、管理者。选拔和培养好学生干部至关重要。

第一，精心选拔。学生干部的选拔应坚持“品学兼优、任人唯贤”的原则，要选拔综合素质高、工作能力强、学习成绩好、有责任心、讲服务、能奉献、能自律和能吃苦的优秀学生担任学生干部。

第二，注重培养。通过强化学习、技能培训、方法指导、实践锻炼等措施提升学生干部的综合素质，培养使用好学生干部。

第三，加强管理。辅导员可以通过制定《学生干部管理条例》《学生干部职责手册》《学生干部培训手册》等措施，让愿意做事的学生有锻炼的平台，让能干事的学生有施展的舞台，不让“老实人吃亏”，提高学生干部队伍的战斗力和凝聚力。

3.活动管理

大学生活动的组织管理是指辅导员对大学生课堂教学活动以外的社团活动、社区活动、社会实践活动的组织、协调和管理。对大学生活动的组织管理为大学生丰富课余生活、培养组织能力、强化创新意识、锻炼交往水平、提高综合素质、促进健康成长创造条件和提供保证。辅导员在鼓励大学生积极参加各类健康有益的活动的同时，也要加强对这些活动的组织管理。这一管理大体有以下几个方面：社团活动的组织管理、文体活动的组织管理、社区活动的组织管理、勤工助学活动的组织管理。

（1）社团活动的组织管理

社团活动的主管部门应当是学校各级团组织和社团联合会，但辅导员在社团活动的组织管理过程中也发挥着重要作用：辅导员应坚持“符合活动要求、遵循活动原则、依据活动程序、提供活动保障”的宗旨，组织、指导和管理社团活动，即辅导员对学生社团活动要严把“审查关、方向关、程序关、质量关”。

（2）文体活动的组织管理

辅导员对文娱活动的组织管理，一是要加强对文娱活动的组织、策划和指导，创造性地开展形式多样、高雅、健康的文娱活动；二是要引导大学生通过文娱活动提高陶冶高尚情操、培养健康情趣、树立正确观念的能力；三是要坚决抵制各种格调低下、思想低俗、内容低级的不利于大学生健康成长的文娱活动。

辅导员对体育活动的组织管理，一是加强大学生体质信息管理，建立大学生健康信息档案，有针对性地对大学生进行健康教育，保证大学生健康成长；二是加强体育课和课外体育活动的组织管理，通过加强考勤管理、考风考纪教育，增强体育课与课外体育活动的实效性。

（3）生活园区活动的组织管理

大学生生活园区活动逐渐成为班级活动的补充，大学生生活园区管理也就成为班级管理的延伸。辅导员对生活园区活动组织管理的重点是组织、策划丰富多彩的社区活动，如社区文化艺术节，寝室设计大赛，寝室卫生、文明、和谐、学习等评星活动，以寝室、楼层、楼号为单位的文娱、体育等活动。总之，通过丰富多彩、健康有益的生活园区活动和规范有序的生活园区管理，为大学生营造良好的生活环境，创造和谐的人际关系，提供优质的生活园区服务，进一步形成环境育人、服务育人和管理育人的工作格局。

（4）勤工助学活动的组织管理

辅导员要加强对大学生勤工助学活动的组织和管理，及时解决勤工助学活动中出现的问题，以利于勤工助学活动的有序开展和大学生的健康成长。辅导员对大学生勤工助学的组织管理，要注意完善制度、规范程序、加强教育、严格把关。

（5）社会实践活动的组织管理

社会实践活动是大学生在校内外参加的军政训练、教学实践、专业生产实习、科技实践、志愿服务等各类实践活动的总称。辅导员对社会实践活动的组织管理要着力于以下几个重要环节：一是全面发动，全员参与；二是精心策划，认真组织；三是明确目标，遵循原则；四是深入总结，加强交流。

第三节 高校辅导员角色定位

辅导员的根本角色定位是思想政治教育工作者。随着高校教育改革的深入和社会的发展,辅导员的角色内涵更为丰富,辅导员的角色定位正在向以促进大学生成长成才为核心的管理者、教育者、服务者的方向发展。

一、大学生日常思想政治教育和管理的组织者、实施者和指导者

(一)文化传承创新的推动者

2016年12月,习近平在全国高校思想政治工作会议上指出,我国高等教育肩负着培养德智体美全面发展的社会主义事业建设者和接班人的重大任务,必须坚持正确政治方向。高校立身之本在于立德树人。只有培养出一流人才的高校,才能够成为世界一流大学。办好我国高校,办出世界一流大学,必须牢牢抓住全面提高人才培养能力这个核心点,并以此来带动高校其他工作。这是高等教育思想和大学职能的新发展,是新时期我国高等教育与时俱进极其重要的新任务,也对大学思想政治教育工作提出了新要求。辅导员是大学思想政治教育的骨干力量,必须肩负起大学文化建设的重要使命,主动投身大学文化建设,做中华文化的继承者、延续者和传播者,做社会主义先进文化精髓的倡导者和实践者,成为宣传中华文化的一面旗帜。辅导员要注重对学生人文素质和科学精神的培养,积极引导大学生参加社团活动、素质拓展活动、科技创新活动及社会实践活动等。要根据大学生的思想特点,遵循教育的规律,注重活动的参与性与体验性,立足于大学生乐于参与和便于参与,发挥大学生的主体作用。要创新教育形式和手段,多渠道、多角度宣传传统节日,积极利用网络、手机等新媒介,吸引大学生广泛参与。

(二)思想政治教育的基层指挥员

思想政治教育是一项系统工程,具有复杂性、立体性的特点,牵涉面广。辅导员工作在大学生思想政治教育的第一线,他们既要组织协调班

主任等从不同角度开展日常思想政治教育，具体实施与大学生思想政治教育有关的各项工作部署，还要指导学生党支部和班委会建设。因此，辅导员不应仅是一个战斗员，还要善于做一名基层指挥员，要对自己引导的学生进行全局思考，开展全面工作，把各个方面的力量组织起来，协调动员起来，把大家的积极性调动起来，这样学生的思想政治教育工作才能有效进行。

（三）校园和谐稳定的促进者

当前，我国高校校园保持总体稳定，为高等教育事业持续发展奠定了基础，也为社会稳定作出了重要贡献。但必须清醒地看到，高校还存在着不少影响安全稳定的因素。辅导员工作在大学生思想政治教育第一线，能及时掌握第一手信息，把握大学生的情绪，了解大学生的要求，从而能够更好地引导大学生正确对待学习、生活、情感和就业等方面的问题，及时化解各种矛盾，维护校园和谐、安全与稳定。辅导员要加强日常管理，充分发挥主要学生干部的作用，并同专业教师保持紧密的联系，通过各种方式与渠道掌握学生信息和动态。对危机和问题做到早发现、早解决，防患于未然。辅导员应掌握一定的安全常识、法律常识、心理学常识等，不断提高自身的观察力、判断力、协调力、应变力，提升自身的心理综合素质，使自己能在处理危机事态时临危不乱。

二、大学生的人生导师

（一）大学生的政治引路人

当前，我国社会生活正在发生着翻天覆地的变化，大学生也在不同程度上受到了社会大环境的冲击和影响。辅导员要及时了解和掌握学生思想政治状况，运用马克思列宁主义、毛泽东思想、邓小平理论、“三个代表”重要思想、科学发展观、习近平新时代中国特色社会主义思想引导大学生认识世界、了解社会、辨别是非，提高大学生的政治鉴别力和政治敏锐性。要帮助学生确立在中国共产党领导下走中国特色社会主义道路、实现中华民族伟大复兴的共同理想和坚定信念。

（二）大学生的文明引导者

大学生是一个国家的希望和未来，大学生的文明素养是一个国家文明程度的最好体现。当前社会主义物质文明、精神文明、政治文明、生态文明的协调发展,迫切要求当代大学生更加注重自身形象的塑造和文明素养的提高。总体上看,当代大学生具有较强的社会公德意识和社会责任感,能够遵守公共秩序,爱护公共财产,讲究公共卫生,尊重他人;但发生在大学校园和大学生身上的部分不文明现象却让人忧心。作为大学生的文明引导者,辅导员要率先垂范、言传身教,除了要有坚定的信念、正确的政治方向、鲜明的政治立场、敏锐的政治眼光,以及正确的世界观、人生观和价值观外,还要品行端正、坚持原则、以身作则、言行一致。要加强社会主义荣辱观教育,通过不断地开展法制教育、安全纪律教育、文明修身、精神文明创建等活动,规范大学生的言行,陶冶大学生的情操,教育大学生认识到成才必先立德、立德必先立品。

(三)大学生的灵魂工程师

大学阶段是大学生的世界观、人生观、价值观形成和变化的关键时期,在这一时期,大学生的思想具有好奇性、敏感性、容易冲动的特点,可塑性较强。实践证明,大学生思想政治教育工作支配和引导看他们的理想和信念,会帮助他们形成坚定的信念,对他们今后的人生奋斗和不懈追求产生深远的影响。辅导员在这一时期发挥着特别重要的教育和引导作用。辅导员虽然不是学生的专业教师,但却是特殊的教师,担负着指导学生德智体美全面协调发展,培养学生形成正确的世界观、人生观、价值观的光荣职责。辅导员必须成为塑造学生灵魂的工程师,这也客观上要求辅导员要用自己的专业知识、工作经验和人生感悟辅导学生,教育学生学会如何做人做事,成为政治合格、品德优良、德才兼备的中国特色社会主义事业的建设者和接班人。①

三、大学生健康成长的知心朋友

(一)大学生职业发展的指导师

积极做好大学生职业发展教育,是大学生全面发展和健康成长的要求,是高校推进人才培养模式改革和全面素质教育的要求,也是大学生思想政治教育工作与时俱进的要求。辅导员要努力提高自身的专业素质,掌握职业生涯发展理论,熟悉个体、团体的辅导与咨询技能,具备心理测评的知识与技能,通晓职业道德要素与相关法律知识,努力成为大

①伍晓芸. 新时代高校辅导员角色建构研究[D]. 成都:西南交通大学,2019.

学生的职业发展指导师。辅导员要坚持以学生为中心,树立一切为了学生成才与发展的工作理念,提高职业指导的专业化水平;坚持以市场为导向,按市场经济和现代社会对人才的要求,对学生进行职业生涯指导;坚持以服务为载体,通过就业服务与指导工作,帮助学生为未来的职业生涯做好充分的准备;坚持以教育为目标,将职业发展教育作为学生人生指导的一部分,贯穿大学教育的始终。在初期阶段,要帮助学生加深自我认识,树立正确的学习观;在中期阶段,要帮助学生自我拓展,培养学生较强的责任感和使命感,树立正确的成才观和事业观;在后期阶段,要帮助学生自我发展,树立开拓务实的职业观、创业观和择业观。

(二)大学生心理健康的培育者

加强和改进大学生心理健康教育是促进大学生健康成长、培养高素质合格人才的重要途径,是加强和改进大学生思想政治教育的重要任务。辅导员在大学生心理健康教育中具有重要的作用,要努力成为大学生心理健康的培育者,加强对大学生心理健康教育的研究,增强心理健康教育工作的科学性、针对性和实效性。要主动接受心理健康教育的专业培训,掌握与学生沟通、疏导学生心理问题的心理辅导理论和有效方法。要注重工作方法和工作艺术,遵循思想政治教育和大学生心理发展规律,一要坚持心理健康教育与思想教育相结合,既要帮助大学生优化心理素质,又要帮助他们培养积极进取的人生态度;二要坚持普及教育与个别咨询相结合,既要开展面向全体大学生的心理健康教育,更要根据不同情况,开展个别心理辅导和咨询工作;三要坚持课堂教育与课外活动相结合,既要通过课堂教学传授心理健康知识,又要组织大学生参加陶冶情操、磨炼意志的课外文体活动,不断提高大学生心理健康水平;四要坚持教育与自我教育相结合,既要充分发挥辅导员自身的教育引导作用,又要充分调动学生的积极性和主动性,增强大学生心理调适能力;五要坚持解决心理问题与解决实际问题相结合,既要加强大学生心理健康教育,又要为大学生办实事、办好事;六要坚持发展性和预防性心理健康教育相结合,以正面教育为主,运用各种教育资源,采取多种富有实效的教育方式。

(三)大学生的知心朋友

辅导员比大学生具有更丰富的人生经历,而且容易与大学生沟通,能够和他们打成一片,做知心朋友。做知心朋友,才能和大学生一起经历成长的过程,应对成长中的困惑和问题,更好地了解他们的所思、所感,才能正确辅导大学生,才能真正成为大学生的人生导师。要成为大学生的知心朋友,辅导员就应做到:一要转化教育理念,强化服务者的身份,营造平等的师生沟通氛围。二要为人师表,以身立教。有得体大方的言行举止,有乐观善良的品性、正直向上的品德,有较高的素质和良好的个人形象,有真实和丰富的感情和爱好,同时又具有独特的个性风采,展现出良好的精神风貌。三要有爱心。在辅导员工作中,爱是亘古不变的主题。辅导员不仅应该是爱的使者,更应该是爱的传播者,在学生的心中播撒爱的种子,使之生根发芽。四要有耐心。要善于驾驭自己的情感,要有容人气度,要能够在对待学生的反复教育转化过程中,耐住性子,摸准病因,对症下药。五要细心。在烦琐的班级管理和教育工作过程中,辅导员要具有敏锐的观察力和细微的洞察力,及时发现学生政治思想、道德品质、行为习惯、学习状况及心理状态等各个方面出现问题的迹象,及时引导,及时解决,防微杜渐。

第二章 新时代高校辅导员履职的理念与原则方法

美国著名的犹太教哲学家和神学家赫舍尔指出，人对人的本质的认识会对人自身的行为造成一定的影响；人存在的一部分主要是来源于人对自我的认识，因为人自身所拥有的本质只能让人从人的角度进一步去做相关理解。对于高校的辅导员来说，他们也是人，所以高校辅导员应该对其自身作为高校辅导员的具体意义和价值进行更深层次的探寻，这其实就是对高校辅导员理想形象的一种理性追求。

赫舍尔认为，“人的目的就是为社会或人类服务”，或者说“一个人的最高价值就取决于他对别人有用，取决于他的社会工作效果”。“人是不会满足于生命支配的本能生活的，总要利用这种自然的生命去创造生活的价值和意义，人之所以为人的本质应该说就是一种意义性存在、价值性实体，人的生存和生活如果失去意义引导，成为无意义的存在，那就与动物的生存没有两样，这是人们不堪忍受的”。

第一节 高校辅导员的教育理念

在教育理论体系中，教育理念可以说是比较重要的一个方面。所谓教育理念，就是主体把相关的教育价值取向渗透到了其中，以社会发展所呈现出的现实和具体的教育理论实践作为基础，深刻地反映出了主体对教育所具有的本质及应该追求的一种理性认识。教育理念既是教育的灵魂又是教育的根本指导思想，科学的教育理念在教育的具体发展过程中日益彰显其具有的前瞻性、指导性和全局性的重要作用。

一、当前辅导员的教育理念现状

在高校学生的相关事务中，辅导员扮演着一个直接工作者的角色，并处于领导者、管理者的核心地位，于是就会导致部分辅导员习惯对学生颐指气使，不顾及学生的感受。这些现象在损害高校辅导员的职业形象的同时，对教育的和谐发展也造成了严重的影响。

在社会主义市场经济条件下，社会越来越注重高等教育对学生综合素质的培养尤其是关于学生的实践创新能力方面，不仅如此，高等教育在相关的扩招计划过程中、对学分制的大力推广、学生学习生活的主要场所及方式上都发生了很大程度的变化，通过这些更加明确地把学生的主体地位凸显了出来。与此同时，大学生自身的主体意识也变得越来越强烈，这就决定了高等教育在传统的教学方式中所采用的教育理念已经难以再符合当今的时代和大学生在不断发展过程中所体现出来的需求，所以，这就要求高校进行适当的调整，必须及时向平行的引导型、服务型方面进行转变。

为此，高校辅导员最应该进行转变的就是观念方面，这就需要从辅导员的专业思想定位重点入手，根据辅导员在工作中所体现出的具体内涵，牢固并树立以学生为本的理念，逐步构建一个以学生成长、成才为中心的完整的学生服务体系，完成从只注重思想政治教育和道德教育到以培养全面发展的人为目标的重要转变。

高校的辅导员只有以平等的地位，以服务者的态度为学生的全面发展谋利益，对于学生的利益和需求予以充分的尊重并给予一定的保障，才能进一步适应新时期大学生工作的具体需要，才能为学生的全面发展营造一种平等和谐的人际氛围，才能真正地与学生生活和学生实际贴得更近，促进学生的全面发展。

二、辅导员应具有的教育理念

（一）坚持以人为本

对于教育而言，以人为本的人，主要包括学校当中的管理者、教师和学生等，不论是管理者还是教师都应该服务于学生，因此以人为本的实质说到底其实就是以学生为本。

在高等教育大众化的背景下，我国高校学生工作的一个必然诉求就是:确立以学生为本的重要工作理念,进一步彰显人文关怀,体现服务学生、尊重学生、关心学生、培养学生、激励学生、促进学生的全方面发展,这也将逐渐成为学生进一步工作的重要原则和指导思想。辅导员作为学校和学生之间正常联系的桥梁和纽带,是进一步把学生的工作新理念落实下来的重要主体,所以必须始终做到坚持以人为本的原则,始终贯彻以学生为本的基本理念。①

贯彻以学生为本的基本理念,需要做到以下两点。

1.坚持学生至上

贯彻以学生为本的理念,就需要对辅导员有一定的要求,要求辅导员始终坚持学生至上的原则,围绕学生的成长发展为中心,以直接服务于学生发展作为辅导员实现自身最高的职业价值,这不仅仅关系到职业道德的问题也涉及职业生态的问题。

2.辅导员把自己摆在服务学生的位置上

贯彻以学生为本的理念,还需要辅导员摆正自身的位置,要永远做到把自己摆在服务于学生的位置之上,进行工作的前提就是要对学生有一定的尊重,进行工作的重点就是让学生的主体作用得到一个充分的发挥,而促进学生的全面发展则是一个永恒的工作目标。

为此,辅导员应该认真地换位思考一下,以学生所处的环境进行全面深刻的考虑,对于他们的现实处境予以一定的理解;对于学生自身所拥有的个性、独立性和创造性要予以一定的尊重和肯定,根据学生的具体需要对于所服务的内容和具体形式进行明确的确定使工作具有一定的针对性,让服务质量在一定程度上得到有效的提高,耐心地对学生的生命尊严进行细腻的呵护;对待学生要始终把他们视为处于独立状态的成年个体,与学生之间建立具有平等的师生关系,积极鼓励学生通过不同的途径参与到有关学生工作管理的各种事宜之中,并针对相关的工作让学生提出自己独特性的意见,辅导员应该主动进行倾听广泛收集学生所提出的意见,从学生反馈的众多意见中找出在工作过程中存在的不足之处,在使学生的主体意识既得到满足,又对学生的主体地位给予尊重的同时,把亟待进行改进的方面明确提出来;针对管理者的教育方式进行适当的改变,把自己的姿态放在一个正确的位置,放在一个起着引导、

①孟东方. 高校辅导员学[M]. 北京:人民出版社,2019.

促成作用的重要位置上而不是处于一个习惯于发号施令的位置上，在这种情况下新时期高校辅导员工作的理论与实践研究把辅导员服务者的教育形象塑造得当。

（二）坚持“价值参与”

“价值参与”主要是相对于“价值中立”而言，具体指的是辅导员在对大学生的具体发展过程中所进行的相关引导，在引导时，辅导员需要将一定程度的价值观念渗透到引导当中，引导大学生树立积极的价值观念，进行合理的价值评判，以使自身内心产生的冲突得到适当的缓解，最终做出具有一定合理性的选择和积极行为的过程。

对于大学生来说，他们的人生价值观并没有完全得到确立，相对于成年人而言，他们的自我分析、自我省察、自我调适能力并不是很定型，一旦在生活中或者是学习方面遭遇了不快与挫折后，就很容易出现心理方面的困惑和价值方面的偏差。关于大学生价值问题的主要内容，具体包括对于自我价值的迷茫和面对社会多元价值的冲突，这也是促使他们产生诸种心理问题的主要原因。

因此，面对大学生这一较为特殊的群体来说，应该对他们进行有针对性的积极价值观念的介入和支持，这既是他们在健康成长过程中的具体需要，同时也是作为一名辅导员应有的责任。“价值参与”应做到以价值尊重为前提，以价值澄清为基础，以价值引导为中心，避免出现两个极端。

1.价值尊重

所谓的价值尊重，主要是指辅导员对于大学生所具有的价值观念应该予以一定的理解和尊重，不随意进行排斥、不擅自作评价，能够做到以真切的理解，从而为大学生创设一个安全、轻松的人际氛围，让大学生发挥自身的优势，自由地进行表达。

2.价值澄清

价值澄清则是在价值尊重的前提下，通过采用讨论、对比、实例等多种方式帮助大学生进一步地明确自己的价值观与价值取向，并详细地分析社会价值取向与自己的价值取向是否存在矛盾的地方，以及导致自己出现价值冲突的根源来自何处。

价值澄清的本质就是可以协助大学生对自我内在的冲突进行理智的

思考和客观的分析，为价值引导打好扎实的基础。

3. 价值引导

价值引导是实施“价值参与”的主要目的所在，即在价值尊重的前提下，在价值澄清的基础上，对大学生进行适当的引导（而非替代），让其进行适宜的价值选择。

（三）坚持系统性

系统性原则，从整体上要求辅导员所进行的教育过程应始终着眼于大学生的持续发展，并仔细贯穿于学校教育的全过程、各方面，不仅要引导大学生能够立足现在、设计未来，随着教育过程的不断深入，教育的方式与方法也应该适当地进行改变，教育方案应从整体体现出适时性、发展性持续性、前瞻性；而且要求将大学生的发展作为一个整体和系统。

辅导员工作实践的具体范畴，主要包括从大学生的心理健康教育到职业生涯辅导、学习辅导、生活辅导等内容，这在一定程度上能够更好地促进学生实现和谐发展。

（四）坚持实践性

实践性原则的目标是以大学生成长为主，载体是各种实践活动，让大学生在不断地实践过程中去体验生命的内涵，逐步稳定地走向成熟。对于人的生命而言，它就是一个重要意义的存在，而所谓的意义是要诉诸实践之中的。人的生命实践性从更深层次上决定了辅导员所执行的工作必须在实践中才能得以完成。也就是说只有让大学生在实践过程中把自己充分地展示出来，深刻体验种种生命的情感，觉悟人生真谛，这对于大学生的成长才会有促进作用。所以，这就要求辅导员应该做到以下两点。

第一，辅导员在开展具体的工作的时候，不应好高骛远，而是应该一切立足于现实，对所存在的客观实际予以一定的尊重，避免进行过于纯粹理想化、抽象化的空洞教育，要始终把学生所存在的实际问题尽心尽力地解决好作为主要的任务。

第二，辅导员的具体工作应该要重点渗透在学生学习的实践、职业生涯规划实践以及生活实践中进行，做到理论与实践的有机结合。

为此，在学生的工作实践过程中，辅导员就需要努力创造合适的机会,让大学生主动并积极投入到各种实践活动中去,让他们在相关的参与过程中进一步体验到自己的存在,展现自己的能力,思考和寻求人生真谛,真正在社会实践中成长。

(五)坚持开放性

在市场化、全球化、网络化的新时代,国内外的经济、政治和思想形势都发生了很大的变化。这就要求辅导员的工作要与时俱进,对其内容、方法、方式进行一定程度的变革,把那些已经不合时宜、跟不上发展的内容进行适当的变通,运用富有时代气息的话语和内容,让教育的内容充满时代感、新鲜感,更新教育方式、方法,探索在网络化条件下开展学生工作,以适应新的形势,提升工作实效。

第二节 高校辅导员履职的原则与方法

辅导员的基本工作就是管理并对学生进行相关的教育,这份基本工作不仅需要辅导员采用科学的思维方式方法去思考创新工作,同时还要坚持一定的科学工作原则和方法。所谓的原则就是经过长期的教育管理逐渐形成的,并详细地体现出了教育管理规律的准则,这也是思维需要遵循的一种基本方式。方法则是人类认识世界和改造世界的一种道路或路径,是人们活动的方式与法则。

换句话说,方法是我们为了能够达到认识世界和改造世界所运用的手段、工具和活动方式的总称。认识世界所采用的方法叫思想方法,改造世界所采用的方法叫工作方法。方法正确,就会取得理想效果,方法不当,就会事半功倍。

一、学生思想政治教育工作的主要原则

(一)教育与自我教育相结合的原则

辅导员是学生思想政治教育工作的主体,而学生又是自我教育的主体,思想教育工作应该让这两个主体自身所具有的积极性充分地发挥出来,二者缺一不可。如果只有辅导员的单方面教育而缺少了学生的自我

教育，那么就不会有真正的教育；反过来，如果只讲学生自我教育而缺少了辅导员的相关教育引导，那么所谓的教育就无法得到进一步的完善和成功。

因此，辅导员要坚持做到的一点，就是必须让这两个教育主体进行有机结合，把学生对于自我教育的积极性充分地调动起来，进一步强化学生自身的主体意识，对于出现的任何问题，都不要急于公布解决的具体方法，先启发学生，让他们主动去思、去想、去寻找能够用来合理解决问题的答案，做到与自我的思想对接，积极引导学生把握自我教育、自我提高、自我发展的主动权。凡属于通过学生自我教育方式能够解决的问题，都应该采用自我教育的方式去解决。

（二）政治理论教育与社会实践相结合原则

政治理论教育是学生思想成长与认识水平提高过程中的一条重要途径，但是，需要明确一点的是，政治理论教育必须在具体的实践中去消化、升华，接受锻炼与检验。

因此，辅导员既要注重对学生政治理论教育方面的加强，使学生树立具有正确的世界观、人生观、价值观，坚定建设中国特色社会主义的共同理想，并确立建设社会主义和谐社会的基本信念；同时也要注重引导大学生深入开展社会实践活动，通过深入社会、了解社会、服务社会的形式，对思想政治教育工作的有效途径进行进一步的拓展，特别是需要通过组织相关具有社会性的公益活动、志愿服务活动、社会调查活动、勤工俭学等活动，让学生在广泛的社会实践过程中熏陶思想感情、充实自身的精神生活、提高自身的道德境界、使自身的知识才干得到一定的增强。

（三）解决思想问题与解决实际问题相结合的原则

辅导员在开展相关的思想政治教育工作时，需要始终坚持解决思想问题与解决实际问题相结合的原则。既要讲究一定的道理又要办实事，既要以理服人又要以情感人，以更好地增强思想政治教育工作的实际效果。思想政治教育工作既要教育人、引导人，又要关心人、帮助人，如学生在成长过程中会遇到一些具体问题和困难，有些需要通过提高学生的认识来进行解决，有些则需要通过我们的具体工作来帮助解决，如果只注重解决学生思想方面存在的问题,而忽视了学生在学习、工作、生活中所遇到的实际问题,那么我们的教育就不会具有一定的感染力和说服力。

因此,在对大学生开展思想政治教育工作时,既要摆事实,讲道理,以理服人,有极致的耐心,循循善诱,进行合理的疏导、开导、引导工作,使他们的思想认识和精神境界得到提升;同时也要关心人、办实事、以情感人、春风化雨、润物无声,帮助大学生把他们在成长过程中学习成才、择业交友、健康生活等方面遇到的具体问题以合适的方式处理好。

这就要求辅导员要坚持深入学生、了解学生、服务于学生,为学生办实事、做好事、解决生活、学习中存在的难事,对学习环境进行相关的改造,加强就业服务方面的指导,帮助贫困生完成接下来的学业。

另外,还要注重学生所具有的心理特点,抓好心理咨询与教育工作,促进学生形成和保持一种健康向上的心理素质。

(四)教育与管理相结合的原则

辅导员的思想政治教育工作要始终坚持教育与管理相结合的原则,把具体的教育恰到好处地融入对学生的管理之中,建立自律与他律,激励与约束有机结合的长效机制。学生思想政治教育工作要想取得一定的成效,不仅要让本身的力度有所程度的加强,对相关的方法进行改进,还要最大程度地发挥管理所具有的作用,依照学生管理规定的规章制度对学生的具体管理实施一定程度的改进和加强。

因此,要依据学校管理规定的规章制度,严格照章办事,通过进一步对学生的学习、生活和行为进行具体的规范,促使学生能够做到自觉遵守规章制度和社会公德,逐步养成一个良好的行为习惯。

另外,还要让大学生对于自我管理的积极作用得到充分的发挥,激发大学生的自律意识,使自律与他律形成一种相辅相成的关系。

(五)普遍教育与个性教育相结合的原则

辅导员在思想政治教育工作中既要遵循大学生群体所体现出来的思想和心理发展规律,进行全面、普遍性的教育,又要着实对于大学生的个体素质差异有所考虑,因势利导,因材施教,进行富有个性的教育。

所谓的普遍性教育,其实就是指把学生群体的思想实际结合到一起,找准带共同性、倾向性、关系全局的问题进行综合性针对性教育，着力于学生整体思想认识水平的提高与精神面貌的改善，以及形成优良的风尚与成长环境，使班级成为学生思想道德的共同体。

个性教育主要是指不搞“一刀切”“一锅煮”的教育，而是要有一定的针对性，对于个别人个别突出的思想问题开展具体的教育工作，进行适当的教育，而且在进行教育的具体过程中，有一点需要特别注意，就是不要抹杀掉学生所具有的个性。凡是属于个别性的问题，不具一定代表性的问题，就不应该兴师动众，尽量低调去处理，如果这个问题被传得满城风雨、沸沸扬扬，会使学生的自尊心受到一定的伤害。

总之，把普遍教育与个性教育结合在一起，就是为了使学生成为共性鲜明，个性突出，全面而和谐发展的人。

（六）继承优良传统和改进创新相结合的原则

辅导员在思想政治教育工作中，既要对党的思想政治工作中所体现出的优良传统予以继承和发扬，又要主动进行积极的探索、创新新形势下符合、便于大学生思想政治教育工作开展的新途径、新方法。

对于党的思想工作中所体现出来的优良传统进行相关的继承，主要是指辅导员要进一步继承党的艰苦奋斗、实事求是、理论联系实际、密切联系群众批评和自我批评的优良传统和作风；一切要从人民利益出发，一切为人民群众着想，一切为了人民群众，关心群众生活、注意工作方法的优良传统与作风。这些所谓的优良传统和作风在大学生思想政治教育工作中仍具有强大的生命力和指导性。

但是，由于处在一个新的形势下，因而就要求开展的学生思想政治教育工作必须做到与时俱进，不能停滞不前，当代的大学生随着社会的进步、科技的高速发展，所面临、接触的新事物有很多，信息面也是非常的广泛，再者，他们有着敏捷的思维方式，这些特点又在一定程度上强烈要求辅导员需要看清当前的形势，不断地探索新途径、研究合理的新方法、拿出具有创新性的新举措，以更好地增强学生思想政治工作的时代感与具体的实效性。

因此，辅导员始终要做到坚持从实际的角度出发，对于大学生在思想成长过程中所体现出来的规律进行深入的探索和准确的把握，认真研究出现在学生思想政治教育工作中的新情况新问题，把学生思想政治教育工作方面存在的突出问题认真地进行解决，紧紧抓住那些影响学生思想政治观念形成和发展的关键环节，坚持做到更加贴近学生、更加贴近生活、更加贴近实际，因势利导，因材施教，因人施教，做到入耳、入脑、入心、成行。

要针对大学生的行为特点进行相关的研究，进一步对学生的思想认识与环境变化的内在联系予以探索，对教育的具体方法与手段进行相关的创新，最终把合适的内容确定下来，选择较为恰当的方式，有针对性地开展相应的教育和引导活动，特别是随着网络技术的飞速发展，无论是给学生的学习方面、生活方面还是思维方面都带来了深刻的影响。

因此，辅导员既要加强对学生上网的教育引导，同时又要把网络所带来的技术手段充分合理地运用好，为思想政治教育服务，形成网络思想政治教育工作体系，牢牢把握网络思想政治教育的主动权。

二、学生思想政治教育工作的主要方法

（一）说服教育，以理服人的方法

辅导员在开展具体的思想政治工作中，要想让学生进一步明白"提倡什么，坚持什么，反对什么"，或积极动员学生去完成某项具有挑战性的工作任务，或解决某个具有一定复杂性的问题，总得先把其中的道理讲清楚，进行一定的说服教育，让学生的认识得到一定程度的提高，做到以理服人。

所谓的理是就是道理、思想和见识。想要用合理的方式打开心灵，就需要诚恳的道理、深邃的思想和独到的见识这把关键的钥匙。在运用这一方法时，需要注意以下几个方面的内容。

1.有的放矢

俗话说，放箭要看靶子，弹琴要看对象。说服教育要想在一定程度上取得好的效果，就必须从实际情况出发，针对不同的人和事，用不同的思想内容进行教育。如在对学生两人产生的矛盾纠纷进行调解时，就必须有针对性地说明问题本身的性质与具有的相关危害性，并针对相互的责任以及各自应取的态度进行明确的区分，在这个基础上使双方达成统一的认识，各自多作自我批评，这样纠纷才容易得到调解。

总之,要针对问题本身表现出的性质,学生自身所具有的思想情况,对需要得到解决的问题的重点进行明确确定,有的放矢,才能进一步提高说服教育的实效性。泛泛说教,千篇一律,根本没有实际效果。

2.理要说透

辅导员要想凭借一定的道理去教育人,凭借一定的道理让人服从,就先要把道理说清楚、说透彻、说得全面、准确、具体,抓住实质或要害。反正就是要让学生自己感觉到这是一种真实的道理。说理的关键重在"说",要坚持做到以下几点。

(1)让人信服

信服的前提是具有一定的"真实"性。道理既有大又有小,既有浅又有深,但不论大小深浅如何,都不能脱离其本质,那就是"真实"。只有具有"真实"的道理,才能真正地服从人、开导人、教育人。[①]

那么,到底什么才是真实的道理呢?凡是能对客观事物的本来面目和现实客观情况进行如实的反映,能进一步解释和详细说明学生的实际问题和现实思想,并起到一定的指导作用的道理都是真实的道理。用这样的道理去说服、开导、教育学生,就一定能够使学生的心得到征服。因为人信服的是事实,是真理。"装腔作势的东西不能反映真理,而是妨害真理。凡真理都不装样子吓人,它只是老老实实地说下去和做下去。"

(2)因人说理

说理要想取得一定的理想效果,就要具有针对性地对学生的不同个性特征和素质状况以及不同的思想问题去逐一进行。有的需要具有一定的耐心细细地说,达到深入浅出的效果;有的需要通过具体的事来阐述相关的道理,暗喻说理,借喻说理,正反对比说理,利弊对比说理;有的则仅需要得到稍微的点拨即可。

总而言之,说理也需要达到"一把钥匙开一把锁"的状态。

(3)充分彻底

与学生说理的时候,辅导员先要把自己所讲道理的含义说准确,把需要表达的内容说清楚,所含的实质说透彻。只有充分透彻的道理才能起到说服教育人的作用。

①盛夏,路丙辉.高校辅导员工作实战方略[M].芜湖:安徽师范大学出版社,2018.

(4)泾渭分明

与学生说理,辅导员实际上就是把自己的观点向学生表达清楚,即爱什么,恨什么,赞成什么,反对什么,因而要做到泾渭分明,有着鲜明的态度,不要模棱两可,含糊不清,或者是躲躲闪闪,要敢于在是非面前把自己的态度明确地表达出来。

(5)循序渐进

与学生说理,要遵循认识的过程是由低到高的过程,由浅入深的一个基本规律,不要指望说出来之后立即就被学生所接受,要允许学生有一个逐渐认识提高的过程,即使学生一时没有接受,也要有耐心地去等待。

3.平等论理

与学生讲理,实际上是师生在相互平等的基础上所进行的你言我语,这是说服教育必须坚持的一个原则。因此,这就要求辅导员不能搞"一言堂",不能凭借自己的势力对学生进行压制,而是应当与学生进行双向的交流,处在一个平等的位置进行论理,将"论"和"理"有机地结合在一起。

(二)动之以情,以情感人的方法

面对学生展开相关的思想政治工作,不仅要以理服人,同时更要做到以情感人。真理是可以打开人心的一把关键钥匙,而关心、爱护则是进行教育过程中的一个感情基础。实践也有力地证明了好的教育效果必须动之以情,以情感人,情真理实,情理交融,才能收到理想效果。运用这一方法要注意以下方面。

1.积累情感

教育要想收到以情感人的具体效果,就必须注重积累与学生的情感,而这份情感的积累主要靠的是对学生真切的关爱和让学生真正体验到真正的关爱真切才能获得。因为感情就像小溪一样,是双向流动的,敬人者,人恒敬之,爱人者,人恒爱之,这个道理就如山谷中的回音一样。

因此,辅导员对待学生时,要以情换情,以爱换爱,处于"陌生"的师生关系是不可能存在"情感"二字的,如果只为了临渴掘井,在平时的生活中没有一点情感积累,等关键时刻再去沟通感情,那么效果就会大打折扣。

2. 坦诚相待

辅导员不仅要对自己的学生有一定程度的了解，也要让学生对自己有一定的了解。而想要让学生真正能够了解自己，一个最好的办法就是对学生能够做到坦诚相待，即敞开心扉，以诚恳的、平等的态度来对待学生，当学生在感受到了尊重，感受到了被平等对待的基础上，也才能在情感上愿意与辅导员进行交流。

因此，以情感人，要成为辅导员心灵深处的呼唤，一种理性的选择，一种行动的具体实施，更需要对情感的进一步推进。如果对待学生的态度不够诚恳，总是一副居高临下的样子，道貌岸然，态度不柔和，过于生硬，这就会在无形之中与师生之间的关系和谐融洽筑起一道高墙，在教育过程中一旦没有了情的存在，那么“理”也就会变得苍白无力，即使是再好的道理，也难以收到以理服人的效果。

3. 视生为友

辅导员在进行思想政治工作的过程中，要把学生当成朋友一样对待，而不仅仅将他们看作教育的一种对象，因为，只有在朋友之间，心灵之窗才能相互为彼此敞开。要把学生当成是朋友一样对待，就要求自己先成为学生的朋友，先要慢慢地走近学生，与学生建立起密切的情感联系和朋友式的师生关系，特别是在学生的自我意识日渐趋强的情况下，情感更是成为思想政治工作的一个重要基础和重要方法。

育人要先从育心开始，辅导员只有以朋友式的满腔热情去温暖学生之心，去换取学生的信任，教育才能真正做到入耳、入脑、入心。

（三）个别谈心的方法

在思想政治工作中，普遍性的宣传教育是不可缺少的，而更加需要采用的是个别谈心的方法。个别谈心具体是要将重点工作做到学生的心坎上去，把存在的实际性问题有针对性地解决。

个别谈心是一种较为简单的来自师生间的心理沟通、关于情感方面的交流，经过个别谈心会使彼此的关系变得比较亲切，气氛也会比较随和，这都有利于增进相互了解、信任，有利于沟通思想，最终使教育者所期望的目的达到，因而在学生思想政治工作中，个别谈心的方法有着非常重要的地位和作用。在对这一方法进行运用的时候就要注意以下方面。

1.把握谈心的基本原则

谈心的关键在于“谈”，根本在于“心”，如果进行谈心的时候对基本的原则把握不好，就很有可能出现“谈崩”的现象，就很有可能会变成“顶牛”，就很有可能出现“无终而果”的现象。因此，找学生进行谈心的时候，要把握好一定的原则。

(1)准备要充分

一是要对学生的基本情况做到一个全面的了解，其中包含学生的思想素质、个性特征、最近的思想情绪、有哪些思想疙瘩，优缺点等。二是要对出现问题的根源所在有所了解，即学生的问题是在怎样的情况下产生的，前因后果怎么样，问题的主要症结在哪里。三是要针对进行谈心的主题和要达到的目标予以明确，也就是指要在对大致情况有了具体的了解的基础上，通过纷繁复杂的现象和形形色色的原因，把要进行谈心的主题确定下来，同时确定要达到的主要目标。四是要对谈心的思路做一个整体的设计，就是通过围绕主题与目标，最终把较为合适的谈心话题选择提出来，运筹谈心的过程。另外，即使是没有以前做过计划，临时决定进行谈心，来不及做全面、周详的考虑，也必须在开始谈心前，抽出适当的空隙，把基本的大致思路进行一个梳理。

(2)态度要平等

辅导员在找学生进行谈心的时候，很多学生一般都会抱有一定的戒备防范心理，由于有了这种心理的支配，学生与辅导员在进行谈心的过程中就很难做到畅所欲言。辅导员要想把学生的这种心理消除，就必须以平等的态度去对待学生，这样才能使谈心顺利进行。

第一，要懂得尊重学生，就是把学生放在同等的地位对待，要用平和、亲切、友善、关怀的态度对待学生，对学生的人格予以充分的尊重，不能使用咄咄逼人的语气或是带有严词责问的语调，对待学生不讽刺、不挖苦，而是时常抱有一颗平常心，能够做到心平气静，从而为谈心营造一个良好的氛围，即使是一个严肃的批评教育式的“谈心”，也应深深懂得有理不在声高，通常而言，采用温和的态度反而更会蕴藏着魅人的力量。

第二，要信任学生，就是时刻相信学生是优秀的或是可以在一定程度上有所转变的。如果在谈心还没开始前就把学生看“扁”了，最起码的信任都没有，这就会破坏谈心的基础。

第三，要让学生主动说话，辅导员耐心地去倾听学生的心声，虽然前面说到过谈心是双向的，但是，有时“听”远远要比“说”显得更为重要，让学生畅所欲言地说，可以真正地了解到学生的真实思想，也可以对学生未道出的真情大致做一个推测，做到不要压制学生，或是急于驳倒学生，有时候，有意地留点模糊的空间反倒更有益于促进学生的自我反思。

第四，要做到坦诚相见，以心换心。“人之相交，贵在交心。”谈心实际上是心灵对心灵的彼此撞击，心灵对心灵的相互影响，没有心灵之间的相通，问题就不会得到有效的解决。因此，需要辅导员首先做到坦诚相见，发自肺腑地说真话，不要虚情假意地说一些冠冕堂皇的假话；要说内心深处的话，不说客套话；要说有情暖人心的话，不说无情伤人的话。这样的话，可以给学生心灵一定的慰藉，有助于其从低迷中再一次振奋起来，从亢奋中变得冷静，从彷徨中逐渐清醒，从执迷中幡然醒悟。

(3)观察要细致

在进行谈心的过程中，要注意对学生的思想认识与情感情绪的变化做到仔细观察，并根据这些恰当的对话语做相应的调整，采取相应的对策。如有时学生可能一言不发，沉默不语，辅导员就要对这种沉默的原因进行深入的分析，这个时候属于学生内心的思想交锋，就需要辅导员及时为其“助力”；如果是由于辅导员所表现出的态度所致，那么就需要辅导员把自己的态度放端正，放下所谓的辅导员架子；如果是由于谈心过程中涉及的话题不太适应学生，就需要辅导员对话题及时转移，谈一些学生比较感兴趣的事。

(4)情绪要控制

谈心的具体过程，也可以看作是师生之间的思想交锋的过程，师生在认识上存在一定的差异性或是在对待同一问题认识方面所具有的差别性，师生难免会在思想上出现一定的碰撞，因各自的观点不同而引发相关争执；因思想不一致使得话不投机可能导致冲动；因言过其词可能出口伤人。如果遇到这种情况时，辅导员一定要控制好自己的情绪，冷静地告诫自己，千万不要意气用事，当师生之间出现话不投机的情况时，应该巧妙地另择合适的话题；当学生的情绪表现出较为冲动的状况时，辅导员应该避其锋芒；当辅导员与学生的情绪出现对立的情况时，辅导员不要急躁，应该耐心等待；当遇到学生强词夺理时，不要急于进行反驳。

总之，辅导员在面对以上一切有可能在谈心过程中出现的各种情况，都要时刻保持沉着冷静，要想方设法地让气氛“降温熄火”，绝不能过于情绪化的以牙还牙。不然的话，除了谈心难以进行下去，问题也不能从根本上得到很好的解决。

2. 巧用谈心入题的话语

在谈心的时候，开头语显得很重要，如果在进行谈心的时候，头开得恰到好处，那么对于师生接下来的沟通也是有帮助的，师生之间会有很多的话要讲；如果在进行谈心的时候，头开得不是很好，那么就很容易形成一种对抗心理，在谈心过程中出现话不投机的情况。因此，辅导员在进行谈心的时候，应当把握好谈心入题的话语。

(1)寻找共同点

所谓的共同点，就是对于师生双方来说，都比较感兴趣的一种人或是一件事，或有着共同的爱好、兴趣、共同的观点，乃至是共同的家乡等。因为他们之间有了一定的共同点，这在一定程度上就可以把彼此的心理距离拉近，有时言彼先及此，这就是一定的“巧”，如师生都属于篮球爱好者，那么谈心的时候就可以先从篮球慢慢谈起，然后再进入谈心主题就是一种恰到好处的智谋。不然，生硬地进入谈心，便会导致“话不投机半句多”。

(2)选择突破点

突破点主要是军事中的一种用语，言外之意就是选择对方最为薄弱、没有强势的地方作为攻击点而寻求最终的突破，进而争取使整个战斗形势得到根本性的转变。而之所以把这一具有战术的思想运用到谈心中，也就是为了进一步选择好谈心的突破点，这样的话就可以做到以很快的速度进入主题，深入实质。否则，在“外围”消耗了许多的精力，还会浪费很多时间，最根本的是对于问题的实质难以接触。

(3)注意媒介点

这里的媒介点主要是指在进行谈心的时候，一定要对谈心的合适环境做明确的选择，注意选择媒介点来引出话题。谈心的环境好与坏能够对人的心理产生直接的影响，而媒介点的选择也是如此，要尽量做到与环境相适应，使谈心进行得更加自然和谐，有利于促进学生积极的思维活动。

(4)注意兴趣点

即要对学生的兴趣进行密切的关注，寻求能够进一步激发学生兴趣的话题。没有兴趣的话题只会让学生觉得索然无味，没有心思谈心，这也会难以使谈心有一定的效果。

3.善用劝导方式引导

苏轼在诗中曾描写道："横看成岭侧成峰，远近高低各不同。不识庐山真面目，只缘身在此山中。"此诗针对"旁观者清，当局者迷"做了很好的隐喻。这对于现在的学生来说，也往往是如此。谈心的过程其实也是辅导员对学生进行劝导的过程，开导的过程，引导的过程。因此，辅导员就要学会善用劝导的方式对学生进行正确的引导。

(1)以情感化劝导

"良言一句三冬暖，恶语伤人六月寒。"也就是说辅导员在进行谈心的过程中，应该合理地使用一些富有情感的语言去对学生进行劝导，这样一来，谈心就能够扣人心弦，感人肺腑，震撼心灵，从而引起学生的思想共鸣。尤其是在学生个人处在自我矛盾的旋涡中时，碰到麻烦自己没有足够的能力解决又难以解脱时，就更需要辅导员以诚挚之情、爱护之情、尊重之情、理解之情、信任之情去劝导学生，帮他一起摆脱困境。具体包括以下方面。

第一，要有同情心，能够体谅学生的心境。对于学生而言，无论是犯错、受挫，还是自身陷入了一定的困境、出现思想迷惘，只要辅导员有同情心，就不会过于对学生吹毛求疵，而是能谅解并宽容学生。

第二，要表示理解。在谈心的过程中，对于学生所表明的立场、观点、想法、态度要表示一定的理解，即使是他的观点或态度不是完全正确，也不要及时反驳回去，不妨先以理解的态度宽慰学生。如果辅导员能够设身处地地为学生想一想，理解他所在的处境，就能赢得学生对其的信任，做到"心理相容"之后，再"对症下药"就要容易多了。

第三，要尊重学生。在辅导员进行谈心劝导的过程中，如果辅导员能够做到尊重学生，就能在一定程度上使学生产生自尊、自爱、自重的情感，增强战胜自我的信心。

(2)以理攻心开导

情可以把人感化,从而奠定劝导的感情基础。但要想使学生无条件地信服,还得以理攻心进行开导。

一是开导要对准其要害之处,就是要有一定的针对性,说理只有对准了问题的要害,才能把存在的问题彻底地解决掉。说理开导如果不"一针见血",只是泛泛而谈,那么对于学生而言,内心就很难被触动,起到不痛不痒的作用,这样的话,还不如不说。对准要害,就是要说到存在的问题的点子上,让学生由心底深处服理、信理。二是开导要显得具体实在。就是要用具体而实在的道理对学生进行开导,而不仅仅是说一些大道理,或假话、大话、空话、套话。只有"对心思""解扣子"的道理,才会使开导取得成功。

(3)迂回包抄引导

要想把一个人的看法、观念得到相应的改变,并不是一件容易的事,尤其是对于那些始终坚持自己观点的人而言,他们不仅坚持自己的观点,在他人对自己进行劝导时还会持有强烈的敌视态度。

因此,辅导员在谈心的过程中,若是碰到这样类型的学生时,最好讲究一定的方法,不要直言予以劝导,不妨把他较为敏感的话题适当地避开,让他的注意力有所转移,通过迂回包抄的方法兜圈子,最终把他引导到谈心的正题上来,使谈心自然而然地过渡到主题。

虽然,通常来讲直路是最近的,曲径相对于直路要远一些,但是从战略的角度来看,漫长的迂回路线往往是达到目的的最短路径。这当然需要辅导员具有高明的教育智慧,不能让学生轻易看出其中的破绽,何时转入主题,也要看辅导员察言观色的本领了。

4.会用说服学生的技巧

谈心的过程主要就是说服学生、以理服人的一个过程。说服,就是辅导员想方设法地采用充分的理由使学生把原有的立场、观点、想法、态度、初衷进行适当的改变,心悦诚服地对辅导员提出的意见予以接受。在谈心的过程中,说服是最常见最主要的一种语言表达方式。因为谈心的过程,其实就是彼此进行说服的一个过程。谁能把对方说服,谁就会在一定程度上占据谈心的主导地位,如果说服成功,那么就代表谈心的胜利。

然而,辅导员要想成功地把学生说服,还是存在一定难度的,因为说服并不是简单的问答形式,而是一种来自智慧的较量,实力的较量和心理的较量。对于辅导员而言,在进行说服的过程中,不仅要有能够令人信服的真理,启人心智的见解,而且能够娴熟地运用好说服人的方法技巧,因人因事因地对所要表达的话语进行组织,所采用的主要技巧或方法如下。

(1)满足学生需要

人类所进行的一切活动,都是为了能使各自的不同需要得到相应的满足。在进行谈心的过程中,辅导员如果能让学生提出的需要得到满足,那么这在一定程度上来说,学生就很容易被说服。

由于学生的需要各种各样,甚至可以说是多方面的,因而就主要应当依照谈心的主题而定。如果学生因为“失恋”而找辅导员进行谈心,那么作为辅导员,就应当满足学生的尊重理解的需要;如果学生是因为存在某个心理问题而与辅导员进行谈心,那么辅导员就应当满足为学生排解心理问题的方式方法的具体需要等。

(2)事例启迪

事实胜于雄辩,用事实说话,可以让学生从事实中进一步感受到深刻的启迪,领悟到深刻的道理,这也很容易使学生被说服。这就需要辅导员对于那些古今中外的具有足够的事实素材做到准确无误的掌握,在进行谈心的过程中,有针对性地拿来为我所用,随机使用,这种谈心法往往会收到一种意想不到的效果。

当然,在选用相关的事例进行启迪时,要尽量做到贴近学生,贴近生活,贴近实际,这样才会更有说服力。

(3)求同存异

在谈心过程中,师生的认识、观点、看法、思想出现不一致是常常有的事,而为了能够达到谈心的最终目的,辅导员就要尽力做到求同存异,对一些相对来说次要的、非原则性的问题适当地允许学生可以保留不同意见,留下适度的思维空间让学生去做自我“反思”,这也较为容易达到说服学生的目的。有时候,说服并不代表意见完全一致。

(4)反问求证

在进行谈心的过程中,如果学生始终坚持自己的观点和看法,辅导员不妨换个角度与其进行谈心，通过"反问求证"的方式促进学生的思考，即"如果你是辅导员，那么你会以怎样的态度来对待这件事情，或是以什么方式来处理这个问题"，这种方法可以让学生自己说服自己，即使学生不会给出正面的回应，相信也会在一定程度上触动学生的思想，使谈心能够按照辅导员预期的思路继续进行下去。

(5)分步引导

在进行谈心的过程中，学生所产生的思想问题并不是辅导员的三言两语就能讲得通、说得清楚，当遇到一两个较为棘手的学生时，辅导员不妨周全地设计一连串的与谈心有关的紧紧相扣的问题，积极引导学生由远及近、由表及里地进行思考，最后，水到渠成亮出最终的"底牌"，使他能够豁然开朗，这也会在一定程度上达到说服学生的目的。

(6)蹲下身子

在进行谈心的过程中，有时辅导员需要适时地"蹲下身子与学生说话"，虽然辅导员蹲下了身子，但是这并不意味着失去辅导员人格的崇高。"蹲下身子"正是说服学生的一种"别有"方式，指辅导员降低为师的身份、地位，放弃教育者的口吻，乃至可向学生进行虚心请教，潜在的含义是尊重学生的价值，保护学生的自尊心，承认学生的"优越感"。这样容易使学生放松原本紧张的情绪，降低对辅导员意见的敌意，增加接受意见的可行性。

(四)疏导的方法

把学生存在的思想问题适当地予以解决一直是思想政治工作的基本任务，而要想把存在的思想问题使用最有效的途径进行解决主要就是采用疏导的方法。疏导就是疏而导之，本意指的是把阻塞的渠道进行开通，使水流变得畅通。而实际运用到学生思想政治工作中的时候，主要是指广开言路，让学生能够畅所欲言，坚持用正确的理论或思路去说服并引导学生，把他们的思想情绪予以疏通，解开存在于他们心里的思想疙瘩，以更好地达到团结与教育的目的。运用疏导的方法，要注意以下几个方面。

1.坚持正确的疏导原则

(1)疏导要有耐心

从人的思想产生、逐渐进行发展到出现相应的变化，一直有一个从量变到质变的过程，人们在认识客观事物的时候，总会遵循一定的规律进行：由浅入深，由简单到复杂，由低级到高级，由个别到一般，由现象到本质。

正是因为如此，人的思想才呈现出了多样性、复杂性、曲折性的特征，在进行相关的思想政治工作时，也必须遵循循序渐进的基本规律，必须有足够的耐心，不能过于急躁，不要企图做一两次的工作就能把学生存在的思想问题彻底解决，有时是需要一定耐心的。

(2)疏导要有原则

进行疏导也是有一定的原则的，该进行严肃批评的一定要严肃批评，该做出相关检讨的一定要认真进行检讨。有时候，面对学生存在的思想问题必须采取一定的强化手段使其及时的醒悟，在对学生进行疏导的过程中，要适当有度，既要挖渠“放水”，也要合理掘渠“引水”，把学生的思想引到正确的渠道(轨道)上来。

(3)疏导要注重情感陶冶

对学生的情感进行陶冶，就是要进一步对学生追求真理的品质予以培养。因此，在进行疏导的过程中，应该注意如下几点。一要重视环境的陶冶，为学生营造一个积极向上的环境，进一步引导学生的积极进取和追求。二要重视实践的陶冶，引导学生在服务社会、服务他人和向社会学习的实践中，培养关爱他人，热心社会公益的情感。三要重视情感的陶冶，辅导员要用对学生真心的爱去陶冶学生情感，使学生懂得和学会爱，发展学生的“情商”。四要重视文化的陶冶，要用健康向上的文化活动陶冶学生，培养学生健康的生活情趣和高尚的兴趣品位。

2. 巧用分流减势的处理手段

分流减势主要是针对学生在思想政治工作中出现的诸多矛盾、诸多问题、诸多因素，进一步区分主次矛盾，轻重问题，内外原因，化急为缓，变重为轻，减大为小，分而治之，就如治洪分流的道理，将洪水化小一样。

(1)化急为缓“冷”处理

学生由于年轻气盛，情绪不是很稳定，往往具有一定的冲动性，当发生相关的矛盾时，往往火药味很浓，在言辞方面也是十分激烈，乃至严重会发生肢体冲突。

当碰到此类情况的时候，辅导员要审时度势，采取适宜的方法，首先要使矛盾双方冷静下来，然后再去做进一步的疏导、解决问题。

（2）变重为轻“活”处理

学生问题的轻重都是具有相对性的，只要不是严重到违反具体规定的问题，辅导员在进行相关的疏导时，就要尽量把问题看轻，采用灵活的方式进行处理，特别是一些属于思想认识上的问题，要给学生一定的时间，不要急于求成，因为往往会欲速则不达。

（3）减大为小“傻”处理

学生问题的大小也是具有相对性的，只要不是涉及原则性的问题，辅导员在进行相关的疏导时，也要尽量把问题看小，采用较为妥善的处理方式。如学生有时可能会出现顶撞老师的现象，会出现上课迟到的状况，会有些生活散漫的态度，作为辅导员，要消化这些问题，不要把这些问题看得很严重，毕竟人无完人，经常给他们善意的提醒，稍加约束一下即可，不要期望学生在成长过程中不会发生任何问题。

（4）变坏为好“巧”处理

有好多坏事可以经过一定的处理之后变成好事，但是这个由坏“变”好的过程，需要对“变”进行一个巧妙的处理。特别是对于一些犯错误的学生来说，如果辅导员能够在相关的教育方面处理比较得当，思想疏导也很到位，那么就可以使消极因素变为积极因素，所以，辅导员学会在“巧”字方面做文章，是很有必要的。

3.善用疏浚清淤的处理方法

所谓的疏浚清淤，就是指针对学生头脑中沉淀的一些较为根深蒂固的脏东西进行疏通清理，使其在思想方面、精神方面、道德方面变得畅通无阻。这在一定程度上也就好比对堵塞的河道清淤、对拥堵的车道疏堵一样，河淤不清，水不会畅流，车堵不疏，路不会畅通，而学生的大脑如果形成“堵塞”，时间久了就会“积病成灾”，常说“冰冻三尺非一日之寒”，学生中的落后思想，也必须从根本上进行彻底的“清淤”。

（1）宣泄排淤

宣泄排淤就是让学生把长期积在心中的积郁全部吐露出来，然后针对积郁的原因进行相关的引导。宣泄排淤对学生心理问题的疏导或调节有着重要的作用，它的作用就像减压阀。思想问题也一样，让学生把积在心中的不满、疑虑、困惑,牢骚都宣泄出来,等他心里觉得轻松了,再进一步论是非,这时他也就容易听得进相关的引导。

(2)宽容清淤

人的一生并不会一帆风顺,当人遇到不顺心的事时,内心往往会产生一种无法抑制的烦闷情绪,这种情绪日积月累积淀多了,自己就越来越无法控制了,就会变得爱发牢骚。当辅导员面对学生的牢骚时,应该耐心地去聆听,用宽容的态度去对待学生的不良情绪,同时用真的情谊,善意的规劝,从正面积极引导学生如何去识大体、顾全大局、随主流,这样就能让学生化消极情绪为积极情绪,重心振作起来。

(3)解难除淤

有时候,学生之所以出现了相关的思想问题或思想情绪,大部分是由于学校的工作不到位、辅导员的服务不到位或是采用的方法不对所造成的。想要把学生存在的这些思想问题彻底地解决,把学生具有的不良思想情绪予以排除,就要进一步深入到学生之中去,虚心听取他们所提出的意见,然后有针对性地解决实际出现的问题,做到为学生排忧解难,这也在一定程度上有利于清除学生不良情绪的“淤积”。

事实上,把思想政治教育与解决学生实际问题结合在一起,再与维护学生的根本利益结合在一起,是最有效的一种方法。

4.智用因势利导的技巧

因势利导就是指顺应着人的思想活动规律,根据人的思想发展的原本趋向,将学生因势向好的方向引导。这就如治水必须依据地形的高低,水势的曲直,流量的大小,河道的宽窄,来“束水归槽”,顺势导流一样。

(1)顺思想觉悟之“势”而利导

学生有着复杂的思想,而且在觉悟方面的程度也有所不同,每个人对同一问题的“悟性”也是不同的。因此,辅导员在进行疏导工作的时候,要善于掌握学生的思想动态,顺应其思想觉悟程度来因势利导,哪怕是思想觉悟中的一个“闪光点”都要做到充分利用,使其思想功能得到进一步的放大。如当学生群体中出现了建设和谐班集体的觉悟愿望时,就要顺势而发,乘势而上,精心谋划建设方案。当学生对自己的错误有了初步的觉悟后,就要顺势鼓励他。

(2)顺学生的兴趣之“势”而利导

让学生各尽所能,各展其长,各显之势,把他们各自独特的作用充分地发挥出来,有利于学生思想问题的疏导。也许某学生很喜欢打篮球,但在学习方面却不是很用功,这就应在充分肯定他兴趣特长的基础上,希望他加强对学习的兴趣和动力,这比就事论事的效果要好得多。

(3)顺学生对“焦难热点”问题的关注而利导

思想政治工作必须对于学生中存在的焦点、热点、难点问题给予高度的关注,并因势利导,做好相关的工作。焦点问题。具体是指在一定时间内或在重大改革发展变化期间而引发了学生心理“聚焦”共同关注的热点问题。热点问题。则主要是指因国内外形势的不断变化,转而引起学生的情绪情感出现了激烈的变化并进行热议、关注的问题。难点问题。具体是指带有一定消极负面影响的具有一定普遍性或群体性的问题。

总之,因势利导要顺势而上,针对焦点问题要想法“释焦”“转焦”;针对难点问题要想法“解难”“排难”;针对热点问题要想法“去热”“降温”,这一切全都在“度”的把握上。

(五)对话法

对话法是时代发展过程中的产物。所谓的对话就是通过师生对话,干群对话,面对面沟通交流的形式,诚心诚意地听取学生对工作提出的具体意见与建议,有针对性地回答学生提出的相关性问题,进一步宣传学校的教育主张,同学生沟通彼此的思想,交换彼此的意见,协调一致的看法,对问题的方法进行深入的讨论。

这种新型的方法特别有利于造就一种既有集中又有民主,既有纪律又有自由,既有统一意志又有个人心情舒畅的、生动活泼的思想政治工作局面。运用这一方法要注意以下几点。

1.选择正确的对话形式

对于对话形式的选择,要依据对问题解决程度的具体情况而定,按问题的属性而定,主要可分为以下几种基本形式。

(1)个别对话

个别对话,是专门用于解决学生中存在的个别问题。

(2)师生对话

师生对话,则是专门用于解决教学工作中或管理工作中存在的问题。

(3)干群对话

干群对话，是专门用于解决学生集体反映较为普遍的综合性的问题。

2.坚持正确的对话原则

在与学生进行对话的过程中，无论是教师还是干部，都要始终做到坚持基本的对话原则。

(1)高度民主

高度民主，就是要体现对话过程中的师生平等，干群平等，躬身向下，虚心接受学生监督的民主作风。

(2)坚持疏导

坚持疏导，表明了对话并不是所谓的单方面你打我通，我说你听，而是既有问又有答，问中有疏、答中有导，实行双向交流协调，使问答双方处在一种亲切和谐的关系中。

(3)分清是非

分清是非，是指所谓的对话并不是只单纯地做“和事佬”的工作，单纯的和稀泥，对于一些具有原则性的问题要分清是非，体现公道正派的为师风范。不要光从表面上看是保持了一团和气，处理了问题，但实际上什么问题也没有得到解决。

(4)注意禁忌

注意禁忌，就是指对话的最终目的是化解矛盾，解决存在的问题。因此，不要因为在对话过程中使用的语言不当而形成一种新的矛盾或是问题，在说话时要平和一点，不要过于强硬。总之，说话需要做到有所禁忌。

3.巧用对话的语言艺术

在与学生进行对话模式的时候要讲究语言艺术，如果不重视不讲究，被学生抓住“弱点”，就会使自己陷入一个被动状态中。作为教育者，要想掌握对话的主动权，就必须把语言控制对话的局面运用好。

(1)硬话软说，以柔克刚

在进行对话的过程中，面对学生说的有些问题必须表示鲜明的态度，但也要注意用不具强制性的、语气不粗暴的语言来说，这种表达方式，不仅可以把明确的信息传达出去，而且由于是以协商或规劝的口吻说出来，这也很容易被人接受。

(2)谈笑说理,用幽默调节氛围

在进行对话的过程中,应该适当地营造一种比较轻松与宽松的环境氛围,说理或解答问题不一定要说得一本正经,也可以选用几句风趣幽默的话语说出其中所蕴含的道理,这也会对对话氛围起到一定的调节作用,使学生在轻松愉快中或笑声中明白道理。

(3)实事求是,勇于承认不足

在进行对话的过程中,学生会对学校工作或班级工作提出不同的意见,有些意见可能是学生不太了解其中的情况,应当客观地加以说明、解释,有些可能确实是属于工作过程中存在的不足,应当实事求是地予以承认,这反而能赢得学生的理解,遮遮掩掩的结果于对话没有好处。

第三章 新时代高校辅导员的素质

辅导员角色定位的多重性决定了辅导员工作内容的多样性,学生小到进退洒扫的文明礼仪,大到人生观、价值观、世界观的形成,处处体现着辅导员的工作价值。从职位的角度来讲,担当和胜任什么样的角色就需要具备什么样的素质,这些素质通过影响的方式作用于工作对象,从而完成组织的目标。一般来说,作为教育者的辅导员对学生的影响分为权力性影响和非权力性影响。权力性影响是指社会赋予个人职务、地位和权力等因素构成,这种影响具有一定的强制性。非权力性影响主要由影响者自身素质决定的,是建立在被信任的基础上的。辅导员更多的是依靠综合素养、自身的人格魅力等非权力性因素发挥其影响力,需要学生的互动,在互动中发挥"个人魅力和影响力"来教育、引导、感化、发展学生。如此纷繁复杂的工作任务要求辅导员必须具备科学的、专业的个人素质与工作能力,这些素质和能力就是辅导员的核心素质。

第一节 科学的工作理念

纵观西方关于教师信念的实证研究,将研究者的理论视角分为两种:特质理论和生态文化主义。特质理论的教育教师信念研究框架把教师信念(以及相关概念如态度、期望和知识)作为恒定不变的个性化因素(认为教育教学能力与生俱来),把教师信念作为一个稳定的结构(既定的教师信念导致特定的教育学实践行为,从而成为预测教师行为的重要条件。这一类研究一般为实验研究或准实验研究),为教师教育提供可预测教学行为的各种教师信念、态度和期望。生态文化主义理论的教师信念研究框架把教师信念置于教师所在的即时社会环境中(课堂、学校、家庭、国家、社会),认为教师信念与教师教学行为并非因果联动的关系,而是处于互动关系,即教师的信念产生于教师实践和教师的生存环境,受制于其所处环境的价值观和文化,同时影响、指导教师的实践活动,教师在教学实践活动中进行的反思和积累的经验又可以改变教师已有的信念。

生态理论的研究框架关注教师信念产生的文化、社会、国家等大环境和课堂中的具体教学情境。最外层是基于文化和价值观产生的教育信念,包括关于青少年发展、多元文化和学校的信念;第二层是基于国家和社会产生的信念,包括受到问责制和教育改革影响而产生的信念;第三层是教师教学即时情境下产生的信念,包括关于学生、教学内容和课堂互动的信念;最里层是教师内心对自己的信念,包括身份认同和教学效能感。生态理论对教师信念研究的基础是文化心理学,是对处于特定文化背景中人的心理的研究,而不是超文化或脱离文化;是对社会实践中人的研究,而不是在抽象实验室;所谓文化心理或文化行为,是指人在一定的语境中具有的对一定的文化刺激所做出的该文化所规定的反应。

文化心理学注重研究的生态性,心理学的研究对象和研究者都是人,具有意识情感思想气质性格,具有生物和社会双重属性。作为研究对象,人的意识性和社会性可能使其在心理学的研究中并不是按照自己的真实情况做出反应,而是在反应中带上许多掩饰甚至虚假的东西,会破坏研究的科学性和客观性。同时,人的研究还有发展性(注意纵向成熟因素)和差异性(针对大量的被试群体建立的统计规律,有时不适应个体)。人深深的文化印记造成对同一文化同一模式的影响会有完全不同的根据自己的文化作出的判断。所以研究主张在自然情境下、现实生活中个体与自然和社会的相互作用,保证研究的真实性,使研究结果与实际符合,生态效度相对高。

杜威认为,选择了一种教育,就选择了一种生活。教育理念一旦形成,就会成为教育工作者的工作动力,并成为相对稳定的精神力量。对于从事育人工作的辅导员而言,树立科学的工作理念至关重要。

一、科学的工作理念建立在对辅导员职业的信念上

教育必须有信仰,没有信仰就不能称其为教育,只是教学和技术而已。科学的辅导员工作理念是什么?信仰哪里来?工作理念如何形成?可以说没有哪个词能比“多因素”更恰当地表达影响辅导员工作理念形成因素的复杂性。辅导员的个人经历,以及他的知识结构、能力结构、性格与道德水平,也包括自身的教育环境,还包括所带学生(受教育者)对“受教育”的参与程度。这些因素往往交叉着起作用,具体问题所起作用又不一样,但其中教育观念的作用是永恒的、主导的。

观念究竟重要在哪里?培根的“性格决定命运”的名言几乎尽人皆知,但这一名言的前几句却展示了观念对一个人的指导作用。“要注意你的观念,这会变成你的行为;要注意你的行为,这会变成你的习惯,要注意你的习惯,这会变成你的性格;性格决定命运。”从这里,我们理解到,追根溯源,决定命运的关键因素其实就是一个人的观念。对于一个辅导员来说,教育观念对其教育行为的指导意义,无论怎么夸大都是不过分的,其教育观念的结晶从信仰的角度就表现为他的教育哲学。

在观念上每个辅导员必须认识到:在市场上买了伪劣产品最多损失的是几个铜板,而“接受伪劣的大学教育,损失的不仅是铜板,还有无价的青春”。因为教育上的错误不可轻视。教育上的错误和配错药一样,第一次弄错了,绝不能借第二次第三次去补救,它们的影响是终身洗刷不掉的。这些认识作为教育观念体现在行动上以后,就会形成相对稳定的教育理念。

二、科学的工作理念需要具有现代的学生观念

在当前教育改革中有一种奇怪的现象,那就是人们的教育观念与教育行为不能够充分地统一起来。传统的辅导员制度与现代先进育人制度在接轨的过程中不可避免地产生了这样或那样的问题。我们追其根本,发现其中的症结确实存在教育观念差错方面的因素,有些因素甚至是决定性的。由于辅导员制度以服务于某一“特殊”的政治、经济和文化要求为目的,辅导员队伍凸显出相对特立独行的职业特殊性,因此,当我们对辅导员发展问题进行研究时,不能只停留在技术层面,甚至是停留在政府及教育行政部门的口号上。理念支持着专业精神,教师的专业精

神包括教学的兴趣、庄重的态度、崇高的理想、待人的热情等，把它们都用在教育上，就会使学生有如沐春风之感。

这一切，要从辅导员的观念开始。而观念的形成，从认识学生开始，认识学生是认识教育的基础。事实表明，并不是所有教师都能正确认识自己的学生。认识全体学生的理念，就是要满足所有学生发展的愿望，这是公平的理念："公平理念的建立是第一位的。"在认识全体学生基础上形成的公平发展理念看起来抽象，对辅导员来说，实质是要建立一种后现代的学生观。

有什么样的学生观，就有什么样的教育观。教育应因人而异，顺其自然。因此，辅导员在观念上首先应该明确注重人后天的随机性和不确定性才是人个性发展的根本。中国封建文化影响颇深的"学而优则仕"的教育目的时至今日仍然存在，它可以总结为我们的基础教育和中等教育追逐分数而忽略学生发展的本源。而后现代教育注重人的个性发展和自然发展，管理、教育都应以人的发展为基准。辅导员要具备后现代的学生观，具体包括以下几点。

（一）学生的存在是创造性的

"学生不仅是教育的对象，也是教育的重要资源"。曾任耶鲁大学校长的贝诺·施密德特说"你们就是大学"，这是对学生在大学地位的肯定。重视学生存在的创造性是教育观念的基础，是辅导员形成科学的教育理念的重要组成部分。①

（二）学生的存在是独特的

一切社会约束并不一定要排斥人的个性，世界上没有两片完全相同的树叶，也没有两个完全相同的人，人们应该"接收和接受一切差异"。学校和作为教育者的辅导员都必须接受和尊重学生的差异，学生的差异是教育的起点，也是教育的终极目标。照顾学生个别差异不是只关注成果的差异，而是帮助每一位学生学习有价值的，最基本的是相对于他本人来说是"合理的"内容，让他们能够在学校教育中成长、进步。同时尊重个性、发展个性的教育并不是无条件、无边际的。关注学生的差异性，才是个性化、大众化、民主化的教育。辅导员作为教师真正的天赋有自

①向伟．新时代高校辅导员素质及提升策略研究[D]．长沙：湖南师范大学，2020.

我实现的内容，更多的则是将别人引入对天赋更深刻意义的思考。这个教育理念对支配辅导员的日常工作中有特别重要的意义。

（三）学生的发展是长远可持续的

育人工作需要辅导员有长远、可持续的发展观。行动十分迟缓的人，只要始终遵循着正道前进，就可以比离开正道飞奔的人走在前面许多。有时候，你努力了，但在学生那里未必就体现出有收获。辅导员在理念上要学生学会解决问题的最佳途径，就是给他们需要的问题；对学生最大的帮助是促进他们潜能的可持续发展，使学生在身心和谐的基础上具备终身持续学习能力和创造力。要唤醒学生的主人意识，使学生明确哪些对个人成长意义，从而激活学生的能动性，最大限度地发挥出潜能。学生的潜能就像空气，可以压缩于斗室，可以充斥于广厦，就看我们给他们提供什么样的空间。

（四）师生关系是在平等基础上的对话关系

关于辅导员与学生的关系，有很多观点。在这里笔者更愿意接受多尔的观点，他认为教师的角色应该是“平等中的首席”，使教师的作用在得到重视的情况下重新建构。当所有的大学生作为受教育者感到站在自己面前的辅导员不是教育者的时候，他们享受着最好的教育；当辅导员感到站在自己面前的不是被教育者的时候，他从事着最好的教育。

总结以上学生观，就是对一些传统观点的扬弃。过去的辅导员与教师一样“总是有一个错觉，教育赋予了教师无上的权威”。认为管理是教育的一根缰绳，为了“画最美的图画”而将自己的意志强加给学生。辅导员所从事的高等教育“是动态的，是社会的一部分”。对于教育对象应尊重理解，共同构建和谐的师生关系。比如说要尊重并适应学生个体的差异，就应该切实考虑到每个学生的不同需求，有的放矢地引导每个人都参与其中。在每个学生身上都找出他最强的那一面，使它作为这个学生生命的制高点，使每个学生的优势潜能得到最大化、最优化的发展。以生命发展为中心真正理解学生，放下传统的意识融入学生其中，才会平等地对待每位学生。尊重也是要在一定条件之下的，比如表扬有益，但也不是都要使用表扬才好，有效表扬的关键在于质量而不是频率。但有时候,表扬和支持很容易,可能不经意间就排斥了一些学生。学生对平等是很在意的。这个简单的例证就是告诉我们理念的问题是多么复杂,而恰恰这些教育中基本的问题反映和支配着我们的理念。

三、集体观念是建立科学工作理念的重要项目

辅导员工作的最基本单位是班级,所以班级管理理念是辅导员建立科学的工作观念中最重要的一个项目。单纯强调管理职能的班级管理规则(行为准则、道德规范、规章纪律)的制定不是为了学生个体发展而是为了它本身的存在而设,是为管理而管理,是用生硬划一的规则要求所有学生无条件去实现所谓的标准。这种班级管理规则满足了管理而不顾及教育,这是对心智的压迫。现代大学的无固定教室和学分制,让学生对实际意义上的班级概念日渐淡化。如果要学生有参与的兴趣,关键的要求就是有很强的集体观念。

集体从某种意义上说意味着对人们生活的部分约束,关怀和爱就意味着取消一定的自由。所以从理念上让学生反对无端强加的约束,但不能拒绝所有的约束。班级管理的目的是促进学生发展,通过合理的规划、科学的管理,实现班级管理的持续性发展。班级组织有一个特征是"半自治性",因为它是由非成人组织,不能完全靠自身的力量来管理自身,在"相当程度上要借助外部力量",而大学的辅导员是班级管理中外部力量的核心力量,学生是发展的第一主角,辅导员在班级的教育应该使每个人都能发现、发挥和加强自己的创造潜力,也应有助于挖掘出隐藏在我们每个人身上的财富。建立以人为本的管理理念是要记住教育的首要作用就是使人类掌握自身的发展,应该使每个人都能掌握自己的命运,辅导员在班级中必须做到不偏不倚,一视同仁。不在任何时候随意给学生贴标签,不看重一时一事,用信任和期待对待学生发展中的一切问题,牢固树立"每个学生都会好起来"的管理理念。要切实把自己定位在"我"只是班级管理中的一员,每一个学生又都是这个班级的主人。

道德是对规则的尊重,是对社会团体的依恋。辅导员首先要抑制自我权威意识,时刻把自己放在与学生平等的地位上尊重和理解学生,这样从外部条件上保证了学生作为班级主体的权利,师生之间的对立感消除。信任学生使学生从思想上意识到自己是班级的主人,积极思考和研

究班级存在的问题,在管理的过程中找到自己的位置,实现自我管理自我教育的目的。辅导员在这一过程中引导、参与、创新地寻找处理解决各种问题的方法和途径,在人际关系中塑造个性,这正是人际关系艺术家创作的真谛。

无疑,在理念上永远把握师生的绝对平等是正确的;但在操作层面,辅导员要做好那个平等中的首席,是要起到主导作用的。这就是辅导员要建立科学的教育理念里"科学"的真正含义。事实上大量的研究已经表明,"师生双方在互动中的地位不是平等的,互动过程的主导仍然是教师"。由此可见教师建立科学的教育工作观念的重要性。

第二节 全面的工作知识

做人的学问是一门包含综合性复杂性的学问,没有广博的知识和相关学科整体的支撑,是不可能完成教育的神圣使命的。辅导员知识基础的确立应该以他的活动对象和范围及其发展方向为依据,对辅导员的职位进行分析后发现,辅导员岗位对知识的需求是特别广泛的。而进行具体分析后,还是能找到有关辅导员知识问题方面的逻辑的。

传统的辅导员工作处于尴尬的"半专业"状态,没有成为真正的专业人员,队伍也总体呈现着职业的不稳定性,在社会认知方面也没有得到足够的尊重,造成这种局面的原因很多,而不具备学者和专家的广博知识是其中最重要的。没有严格的专业规范,不进行科学的专业训练,广博的知识从何而来?自然会使这个专业准入门槛不统一,势必造成人人都可以进入的无专业限制状态。所以说具备全面的、科学合理的工作知识是辅导员发展的基础。

所谓合理的,是合规律性、合目的性和合规范性的统一。合理性有另外一种意义,指的是一系列的道德行为,容忍、尊敬别人的观点,乐于倾听,依赖于说服而不是压服。体现在辅导员的知识上就是要辅导员能具备因地、因人、因时的知识,能实现前面所有工作内容方面的需要。从合理性的角度理解就是客观上符合教育规律,主观上要符合教育目的。毕竟辅导员作为一个特殊身份的教师,对其身份的理解可以从不同的角度得到不同的答案,对其知识的理解也跟一般性的知识有所不同,即能解决问题的知识。在调查中,认同辅导员是知识分子的比例很小,因为在学识方面辅导员没有教师在讲台上为学生传递专业知识那样的影响。但对一个学生的成长来说,非专业领域的教育和辅导对学生安身立命的影响可能更大,而传授非专业领域的知识正是辅导员工作的使命。

从知识的角度说,随着"读图时代"(后现代的观点之一,认为在当代社会以宣讲真理与普遍价值对人进行规劝训诫的阅读文本正在被图像、符号所代替,图像、符号越来越成为人们的阅读对象,在这些阅读对象面前,每个人的理解都是合法的)的到来,瓦解了"宏大叙事"为特征的人类普遍认同的价值与知识。合理性的工作知识是要求辅导员以传播普遍价值为己任,以智慧为生活目的,远离低俗文化,在创造中激发学生思考。"创建学校的目的是将历史上人类的精神内涵转化为当下生机勃勃的精神并通过这一精神引导所有学生掌握知识和技术。"这要求辅导员专业所要具备的工作知识应该能体味到的理性的力量,至少需要在精神上与日常事务的惯例与压力保持距离。因为教会学生领悟的过程就是体验智慧。面对纷繁复杂的现实生活形态为辅导员的"教学"工作提供了相当丰富的养料,在动态更新的生活世界里,还给学生本来内心生活世界的自信,让学生学会用知识解释生活世界;能批判自己对生活世界的解释;学生学会对生活世界进行理论批判;让学生对生活世界进行实践批判(合理改造)。

分析辅导员队伍工作职能,我们知道辅导员处于三个角色的交集之中,这些职能所扮演的每一个角色都要求有一定标准的专业知识,再结合大学生思想政治教育的主要任务,就会发现要建立辅导员系统的知识结构,似乎是一件不可能实现的事情。但要实现辅导员工作的科学化和专业化的发展,辅导员又必须具备这些素质结构要求的基本专业知识,还需要在工作中检验,通过实际工作锻炼而得到提高。

辅导员岗位首先是一种职业岗位,任何职业岗位都有对其岗位人员素质结构的要求。笔者参照了"三要素"的分析框架,把人的素质按层次性分为生理素质(包括先天遗传与后天获得的)、心理素质和社会文化素质三方面。将这个分析框架与辅导员岗位实际结合,我们便可以分析辅导员素质的知识基础、职业能力和“做人”品格。以往的研究对辅导员的知识问题有争论,但是没有清晰、明确地解决这个问题的方案。因为辅导员在繁杂的岗位工作中究竟需要使用哪些具体的知识没有人能说得清楚、具体。知识爆炸的今天,一个人只能希望成为精通有限领域学问的人。对这些知识的论述都是笔者调查研究和实践过程中认同的观点,而现实中辅导员在这个方面发展问题的存在,不是过去研究得不到位,也不是人们没有在实践中给予足够的支持,应该是路径选择方面出现了偏差。辅导员需要专业的培养,这个层面的道理大家还都清楚明白。但是在操作中需要哪些具体的知识?设置哪些课程?就没有人能说清楚了。辅导员已经不单纯是专职负责思想政治教育工作,其全面的育人职责要求与过去仅在思想政治教育视域下的研究本身就有不足。因此,为了解决这个研究路径选择的问题,在充分调查研究的基础上,笔者试图在教育学原理的视角下,依托思想政治教育学科,再与教育学、管理学、心理学、法学等有关学科结合,勾画一个“辅导员学科”的系统知识框架。

总体上,辅导员的知识将不再以书本和教师为中心,是有价值的知识,是一种终身学习的意识和能力,概括起来是:Know-how,知道如何做——完成任务的方法;Know-who,知道找谁——清楚从哪里获得资源;Know-what,知道干什么——能从事具体工作;Know-why,知道为什么——能了解事物发生的原因和背景;Know-where,知道在何处——指导和预见事情的发生和进展;Know-when,知道什么时候——选择时机和事物的态度。这个对知识的概括是理论上我们对辅导员所需知识的划分依据,而在实际工作中,辅导员的工作是包罗万象的,也就是说,具体到知识的要求上,每一项具体工作的要求也都是具体的。

其实新时代高校辅导员的工作知识可以分为以下几点。

一、基础知识结构

所谓基础知识是指辅导员应具备的基本礼仪知识,基础写作知识,交往、谈话知识,现代办公知识及基本人文知识,法律知识等。

(一)基本礼仪知识

基本礼仪知识是辅导员职前教育实践中不可或缺的基础内容。基本礼仪包括仪表礼仪、教学礼仪、生活礼仪三个部分。

仪表礼仪所涉及的是个人穿着打扮、举手投足之类的小节,但表现着文化修养,事关辅导员队伍整体形象和学校形象的大事,是其立身处世之根本所在。比如眼神的交流,当学生遇到困难时,辅导员的眼神应该充满安慰和鼓励;当学生犯了错误,辅导员的眼神是严肃敬畏的;当学生取得了优异的成绩,辅导员的眼神是温暖和快乐的。比如身体的姿势,辅导员要注意自己的身体姿势,尽量避免向学生传递消极或错误信息。

教学礼仪是辅导员在教育管理过程中渗透的必要礼仪。辅导员生活礼仪是前两个礼仪的延续,体现在与他人包括领导、同事相处过程中的礼仪。礼仪知识对教育者的要求是“以关心尊重学生为核心,以激发学生的积极性、创造性为归宿”。它是学校文化的灵魂。可以这样说,礼仪是一种知识,也是一种文化,是辅导员让自己拥有教师的资质,带上教师的符号,变得“像”教师的“熔炉”。基本礼仪的知识都掌握了,辅导员的内在素质与外在表现才能和谐统一。具备了礼仪的基础知识,才能在教育的舞台上完成对学生的塑造。

(二)基础写作知识

基础写作是人们在长期写作实践中形成的关于写作的基本知识和基本能力,基础写作知识作为传递信息、规范行为、公务联系的重要手段是辅导员必备的基础知识之一,在辅导员日常管理工作中用途广泛。辅导员每日工作都几乎与通知、规定、工作报告、工作总结、倡议书、新闻稿等工作内容密切联系,这些文档的写作都需要有规范的写作方式和写作模式,这就要求辅导员具有基本写作知识。此外,由于辅导员充当着管理者、学校行政工作人员的角色,公文写作知识也是辅导员应掌握的常识性知识谈话知识也特别重要,谈心教育是指辅导员以掌握学生思想动态、解决大学生思想问题为目的而开展的“一对一”“一对多”交流的工作方法。

(三)交往、谈话知识

谈话在辅导员具体工作中有重要的地位,实现与学生的直接对接,有助于增进交流,加深师生情感,使师生互相信任,理解和尊重,使学生亲近老师,进而信任老师。谈话是一门学问,也是一门艺术,辅导员不但要有较高的思想修养和道德水准,还需有广博的知识和较高的分析问题解决问题的能力。“听君一席话,胜读十年书。”辅导员要掌握足够的谈话艺术,才会收到较好的谈话教育效果。

第一,谈话之前要了解情况,对问题有个预判,然后根据谈话对象的情况选择适合的谈话方式及谈话场所,是面对面还是利用电话、网络,是在办公室还是在学校操场、图书馆、运动场……选择什么样的时机以什么样的形式开始谈话都是辅导员要用心思考的,越是自然、随意的方式,越是自由宽松的环境,越能进入学生的心灵世界,越能更好地解决问题。

第二,谈话过程中要学会应用两个艺术手段,即心理变换艺术和倾听艺术。心理变换的艺术,这种换位思考的谈话从一开始就建立了平等的谈话基础,能加强谈心工作的针对性。将心比心地进行角色的扮演、感受的迁移,极易引发共鸣,达到师生思想的“共情”。倾听的艺术,积极地听,用专业咨询的方式听,听到完整的信息,学会倾听过程中的换位移情,让学生时刻感受到老师的专注,感觉到老师没有偏见,达到成功地倾听。这样才会赢得信任,达到谈话教育目的。

第三,谈话后跟进的艺术。学生思想的不稳定性,决定了谈心教育结束后仍有可能存在波动的情况,辅导员要建立长期的谈话机制,使谈心教育法有始有终,从了解信息开始,到总结谈话成果,把握好教育的最佳时机。如果不在恰当的时候给予适时的教育,可能带来终身难以弥补的损失。要让每个教育环节都在学生的发展中发挥着应有的作用。

此外,现代办公知识、人文知识、法律知识等也是辅导员基础知识体系的重要组成部分。现代办公知识改变了过去复杂、低效的手工办公方式,实现迅速、全方位的信息采集、信息处理。信息时代要求辅导员必须掌握现代办公知识,学习和运用计算机和网络基础知识已经成为辅导员日常工作的一部分。人文知识的学习能够提高辅导员的文化素养、审美情趣,思想意识、认识能力。法律是由国家制定和认可并由国家强制保证实行的行为规范体系。高校辅导员作为大学生的领路人,应走在增强法律意识、实践法律理念的前列。国家的法律法规、高等教育的相关规范、大学生的思想教育管理规范都应该成为高校辅导员必备的法律知识。

二、专业知识结构

20世纪80年代以前，对教师知识的研究只注重寻求与学生成绩或成绩提高之间统计意义相关的教师知识。20世纪80年代后，国外研究沿着两条研究轨迹不断深化：一是以舒尔曼（Shulman）为代表的、以教师知识内容指向为分类依据所提出的教师知识的结构框架；二是以教师的个人知识或时间知识为立足点。舒尔曼在这一时期首次提出了教学内容知识（Pedagogical Content Knowledge，PCK）的概念，将教师的学科内容知识和一般教学法知识融合起来，即来自教育心理学取向的如设计教学、管理课堂和激发学生学习动机等教师将学科内容转化和表征为有教学意义的形式、适合于不同能力和背景学生的能力的知识，将其他知识（课程、学生、背景、文化差异）知识作为独立的类型单独列出。

同时，艾尔贝兹发现了教师以独特的方式拥有一种特别的知识，这是对“实践知识”探索的肇始；舒尔曼的学科知识指的是具体学科的概念、规则和内容等；格罗斯曼（Grossman）的学科知识包括两方面的内容，一是学科内容本身，二是外在的学科教学法的知识；吉麦斯坦德也将学科知识列入教师的知识结构中，他们提出的学科知识也是指教师所教学科内容方面的知识，并认为这种普通知识需要一定的深度；伯利纳（Berliner）指出，教师知识结构包括三个方面，即学科内容知识、学科教学法知识和一般教学法知识等；斯滕伯格的划分是内容知识、教学法知识、实践知识。①

国内对教师知识结构理论功能取向的研究中林崇德把教师知识结构分为本体性知识（基本保证）、文化知识（广博）、实践知识（细节+个人经验）和条件性知识（教育学+心理学）四个部分。学科取向的教师知识结构研究：单文经的教师知识思想认为教师的知识结构应包括一般的教育专业知识和学科知识两大部分。实践取向的教师知识结构研究：根据教师知识实际存在方式的不同，陈向明把教师知识分为理论性知识（外显）与实践性知识（内隐）两类。复合型取向的教师知识结构研究：叶澜突破以往教师知识研究平面化的局限，认为教师的知识结构是多层次复合的，主要有三层（科学、人文、专业）。

①魏则胜，李敏，王鹏，等．高校辅导员道德素养概论[M]．广州：广东高等教育出版社，2018.

以教师知识理论为基础，辅导员作为教师的角色在高等教育中不仅要参与教育与领导工作，更多的还要参与管理，这就需要适应其多重身份的不断变化。作为教育者，辅导员应使用功能多样的管理手段在课堂内外对学生开展教育。有时采取直接的方式，如为新生开设指导课、组织老师或有关专家开展有针对性的教育；有时采取间接的方式，如环境的营造以引导学生自我反省的教育。还为学生发展自己的兴趣爱好创造条件，以促进个体文化在环境中的发展。作为领导者，辅导员要具有理解、重视和培养团队的意识，协同解决有关冲突，在信任和授权基础上构建工作环境，鼓励学生各抒己见、创建并清楚表达共同愿景，培养多视角的思维方式等能力。作为管理者，要坚持以管理促进发展为目标，同家长、学校、学生建立建设性的关系，发展优秀文化，鼓励学生积极向上，培养责任感。三种角色中，“领导”和“管理”涉及的是做正确的事和把事做正确，而“教育”更强调解决人的观念问题。辅导员的不同角色及工作性质决定了辅导员工作是一项复合型的工作，需要以多种学科的专业知识为基础并积淀形成专业化的知识体系。

（一）马克思主义理论

马克思主义理论是社会主义国家的指导思想，社会主义大学的任务是培养社会主义事业的合格建设者和可靠接班人。马克思主义在意识形态中处于指导地位，同时，它又是现代思想政治教育学科建设和发展的根本条件，是思想政治教育科学化的保证。辅导员专业本身就是以思想政治教育为主要依托的，其专业知识结构的基础自然包括马克思主义基本原理。辅导员可以从中深入学习并应用辩证唯物主义和历史唯物主义的观点、劳动观点和实践观点，还有关于人的全面发展理论、青年教育理论、社会存在与社会意识关系的理论等。毛泽东思想和中国特色社会主义理论体系是马克思主义理论在中国的延伸，是我们党最宝贵的政治和精神财富，是中国思想政治教育实践的指导理论。通过学习这些理论，辅导员便能准确把握科学发展观的科学内涵和精神实质，在实际工作中才能永远把握正确的方向。

（二）思想政治教育理论

高校辅导员是中国高校大学生思想政治教育的主要承担者，是高校思想政治教育工作的重要力量。思想政治教育是辅导员工作的核心内容,相应的知识和理论体系是辅导员专业知识的核心内容,理论中包含思想政治教育理论基础、思想政治教育发展历史、思想政治教育方法理论、思想政治教育管理理论等。辅导员通过学习这些理论,可以受到思想政治教育专业技能与方法的基本训练,掌握从事思想政治工作的基本能力,树立正确的职业理想,以培育优秀人才推动社会进步为己任,志存高远,爱岗敬业,把本职工作与祖国的未来命运紧密相连。遵守法律法规,遵循教育规律,推动教育创新。品格教育的内涵是要把社会需要的那些美德变为人的性格的一部分,变成人的比较稳定的习惯、态度。以人为本全面实施素质教育,遵守职业道德规范,以身作则,求真务实,潜心研究,实事求是,以自己良好的思想和道德风尚去影响和培养大学生。

乌申斯基说的关于教师的情感和人格魅力对学生心灵的影响"是任何教科书、任何道德箴言、任何惩罚和奖励制度都不能代替的一种教育力量。教师的信念和个性品质在教育中具有决定性意义"。思想政治教育理论能让辅导员有教师道德教育的意识和自觉性,对每个学生都有信心,具有教师道德教育的热情,并提高相应的能力。

(三)教育学理论

教育学的研究对象是教育现象和教育问题,是对人类教育活动的科学理论与实践进行归纳总结,探索解决教育活动中遇到的实际问题,揭示一般教育规律的科学。作为高校教师的一员,学习教育学有助于辅导员树立正确的教育思想,提高贯彻中国特色社会主义教育方针、政策的自觉性,认识和掌握高等教育规律,确立现代科学的教育理念,提高学生事务管理的工作能力和水平,全面提高教师素养。学习教育学,可以使辅导员在实际工作中自觉顺应教育发展规律,引导学生树立正确的人生观、世界观。

(四)心理学理论

心理学是研究心理现象发生、发展规律的一门科学。既是一门理论学科,也是应用学科,包括理论心理学与应用心理学两大领域。教育和心理学的密切关系已成为一种常识,教育是一种实践的技术,一切技术必须有科学的基础,而教育主要的科学基础之一就是心理学。当前,随着社会的转型及就业竞争的加剧，学习、工作、人际交往等压力对大学生心理产生了极大的影响，大学生的心理问题日益增多。从学生发展上说，创造性首先强调的是人格，其次是成就。高校辅导员作为学生管理工作的一线人员，是与学生交流最频繁、接触最广、对学生影响最深的教育者，在大学生心理健康教育中扮演着无可替代的重要角色。不断加强对大学生的适应性、承受力、调控力、意志力、思维力、创造力及自信心等心理素质的教育与培养是高校辅导员的重要工作。为此，辅导员必须系统学习心理学理论，以理论为基础，了解学生心理变化，掌握学生心理动态，感触学生内心世界，有的放矢开展工作。

（五）管理学理论

管理学是系统研究人类管理活动普遍规律、基本原理和管理方法的一门学科。把辅导员同时纳入高校专业教师和党政干部队伍的管理体系进行管理，让辅导员既是大学生日常思想政治教育的承担者，也是基层学生事务的管理者，负责学生基层集体建设的组织和管理，承担规章制度的建设与执行，课外活动的组织与管理，集体建设管理与创新等工作内容，辅导员作为管理者的角色决定着管理学理论是其重要的专业基础理论。当前，随着高校的不断扩招，辅导员管理的学生人数增多，管理难度不断增大，要想有效地发挥辅导员管理的职能，做到科学化管理、人性化管理，更需要辅导员具备系统的管理知识理论，懂得管理的艺术。学会如何科学分析外部环境，找出辅导员专业发展的优势与机会，使环境的威胁与不利对辅导员专业发展的影响降到最低，是高校辅导员队伍专业发展进程中的重要支撑。

（六）哲学理论

重视言传身教的普鲁塔克认为，唯有学问不朽与神圣，而哲学最优先，所以一个教师必须是热爱哲学、研究哲学的教师。辅导员学习哲学不是为了学习深奥的原理知识，而是从中知道下面一个道理：即使是一棵树，我们并不是从树根上，也不是从树干上，而只是从树枝的末梢上摘取果实的。学生并不是“知”了就可以的，转化成“行”才是摘取了果实。对辅导员的哲学高度怎么要求可能都不过分，最好是科学、哲学、教育都融洽地汇集到辅导员的身上。比如学习康德，作为一个教育家，你从哲学看他的时候，很容易想到科学。从科学看他时，又很容易想到哲学。在学校里，有观念文化，也有环境文化。而今，品性文化亦进入了课程。辅导员与学生关于品性的交谈，关于道德问题的专题讲座，都在这个范围之内。布鲁纳《教育过程》中的“三任何”是说任何学科的基本原理都可以用某种形式教给任何年龄的任何人。这里的“某种方式”是要从哲学的角度找到“正确的方式”，这是从哲学角度要求辅导员的职业需要“特有”的方式。

真正的教育不应只依附于科学，而应该从哲学的角度获得本原，随着时代的发展，就像战争意义太重大，不能完全交给将军们决定一样，高等教育也相当重要，不能完全留给教授们决定。作为管理者，辅导员充分认识并适应这个过程，显然没有哲学思维是不行的。

康马杰认为，大学是理性的堡垒，否则就不是大学。从根源上说，大学所要解决的是思辨的问题。最基本要学生回答的也不外乎“我是谁”“我现在在哪里”“我要到哪里去”这三大哲学命题。个人的哲学信念在认清自己生活方向方面是唯一有效的，如果一名教师或教育领导人没有系统的教育哲学，并且没有理智的信念的话，就会茫茫然无所适从。著名的洞穴比喻表明，我们不可能通过洞壁上的影像认识身后的事物，除非转过身来；我们不可能知道太阳是万物的主宰，除非被拉出洞外。

关于教育哲学的基础，布鲁贝克的观点是，存在两种高等教育哲学，一种主要以认识论为基础，另一种则以政治论为基础。探讨高深学问的认识论方法是想方设法地去摆脱价值影响，而政治论则必须去考虑价值的问题，要在一定程度上根据现实需要使两者实现最大程度的和谐。辅导员专业教育存在的哲学基础可以是认识论的，也可以是政治论的。

（七）高等教育学理论

学者张德祥认为，高等教育社会学主要研究的内容是社会分层和高等教育之间的相互影响关系，以及高等教育机会均等问题。各种职业对学历要求的变化使人为了提高竞争优势而追求高学历。社会分层对高等教育的多方面影响也是客观的，如对教育目标、内容、过程等都有影响，学历既影响人的最初职业选择，也会影响未来的竞争水平。另外，在高等教育发展进程中必须致力于实现高等教育机会均等的问题,这也是辅导员教育中至关重要的理论基础,让更多的人在入学机会、过程和获得成功的机会方面实现平等。

赵文华在《高等教育系统论》中强调,研究发展问题要有一个系统的观念,因为“系统这个术语越来越被用来指那些特别适用于解释复杂问题的科学方法”,研究辅导员专业发展,除了要关注高等教育系统之外,还要关注基础教育系统,同时还应重视高等教育系统与环境的相互关系。使对发展问题的诊断不是仅仅依赖零星的革新,而是要建立整体的改革图景。房剑森在《高等教育发展论》中说明,从可持续发展的角度看,“发展质量”比“发展速度”更重要。辅导员作为教师,在专业发展方面需要的适应性、多样性和发展性都是以高等教育发展的本质属性为基础的。发展论为我们思考辅导员教师专业发展问题提供了一个面向未来的视野,是我们研究专业发展质量问题的得力助手。

以上对辅导员知识的论述也是从知识构成的五个方面进行的,分别是一般方法论知识、一般科学文化知识、教育学科知识、学科专业知识和实践知识。获取专业知识是辅导员专业化建设的核心,只有具备了深厚的专业知识,才能有效地开展工作,真正将辅导、服务落实到学生日常学习及生活事务中。作为教师身份的辅导员,其身份与一般教师不同之处表现在,他们不仅要有具备从事学生思想政治教育专业的知识与能力,同时也要具备从事使学生思想能够向实际转化的技能,还应该有开展日常思想政治教育活动的管理和组织的能力。

三、实践知识结构

辅导员除了要具备基础和基本专业学科知识外,还需要具备在复杂的情境中解决具体问题的实践知识。

实践知识是教师在教育实践中实际使用或表现出来的知识(也包括缄默知识),是教师内心真正信奉的,在日常工作中实际使用的理论。实践知识支配着教师的思想和行为,体现在教师的教育教学行动中。仅仅通过理论的传授与学习是不能造就具有专业化特征的教师的,只有在亲身的体验中去领悟和内化理论知识,让理论和实践实现真正的结合,才能体现出理论对实践的指导意义和价值。教师专业发展的核心是教育知识的增长和教育才能的提高,发现每个教师在教育实践活动中获得的隐性知识才能,分享、交流和体验,同行在教育实践中获得的经验和感受,是教师专业发展中非常重要的内容和丰富有效的营养。如果将辅导员应具备的知识比作一座冰山的话,理论知识是露在水面的部分,实践知识以内隐形态深藏在知识冰川的下部,是辅导员专业发展的支撑。理论上,教师实践知识包括以下六个方面的内容:教育信念、自我知识、人际知识、情境知识、策略性知识和反思性知识。按照教师专业发展理论,在教师教育目标上,不仅要给予未来教师或在职教师所缺乏的一定教育理论知识、技能、态度和信念,而且要揭示、分析和发展他们已有内隐的教育知识、技能、态度和信念。应用到辅导员的工作层面,实践知识包括党团建设知识,心理健康教育和干预知识,职业发展规划和指导的知识,网络思想道德教育知识,学生恋爱、消费、安全等日常事务教育等。调查中,下面几项知识作为非常重要选项排在前面,这种实践性知识与辅导员的专业知识形成互补,共同构筑起辅导员的实践知识体系。

(一)党团建设知识

高校学生党团建设是培养社会主义接班人的重要内容,是国家实施科教兴国战略、人才强国的基础工程。辅导员的工作就是通过加强党团班的建设,以保证党团组织的政治导向性和组织约束力,巩固班级组织的文化导向性和活动凝聚力。党团建设包括对团支部、党支部的培育与引导,对团员进行管理,对入党积极分子的培养,对预备党员的培养,以及对正式党员的考核等。辅导员要熟知党团建设的基本知识,鼓励学生学习先进的科学文化知识,将各个方面表现优秀的学生推选为入党积极分子,再通过党校学习等形式,将入党积极分子的严格把关发展成为预备党员,最终推选为正式党员。同时,辅导员要掌握党支部、团支部建设的实践知识,以学生党员和入党积极分子为主体,与学生党支部建设相融合;以内强素质外塑形象为形式,推进党团建设的全面深入开展。

党团教育导向明确、实践性强、参与性广,所以自然具有很强的凝聚和指引作用。在大学生日常思想教育工作中是有战略地位的,这要求辅导员必须具备一定的党团知识,把握住社会需求的方向,提高学生的兴趣,引导学生在实践中主动、自觉地接受党团教育。

(二)职业发展规划与就业指导知识

找出一个人适宜做的事业并获得实现的机会,这是幸福的关键。从某种意义上说,就业是学生上大学的基本目的。随着时代的发展,大学生就业形势不断发生着变化,传统的就业指导模式已经不能适应时代的要求,注重生涯规划的新型就业指导模式成为辅导员工作中必备的一项实务。

大学生职业生涯规划是指辅导员辅导学生在对内外环境因素分析的基础上,对个人兴趣、能力、特长及发展目标进行有效的规划,以促使学生个体发展为根本目的。它贯穿大学教育的全过程,依据心理学、职业社会学、教育学的原理,对学生的个性特征进行分析判断、咨询,使学生在正确认识自我的基础上其身心素质、一般职业能力、个人特殊能力都得到发展,让学生学会有效地调整就业期望,正确地为自己做出选择。

职业生涯规划与就业指导要求辅导员首先要面向全体学生,在尊重个体差异的基础上,适应社会发展的需要,让每个学生都从中找到符合自己客观条件的标准。其次,辅导内容要突出重点。就是使学生的择业观更贴近现实,更趋于理性。发展观上教育学生不要固守一步到位的观念,价值观方面教会学生力所能及才是适当的,选择观上让学生明辨金钱与机会的辩证关系。最后,辅导形式注重社会实践。一千次的理论说教不如一个切实的实践经历更有效。辅导员要在大学四年的社会实践中有计划、有组织、有层次地对学生进行安排和指导,使学生在毕业就业前已经具备"工作"经验。

不同年级的学生在职业规划方面应有不同的内容。大一年级的学生先从树立职业生涯规划的意识开始,在了解学校、专业及大学学习生活的基本环境的同时,初步确立个人的职业目标并配套建立相应的实施方案。大二年级的学生主要侧重于了解本专业及配套的专业岗位,通过社会调查,了解本专业发展所要求具备的专业知识和专业能力,再进一步分析、评价自我以后对一年级的实施方案进行修正。就是要学生拓展职业规划方面的知识,认真掌握专业基础知识,系统优化知识结构,学会查找问题,分析、研究问题。大三年级的学生要进行职业选择问题思考方面的教育,要深入到学生自己兴趣特长方面的岗位进行的社会实践,然后进行比较分析,并找出自己在专业能力方面的差距。确定学生适合的职业，并着重进行职业适应能力的培养。大四年级学生要进行什么样的职业是适合的和现实的教育。在实习岗位上全面演练专业所学，重点进行就业应聘的准备，如信息搜集整理、招聘情景模拟培训、就业政策及法规教育、简历制作、现场及网络应聘的实战，就业协议的签订等技术性教育。

在四年的生涯规划与就业辅导中，按年级阶梯式地进行职业道德教育，辅导员应该具备相应的知识储备才能有指导学生发展的能力。主要有诚信教育、勤奋、爱岗敬业等精神教育的知识；礼貌礼仪修养教育的知识；择业观念教育，主要针对市场变化，转变就业观念的知识；就业心理教育，让学生以健康的心态面对就业的知识；形势与政策教育，让学生知道国家的就业方针、政策以及有关的制度的知识。有了这些知识才能教育学生努力实现由学生身份向职业人的角色转变，树立发展性就业观念，以健康的心态，积极主动地应对就业市场的各种变化，实现个人选择与职业要求之间的最佳匹配。

（三）网络思想教育实践知识

信息网络技术的发展使社会的各个领域都在发生广泛而深刻的变化，网络技术以其丰富的表现力、便捷的信息传递、充分的资源共享而在高校得到了越来越广泛的应用。现在的年轻人更多地在虚拟世界中度过，以前学生的“直接经验—学习过程”的大部分是在学校之外的日常生活中进行的，是通过现实世界实现的。然而，对计算机的利用导致了一种非常重要的转变，现在很大一部分学习是通过在电脑上玩游戏或寻找某种补偿进行的。在多元化的信息渠道面前，辅导员和学生在获得信息的机会、时效和范围上因为有了互联网而变得完全平等。运用互联网信息技术，实现思想政治教育、管理的网络化，通过网络进行思想政治教育工作，已经成为高校辅导员对学生进行思想道德教育很重要的一个课题。由于网络对大学生的观念及行为方式产生的影响越来越广泛，以网络为平台展开的思想道德教育是新形势下思想道德教育的必然要求。

网络思想教育实践首先要把握网络思想教育的新特点。由于网络的虚拟性，要求辅导员能够主动参与，用对话、启发的方式引导学生主动思考，使之形成正确的思想道德观念。这要求辅导员要更加尊重学生的需要和兴趣。另外，网络克服了时空障碍，真正实现了教育的“四通八达”，辅导员与学生、学生之间的交流是全方位的，每个人都在扮演教育者与受教育者的双重角色，是实现学校、家庭、社会教育一体化的最佳平台。

在互联网条件下，大学生们在信息获取、国际交往、休闲娱乐等方面正在逐渐对校园网络媒介形成依赖，形成了校园网络文化。这种网络文化是一把双刃剑，存在很多的消极方面，导致了大学生价值观的变化，辅导员要明确网络思想道德教育的特殊性，需要用先进文化占领新的思想阵地，坚持弘扬正面教育引导德育主流，确保网络安全，引导学生健康成长。通过"遵守社会公德，创建网络文明""依法使用网络，做文明守法网民"等课程和行动的教育，让学生自主构建正确的网络观，形成良好的网络道德行为。辅导员要加强自身的信息知识准备，充分利用网上信息资源，探索科学的网络思想道德教育方法，使自己始终处于网络思想道德教育的主动、优势地位。

（四）心理健康教育知识

熟知心理健康知识，帮助学生认识到健康心理对成长、成才的重要作用，通晓教育的方法和途径，帮助学生培养良好的心理健康品质和自尊、自强、自律的优良品格。辅导员要让学生正确对待心理问题，知道"个性与群体的冲突，对人类社会的每个个体来说，几乎是永恒存在的"。掌握个体咨询、团体咨询、电话咨询、网络咨询、书信咨询等多种知识，能为学生提供及时有效的心理健康咨询与辅导，帮助学生树立健康心理意识，增强自我调节能力和社会适应能力，消除心理困惑，缓解心理压力。对于个别出现心理偏差的同学要多加关注，进行干预，及时处理突发心理事件。

同时，辅导员自身的心理健康不容忽视。辅导员的心理健康不仅事关个人和家庭幸福，而且直接影响到他所带学生的发展。辅导员的心理健康问题，不能单纯地从教师职业道德的角度考虑，这样是有缺陷的，应该从完整个体的角度，在职业生涯发展的全过程中，对辅导员进行全面的认识和对待。辅导员的职业特点和承担的社会责任，让他们处于各种矛盾的结点上，各种压力会随之而来，从而为滋生心理问题提供了温床。辅导员的心理问题之所以应该引起重视，除了辅导员的心理问题会直接影响大学生的发展以外，还直接关系到辅导员老师本人的幸福感和生活质量，关系到辅导员自身的专业发展，正确认识辅导员的心理健康问题，对辅导员、大学生、高校教育乃至国家的命运都会有积极的意义。因此，辅导员学会心理调适的知识和方法，对辅导员的发展是大有裨益的。

（五）安全预警知识

保证学生的生命安全是辅导员开展一切工作的最基本前提和最起码的底线。近年来，随着高校办学规模的扩大，开放性比过去更大，社会上观念、意识、利益方面比较激烈的冲突也反映在校园里。校园安全问题出现了增多的趋势和比较复杂的局面，从一些案例来看，校园安全问题发生在大学生身上的主要原因是大学生社会经验不足，易感情用事，防范意识淡化，法制观念薄弱。辅导员应该具备全面的安全教育知识，然后通过实训提高学生的技能，再通过情景假设进行模拟演练，提高学生的安全防范能力。

辅导员在开展高校学生危机的工作时，要按程序进行。建立健全预警监管机制，完善信息传递网络，建立常态化的危机管理运作机制，可以有效减少危机发生率及降低危害。高校的危机事件往往伴随着相关人群的心理问题，因此建立并完善危机事件中心理问题应对的工作体系是非常重要的，需要有规范的工作流程，完善的校园危机事件的法治化管理渠道。在校园危机事件处理过程中，也能够反映出学校相关规章制度的合理性和有效性，辅导员应该及时提出建议，通过不断完善相关的规章制度，使危机事件的解决有法可依、有章可循，避免事态的升级和遗留问题的产生。

具体地说，在程序上要做到以下几方面：首先要科学预案。《学记》教我们要“禁于未发”，学生危机管理的最佳状态是将问题消灭在萌芽状态，危机的预防比处理更加重要。辅导员所处的位置是高校危机处理系统的最佳观测点，建立科学、严密、长效的学生危机预警机制是辅导员在危机处理中的首要工作，于无声处听惊雷，尽早发现，快速反应，会提高危机的处理效率，降低危机的处理成本。辅导员要牢牢树立“危机管理、预防为本”的思想，具有“防不胜防也要防”“管了没用也要管”“说了没用也要说”的观念，对危机管理常抓不懈。其次，要关注“特殊学生”。具体问题具体分析，异常情况及时处理。最后，要高效处理。在处理突发事件过程中，处理速度、把握尺度和人员协作性居于重要地位，学生危机防不胜防，一旦发生了，辅导员要在上级部门和主管领导的带领下，按照已制定的应急预案迅速介入，稳定局面，高效率地将危机事件处理完。要“以人为本”，把学生利益放在首位，时刻以维护学生合法权益为根本，维护学生的尊严，保护学生的生命财产安全。

这些要求并不意味辅导员要唯学生要求是从，要遵循国家法律法规，实际工作中经常会用到《中华人民共和国教育法》《中华人民共和国未成年人保护法》等法律法规。辅导员要熟悉这些法律法规，并能客观公正地运用，用科学的态度、全局的观念，并注意工作的每个细节，要利用可以利用的一切手段，实事求是地处理危机事件，使学校及各方当事人的合法权益都得到保护。最后是要善后总结。任何一个学生危机事件的扫尾工作都一定要辅导员一一归位的。在做到上对学校，下对学生都有满意的结果以后，辅导员要静下心来，反思总结事件的得失，检查预案的科学性、合理性，把日常工作需改进的地方进行整改总结，然后形成书面材料，将事件作为案例，以备其他辅导员进行借鉴和参考，在实践上完成该项经验的传递。

（六）主题教育知识

道德教育的主题一般都相对稳定，却又常思常新，有恒久的讨论价值。思想政治教育工作是所有工作的核心，如何保证思想政治教育工作收到实效，是每个辅导员每天都要思考的工作之一。灌输、说教有一定的作用，但已经不适应时代发展的要求。傅维利先生说过，中国的道德教育要改变注重道德说教的局面，我们必须在发展学生道德判断、情感和行动方面切切实实下番功夫。在实际工作中，辅导员结合学生的实际，可通过内容丰富、形式多样的主题教育活动，贯彻党和国家的教育方针、政策，培养学生爱国爱校的情感，以及提高学生的综合素质。主题教育按内容、形式和受教育者的不同可分为以下三个类别：根据内容不同，有以爱国主义为主旋律的主题教育活动，如理想信念、形势政策教育；以学生个人发展为主题的教育活动，如诚信教育、礼貌礼仪教育、专业技能教育、基本生活常识训练、就业技能训练、心理健康教育、安全常识教育等；以重大节日和纪念日为主题的教育，爱国主义教育方面的建国、建军等纪念日的教育，感恩教育的有劳动节、重阳节、父母亲节、妇女节、感恩节等纪念日的教育，传统教育的有春节、清明、端午、中秋等节日的教育；青年励志方面的如青年节等节日的教育。根据形式不同，有知名人士的报告类主题；专业知识技能、科技发明方面的竞赛类主题；寒暑假及青年志愿者团体的社会实践类主题；文化节、体育节等文体活动类主题；青年励志、职业规划类主题；心理健康教育类主题等。根据受教育者教育时段的不同可分为新生入学教育、爱校荣校、适应大学生教育、专业学习教育；毕业生的择业观、感恩、文明离校、职业道德教育；特殊学生群体如特困生的自强励志教育，少数民族学生的民族团结教育。

通过以上三个方面对主题教育内容的介绍，我们不难看出主题教育导向明确、实践性强、参与性广，所以自然具有很强的凝聚和指引作用。反映到辅导员的知识层面，这些工作内容的要求是非常广泛的，有时候对知识的要求是需要综合考量的。比如大学生的思想呈多元的特点决定了在主题教育活动中，辅导员作为教育者的主导性与学生的多样性总是不能完全契合的，这个矛盾就是贯穿主题教育活动始终的矛盾普遍性与特殊性的关系。辅导员需要坚持社会主义核心价值观的要求，同时具备哲学的基础理论知识，在尊重学生多样化发展要求的前提下，有的放矢，使学生的思想、行为、综合素质符合时代发展的需要。要实现这样的主题教育目标，要将社会发展对大学生的要求与大学生自身发展的需求结合起来，形成以学生为本的，时效性强、凝聚力大的教育"主题"。把传统的单纯地落实上级思想政治教育任务过程转化为学生自我实现的发展需求，使思想政治教育内化为学生自身需求的部分。所以，每一个主题教育活动都要进行广泛调研，把握住社会需求的方向，提高学生的兴趣，保证活动的针对性，要充分利用可调动的一切资源，引导学生在实践中主动、自觉地接受主题教育。

第三节 系统的工作能力

知识是能力的基础，而知识的储备与辅导员能力的发展又不全是正相关的。辅导员的发展需要具体化的知识，更需要创造性的能力。对高校辅导员工作能力的概念和定义也有很多，个人认为辅导员的工作能力就是辅导员在工作中要完成教育者、管理者、服务者的角色所应具备的能力和本领。不同学者对辅导员能力的划分也因为研究视角和研究理论基础的不同而不一致。笔者建议，根据辅导员职业能力在学生教育管理工作中具有普遍性和特殊性，继续使用“工作分析”的方法，将辅导员的工作能力分为一般管理基础能力和系统专业岗位能力。

一、一般管理基础能力

能力种类视域下的教师能力理论源于心理学能力的成果：一般能力和特殊能力。一般能力指在各种活动中都需要的能力，如观察力、记忆力、抽象概括力、想象力和创造力等，抽象概括能力是一般能力的核心；特殊能力是指在某种专业活动中表现出来的能力。关于基准性—鉴别性的二维教师胜任力理论的研究缺乏统一的见解，但对胜任力的相关研究中可以看出，这些强调价值观、动机、个性和态度、技能、能力和知识等特性。基准胜任力和鉴别性胜任力最早是由斯宾塞（Spencer）定义，容易培训的知识技能是基准胜任力，短期培训不易获得的是鉴别胜任力；麦克利兰定义为冰山上的知识和技能为基准胜任力，冰山下的社会角色、特质和动机等为鉴别胜任力。国内对基准性—鉴别性的教师胜任力的研究人员认为基准胜任力是门槛性的即行不行的问题；鉴别胜任力是好不好的问题。

辅导员的角色是个管理岗位，从管理的角度，分析一个职业的素质能力的组成首先是基础能力，这是对岗位的基础素质要求。按照现代管理理论的普遍观点，从计划、组织、领导、控制这四个职能，分别分析出各个职能的相关能力。

（一）基础能力

第一，体现为敬业与责任感。表现在热爱本职工作，有良好的职业道德与使命感，乐于奉献，勇于承担责任。来源于认同高校管理文化，明确工作使命，知道个人发展与学校和学生发展的连带关系，胸怀大局。

第二，职业生涯规划。表现在对个人的发展有短期和长期相结合的职业规划，对工作本身有成功体验等。来源于对辅导员工作的热爱与兴趣，主动更新自己的知识和技能，并积极采取相应（常规或非常规）的办法。

第三，自我管理能力。表现在强力的事业心、责任感、使命感组成的自我约束和自我管理的能力。来源于有很高的辅导员职业道德修养，对自己的工作负责，用行动做学生榜样，严格遵守各项法律、法规，在各种利益面前能作出正确的判断。

第四，学习能力。表现在通过各种渠道，学习新知识、吸取新经验，不断提高有利于未来发展的学习力。来源于对新知识有强烈的渴求，善于总结和反思，将日常的学习与生涯规划的目标不断调试，在工作中学习，在工作中提高，面对变化，知道首先从学习中提高自己。

第五，自我反省能力。表现在时刻都能正确地认识与分析自我。来源于有清晰的自我角色定位，重视阶段性的自我总结，对自己的评价客观、公正，善于通过改善缺点来提高自己，在不断总结经验的过程中提高自己。

第六，自信、坚持与积极的人生态度。表现在乐观、积极、健康向上的精神，对自己自信，对凡事都不回避。来源于工作热情投入，不计较个人得失，敢于面对挑战，相信自己，用行动解决实际问题。有持之以恒的精神，充满健康向上的而活力。即使面对压力，也知道通过不断努力，朝既定目标前进。

第七，人格魅力。表现在充满活力、现代，公众影响力强。来源于自信、豁达，积极健康的态度，温文尔雅、张弛有度的为人处世态度，充满智慧，有满身的正能量，从不过度，也不一意孤行，从不轻言放弃，善于以身作则，影响力比一般人要大。

（二）计划能力

第一，战略思维。表现在能清晰理解组织的战略思想，依据实际情况采取相应的措施，保证组织战略的实现。来源于正确地理解学校的育人目标，会科学地分析环境的机遇与挑战，有效地实现学校的发展战略。

第二，判断力。表现在对所见所闻能有效地综合在一起，对可行或者实际的行为形成清晰的看法，进而形成正确的判断。来源于快速消化信息的基础上，科学地验证和判断，理智地保持独立，合理地连接过去的信息，形成系统的方法，比如有深思熟虑的习惯。

第三，规划力。表现在能够重视规则和秩序，会划分事物的重要性等级，有计划有步骤地安排工作，有条不紊。来源于稳重成熟，清楚地知道自己在组织的地位，明确工作任务，能充分掌握和利用资源，合理、有效地制订计划。比如时间管理，个人能平衡时间需求，还能影响周围的人科学地规划和使用时间。比如制订计划,能准确地理解上级的思路,有效地整合资源,制订计划的过程中能以组织的目标为核心,从而在实行时取得最优化的成果。

第四,环境分析。表现在能准确地分析自己和组织所处的环境,知道如何适应和利用环境。来源于懂得管理战略,明确外部环境和内部环境的关系,知道适应环境的方法。

第五,远见。表现在维持对周围事物的感知力,会在变化发生前做好准备。来源于这是不同于感知和经验的概念性思考,能依据过去的经验,对未来可能的变化作出正确的判断,在采取措施方面也游刃有余。善于思考,与时代同步。比如在信息收集方面,好奇心加灵活的思维,善于借力。在演绎能力方面,善于把事物拆分成具体的小块,运用理性分析,得出正确的结果。在归纳能力方面,知道不明显或者无关人和事的关联性,在复杂的情境下判断出潜在的问题,并科学地运用方法予以解决。

(三)组织能力

第一,全局意识与组织能力。表现在能明确组织的整体和长远的目标,清楚自己的位置与责任,严守规则,知道怎么组织和准备才会实现目标。来源于知道大和小,会认真评估现有的资源,知道如何取舍以实现目标,能预断好潜在的问题,组织的过程中有足够的弹性策略。比如团队意识很强,会从支持别人的角度理解自己的工作。

第二,专业精神与行动力。表现在明确专业领域内的原理和方法,驾驭能力强,行为主动性高,充满自信,不畏困难,敢于面对工作的挑战。来源于好学、好研究,深层次地理解专业,愿意寻求也愿意帮助别人解决专业的问题。敢于创新,有冒险精神,从无畏难情绪,敢于承担责任,在行动中不断修正和提高自己。

第三,协调能力。表现在能安善处理组织内的各级关系,促成相互理解,从而获得支持与相互配合。来源于愿意倾听,且表达能力要强,沟通渠道优良,重视信息分享,信息传递速度快而准确。在严格筛选和评估信息后,能选择科学合理的行为方式,在协调能力很强的基础上表现出创造性。

第四,解疑与创新能力。表现在能抓住工作的本质,提出创造性地解决方案并付诸实施。来源于解析能力强，短时间内发现问题的关键，愿意听取众人的意见，并迅速提出优秀的解决方案。抗压能力强，敢于面对不回避。经常在继承中有创新的表现。

（四）人事能力

第一，人本精神。表现在尊重所有人性因素，追求共同和谐的发展。来源于建立共赢的思想，充分考虑所有关系的不同需要，帮助别人找到最合适的发展空间。包容性强，懂得欣赏与自己不同的观点，不固执己见，经常换位思考，愿意为了对方的需要而做出调整。

第二，知人善任。能识别和发掘别人的优势与潜能，使之最大限度地发挥作用。来源于保持良好的沟通，知道每个人的优点与特长，同时掌握劣势与不足，注意理解学生的需要，最大限度地给每个人以发展空间，共同实现组织的理想。①

第三，指导帮助。表现于能帮助学生面对所有的问题或困难，并帮助他们培养处理问题与困难的能力。来源于重视经验与分享，多培训与指导学生，教会学生在工作中不断检验、调整和提高。每一个意见和建议都是建设性的方式，以大家理解和愿意接受的方式进行指导。

第四，交流与交往能力。表现在清晰的交流和平等的尊重，高度信赖，氛围良好。来源于无论是口头表达或者是文字还有聆听等都必须在平等、中肯的方式下进行，根据不同人的性格和具体环境需要，采取随机应变的方式，建立高度信任的关系，增强针对性，达到乐于沟通、有效沟通的目的。使交流交往的能力不断提高。

第五，团队合作。表现在精诚团结，密切合作，共同完成任务，共同享受成功的快乐，共同面对困难与挫折。来源于建立务实、勤恳的工作作风，善于沟通，诚实守信，号召力强，发挥每个人的优势与潜能，体现自身的价值所在，用各种有效的方式增强大家的团队荣誉感。

（五）领导能力

第一，追求卓越。表现在对成功有强烈追求，有克服障碍、完成挑战的能力。来源于自我要求高，对成功强烈渴望，敢于冒险，不安于现状。不但对自己要求高，对身边的人影响力也大，会以目标为导向来整合

①乔旭．高校辅导员胜任素质模型构建及应用研究[D]．青岛：青岛大学，2019.

资源。

第二,控制能力。表现在自我驾驭能力、认知能力强,尊重他人,能以平静的心态面对挫折。来源于正确地认识自我,心态积极向上,工作效率高,成就感强,愿意接受别人的意见,重视他人的感受。特别是居安思危,对违纪的预警和控制能力强,需要有强烈的社会责任感和使命感,安全第一,洞察力高,遇到问题不回避,敢于面对,也敢于承担责任。让身边的人有足够的安全感。

第三,领导力。表现在信任、关心学生,指导、训练学生提高工作能力。思维流畅,行动干练,号召力强。来源于营造高水平的信任氛围,团结周围的人一起努力,心态积极,与大家多创造一起奋斗的机会,共同体验战胜困难的乐趣,知人善任,让每个人都知道自己是特别重要的。演讲力、鼓动力都强,同时勇于承担责任。

第四,诚信度。表现在拥有积极的人生观,公平公正,道德观念强,严于律己,以开放的心态,虚心学习别人的优点,言行一致,敢于担当,信守承诺。来源于平时工作生活的每一点、每一滴都时刻注意自己的言行,让每个人都知道自己的可信是不需要有什么时间或者地点以及人物的限制的。

第五,社交能力。表现在为了组织的发展,不断地进行有益的活动。来源于良好的师生关系,公众形象好,沟通能力强,心态开放,有广泛的社会关系网络。

二、系统的专业岗位能力

岗位能力是指在从事的职位或工作岗位上表现出来的个人动手和实践操作的一种技巧或能力。重要的育人职能决定辅导员必须具备特殊的系统专业的岗位能力。

(一)沟通与表达能力

思想工作的最基本能力是沟通与表达能力。沟通的基础在于找到与学生共同的语言。要有针对性,什么样的学生要"一对一"进行,什么样的学生要集体交流,都需要事先认真调查研究。沟通过程的各项准备、耐心等都是非常重要的,得到学生的理解后,沟通的效果会事半功倍。最重要的沟通是确实取得同学的信任,让学生愿意沟通。信任辅导员的交流是沟通的基础,保守学生的秘密是沟通能否达到良好效果的一个重要条件。

沟通过程的表达与日常工作中的文本表达都是辅导员工作能力的基本功。语言表达要求在沟通的过程中清楚简练、风格适当,不同的场合要有不同的表达风格,如晚会、聚餐、班会、小组讨论等不同情境要求有不同风格。简练的语言让学生深入浅出地理解道理,又感受到逻辑性强,这些能力的点滴体现都会增加辅导员工作的信度。除了语言表达以外,文本表达能力在辅导员工作方面也至关重要,除了例行的工作计划、活动方案、工作总结与汇报以外,辅导员与学生平时的沟通少不了文字方面的形式,如书信沟通、网络平台上的交流等,良好的沟通与表达能力需要专门训练和平时工作中的积累与培训。

(二)观察与分析能力

教师必须学而不厌,才能诲人不倦。大学生思想工作中存在的问题显性的与隐性的往往交织着、并存着,辅导员通过不断学习才能具备敏锐的洞察力,掌握大学生的思想问题并对症下药。既要有对学生心态的观察分析,又要对学校环境、学生生活学习的每一点滴变化都看在眼里、放在心上,使自己在繁杂的事务工作中对学生的情况都有清晰的把握,这样便能牢牢地抓住工作的主要矛盾,在工作中能有条不紊、统筹兼顾。这个观察分析后抓主要矛盾的能力涵盖的内容很多。例如,要善于教育和利用好同辈当中的标杆人物,使之变成同辈和班集体的好帮手。这样的观察与分析积累起来的能力,会成为辅导员发展的影响因子,对他们工作的帮助是非常大的。

(三)管理与控制能力

管理和控制能力是一个人社会工作基本能力很重要的一个方面,对时间、情绪、工作的管理与控制等都是辅导员工作业绩的保障。在时间管理方面,辅导员将繁杂的工作做到有效控制、达到条理清晰的效果是非常不容易的,分清工作的轻重缓急是关键。工作的维度可以用重要性和紧迫性两个维度来衡量,如何既达到预期的效果,又保证有很高的效率是时间管理的根本所在。除了自己管理好时间外,指导学生大学四年的时间管理也是辅导员工作的重要课题。辅导员岗位管理和控制能力很重要,是辅导员工作得以开展和提高的基础和保障。管理上严而不死,活而不乱,合适的度就是控制力的表现。这也是"杀鸡用鸡刀,杀牛用牛刀,就是适合"的道理。

纷繁复杂的工作有时让辅导员出现情绪波动甚至出现职业倦怠的局面,对自身情绪、情感的控制管理,以及对人际关系的调节也是辅导员在工作中必须重视的,这也是这项工作所需要的管理和控制能力。工作中不能感情用事,排除主体臆断因素,特别是在奖优惩劣的过程中不能有任何个人情感因素在里面,客观公正,拒绝诱惑,都是需要有控制能力的。

(四)学习与创新能力

经验总是处于流动之中,变化之中,更新之中。大学教师应当具有青春活力,辅导员也不例外。要让学生从辅导员身上能找到那种青春向上的正能量,其源泉是辅导员的学习与创新能力。创新能力是现代人才素质的核心,具备创新意识是前提,不断地学习研究是保障,同时兼具灵活地运用综合知识的能力,才能为创新能力培养营造氛围。创造性蕴于个性之中,为大学生的个性发展提供广阔空间是对校园文化最基本的要求,为个性多提供发展的机会,使之得到充分发展。教师的作用是巨大的,他甚至可以为学生展示一幅人生蓝图,但是,学生自己的人生蓝图最终还是自己描绘的,接受教师影响较大的学生在较大程度上参考了教师的设计,接受其影响较小的学生在较小程度上参考了教师的描绘,有的学生则另有创意,做了一番意想不到的设计。优秀的辅导员不在于教学生去临摹,而在于让学生另生创意。

时代在不断发展中进步,任何专业知识的学习和应用都有与社会发展不相适应的时候,辅导员工作因为教育对象是人,很多工作都不能受制于过去的"经验",要与时俱进,不断学习,提高创新能力。如果说有了管理控制是"鉴别的能力,像试金石一样",还要有"研究的能力,如点金石一样"。很多研究者都重视辅导员在学术方面的研究能力,认为高校思想政治工作者不仅应该在工作上有所建树,还应提高学术成就。辅导员的工作是一门科学性与实践性相统一的工作,是将思想政治教育理论方法应用于大学生思想政治教育的实际过程。时代的进步、环境的变化、科技的发展使各种新的研究课题不断出现,这些都为辅导员在创新方面形成了厚实的研究基础,为辅导员在专业化建设方面提供了研究和发展的平台。

在日常工作中,不但在管理育人方面会遇到各种各样的问题,辅导员在解决这些问题过程中的学习和研究也会出现各种各样的新问题。有时候同样的问题在不同的学生身上出现,用同样的方法却解决不了相同的问题。众所周知的孔子对子路、冉有因材施教的案例对今天我们育人工作中的因材施教还有着客观的指导作用,辅导员工作环境和对象都复杂多变,学习和创新是取得发展的不竭动力。

(五)统筹与协调能力

从系统层面来看,面对大量的日常性和综合性事务,辅导员工作必须有一种整体工作的意识,就是要有全局的观念,会"弹钢琴",能审时度势知道"轻重缓急",有发展的眼光,眼前与长远兼顾,将不同节奏的工作形成统一步调,整合各个方面的力量形成育人合力,将多样性、多因素的工作事务有机地进行联系,优化工作方法,提高工作效率。统筹与协调能力能让辅导员把全面的工作在空间上包括从学生个体到集体,从公寓到教室,从本院到全校;在时间上包括从开学到假期,从入学到毕业,从课堂学习到社会实践,从日常管理到社团活动,等等,都形成规范、长效的机制。

(六)团队与群众工作能力

辅导员所主持的班集体本身就是一个工作系统,既是院系学生工作系统的组成单位,又是全校育人工作系统的具体分类。面对集体的工作,群众工作能力是必不可少的。包括对学生党团组织的领导,班集体的建设和各项社团协会组织的管理和引导等。有序地进行组织管理,要发挥"传、帮、带"的作用,锻炼一支强有力精干的学生干部队伍。在调查研究及宣传动员方面,在群众工作中,为了有的放矢,必须学会调查研究,建立丰富的信息来源渠道,特别是针对大学生的独立性、多变性、选择性、差异性普遍存在的情况,科学地把握工作的规律性,增强针对性。平时工作中注意研究与应用思想政治教育的基本理论,网络时代下学生思想政治工作的新思路探讨也是增强群众工作能力不可忽视的方面。在深入调查科学研究的基础上,灵活地驾驭工作,使计划、组织、实施、控制、反馈的各个环节有效地连接起来。在多元的时代背景下，学生因需求不同往往对集体活动淡漠，有时又因年轻气盛缺少判断一哄而上。辅导员的宣传、鼓动、控制能力在集体工作中的作用非常重要。群众工作能力是要建立长效机制。一年之计树谷，十年之计树木，百年之计树人，说明教育的成效不是一时能达到的。细心、耐心、恒心和毅力也是对辅导员这些方面非常重要的品格和能力要求。

通过对辅导员职务进行的能力分析后，我们发现，即使受过专业的培养与培训，辅导员进入各自的工作岗位后，依然难免问题重重。所以应继续组织应用性强的系统的在职培训，让辅导员在自主发展中获得实用的工作智慧。

第四节 实用的工作智慧

一、新时代高校辅导员工作智慧的重要性

辅导员职业不是简单的操作，而是复杂的工作。主要体现在多维性，辅导员工作承担一连串职责；即时性，许多事情同时在班级里发生；直接性，要求辅导员对管理中的问题立刻作出反应；不可预测性，与问题学生打交道时的挑战；公平性，允许教育管理过程的接受者对辅导员的每个教育管理行为进行监控。复杂性使辅导员的工作情境一般是这样的：工作实践中的人（辅导员）、教育媒介、观念文化、制度、情绪等因素之间没有直接的、纯性的、可固定的关系，这些“组分”间存在非线性的相互作用。辅导员职业性的辨别力就是在情境中采取“有心的行动”，一般来说，教育情境不允许辅导员停顿下来后思考然后再付诸行动，它需要在教育实践中养成一种特有的洞察力，从而形成开放的经验，使辅导员能从容地应对不同的教育情境，这是在深刻理解教育基础上对教育真理的把握，是对这个职业的深刻领悟。智慧是什么？答案可能会有很多。有人说“智慧就是某种原理（本质和本原）和原因的知识”。有人说，“机智是无法计划的”也有人认为智慧这个东西“有时不言而喻，它没有规则，也不能加以规范”。“智慧”一词不同出处的解释也不同，毕达哥拉斯把哲

学称为“爱智慧”,爱智慧成为希腊哲人的精神取向。加纳德是这样给智慧下定义的,一是指在实际生活中解决遇到问题的能力;二是提出新问题并解决的能力;三是对自己所属文化做有价值的服务及创造的能力。叶澜认为,教师的教育智慧使他的工作进入到科学和艺术结合的境界,充分展示出个性的独特风格。

二、新时代高校辅导员工作智慧的表现

具体地说,辅导员的教育智慧既表现在过程的维度,也表现在结果的维度。在过程的维度上是要在教育活动中具有解决问题、处理偶发事件、创造生命价值的卓越能力,它是动态生成的,并超越了对功利的单纯追求,是在一种自由的境地中从职业里获得新的生命。在追求生命价值的过程中,对丰富多彩的大学生活,辅导员的工作是对教育探索不断创造的过程。有时是对权威的挑战,甚至对教育秩序给予否定,这是教育对象千差万别、情境千姿百态、内容千变万化的必然结果。辅导员必须因人、因地、因时选择和创造教育方法。因材施教、推陈出新、对症下药,这些都是会让教育过程充满化腐朽为神奇的力量。

辅导员自然地成为从事这个职业的主人,成为幸福的人。在结果的维度上,表现为专业发展中的意义取向,真正体验到“为人”的所在。如果说过程中的智慧是由每个教育活动的即席创作组成的一个链条的话,那结果的智慧就是教育者在教育对象的成长过程中体验到的那种生命导师一般的境界,是将爱延伸到学生的身上,学生学会了方法,纯洁了心灵,一个个长成的大学生微笑着从大学走出,辅导员实现了“在人身上再现自己的一种伟大的创造”。智慧与个体的思想和行动的过程是一种共生的关系,辅导员的工作不在“静谧的书斋”而是在“喧嚣的现场”,在这方面知识的学习远没有责任心的培养重要。智慧作为外来的知识只有在和教师的个体经验结合的时候,才能被内化。辅导员面对实际教育问题的自我解惑能力培养是其实践智慧养成的路径。

现实工作中,辅导员风格各异,这与其在辅导员培养过程中所接受的指导思想以及自身的性格品质是直接关联的。以理性主义为指导思想的取向会使其在工作中表现出重视逻辑性、严谨性。以情感主义思想为指导的辅导员在工作中关注学生的自然性,强调培养学生的健康情感,

表现为以情育人。古典主义使人们为追寻古希腊和古罗马文化形成的潮流，强调育人过程的和谐、典雅，表现为教育活动中的典雅和有序，浪漫主义强调超越常规，突破程序追求独创，呈现风趣的创造美。以朴实主义思想为指导的辅导员追求细节的真实，看似朴实无华的教育活动，往往意蕴深远，呈现朴实的平凡美。①

我们可以罗列太多的教育目的，甚至“将其发展到极端的程度”，对辅导员的教育目的概念背后还隐藏了许多专业的或特殊的目的。这些目的的背后都隐藏着形成辅导员不同风格的力量。有个性特色才是辅导员工作创新动力的源泉，一个无任何特色的老师，他培养的学生也不会有任何特色。

三、新时代高校辅导员工作智慧的获得

工作智慧的获得源于实践、成于反思。教师反思理论是在反思工具理性“手段——目的合理性”观点下，教师成为知识商品的中介，造成知识传授与完整的人的培养目标割裂。所以教师教育领域里提出反思理论，并指出专家反思是教师专业发展的决定性因素。历史上，洛克、斯宾诺莎最早论述反思或反省，将反思引入教学领域的是杜威，在其著作中认为反思是“对任何信念或假定的知识形式，根据支持它的基础和它趋于达到的进一步结论而进行的积极的、坚持不懈和仔细的考虑”。在对反思的心理过程和逻辑形式进行研究的基础上，他提出了反思性思维的六个阶段和相应的教学过程的六个阶段（教学六步）理论。杜威认为，序列和后果是反思性思维的核心。人们对教师反思的关注始于唐纳德·舍恩，他在自己的著作中系统阐述了“反思性实践”和“反思性行动”。舍恩认为反思性教学是教师从自己的教学经验中学习的过程，反思性教学的问世是对教学改革简单地贴上成功或失败标签的超越。1987年舍恩又专门发表了《培养反映的实践者：专业领域中关于教与学的一项全新设计》，至此，教师反思理论在全世界教师教育领域的影响不断扩大。

后来范梅南在《教学机智——教育智慧的意蕴》中将行动与反思的关系归为四类：行动前反思、行动中反思、行动后反思和一种特殊的反思类型——全身心的关注。特别指出教育情境不允许停顿下来进行反思，要

①朱吉玉，朱丹．新时期高校辅导员角色与素养[J]．安徽商贸职业技术学院学报（社会科学版），2020，19(04)：69-72.

在不断变化的情境中采取行动——知道做什么之前就已经行动了。范梅南对舍恩的补充和创新之处在于,他认为有一种常见的经历,它由交互作用的教育时机本身构成,以一种不同的反思类型为特征,即一种全身心的关注。

从以上观点不难看出,辅导员的教育智慧不是与生俱来的,在古今中外先哲们的教育思想和实践中能总结很多辅导员作为教育者应该学习和具有的品质。教育学生的过程也如教学生发现真理的过程,其根本不在于教学生学会多少知识,而在于无限度地教学生学会思考,不是单向的知识传递,是启迪心智。学习是人生旅程中最根源性的营生。辅导员学习中外先哲的智慧,反思本职工作,形成相关的工作智慧。

(一)爱心奉献

如果在辅导员的品质中做一个最重要的选择题目,首选关爱。教育者要充满爱,充满爱的教师才是真正有智慧的教师。要爱学生,爱教育职业,爱教育事业。先哲们大都是从普通教师做起的,是基于对教育事业、对学生的爱,结合终身信仰教育事业凝聚的奉献精神,在长期的教育实践中形成了超越世俗的高远追求。师爱是教育的原动力,爱学生是教师的天职,热爱学生、了解学生、激励学生、信任学生。有时候,语言不足以描述经验,最好的词汇也无法表达我们隐秘世界的丰富性和独特性。但爱能做到这些,工作中辅导员对学生的感情只有升华到"爱"的高度,才能对学生的教育行为步入"无私"的境界。

苏格拉底从不为钱而教,个人亦粗茶淡饭。孔子一生舟车劳顿,毕生精力奉献给他的学生们。苏霍姆林斯基认为,真正的教育在于智力、身体、思维、情感、兴趣、劳动能力的全面和谐发展。对一个教师来说,最大的危险是自己在智力上的空虚,没有精神财富的储备。

在与学生的关系中,以爱心为基础的和谐的师生关系是辅导员开展工作的保证,韩愈的"弟子不必不如师,师不必贤于弟子""术业有专攻"等观点是告诉辅导员与学生在专业学习上各有所长,要建立和谐融洽的师生关系,各取所长,在发展学生的同时,自己也得到提高。大师们爱心奉献的楷模比如陶行知,他一生做到了对教育事业"捧得一颗心来,不带半根草去"。他说教师的任务是"千教万教,教人求真",学生的任务是"千学万学,学做真人",教师的职业特征是无私奉献。"教育者应当知道教育是无名无利是没尊荣的事，教育者所得的机会，纯系服务的机会，贡献的机会，而无丝毫名利尊荣之可言。”身为“留洋博士”和大学教授，他为教育事业呕心沥血，由“上层社会”主动下移到“民间乡村”，是为他对“生活教育”的追求。奉献自己，把环境的阻力化为助力，使学生一步一步走向了阳光。他还说教师高尚的职业精神是“责任心”和“信仰心”，具备了两者，教师才会从工作中获得快乐。学习陶行知，会让辅导员在职业的发展问题上获得更加深刻地领悟。

（二）大智若愚

如果把辅导员的管理角色做个追踪，夸美纽斯班级授课的“十人为长”就有这个职能。把一切事物教给一切人，是前人对夸美纽斯的理论总结获得的教师应有智慧。夸美纽斯被称为教育史上的“哥白尼”。他创立的“班级授课制”是最早的普及教育思想在实践中的体现，也是班级管理工作的开始，日常教育中，夸美纽斯还要求把启发当作教育的最高境界，以达到对症下药取得卓越教育成效的目的，因为“只有受过恰当教育之后，人才能成为一个人”。第斯多惠认为，一个差的教师奉送真理，一个好的老师则教人发现真理。在培养教育智慧方面，他说首先要进行科学研究，要善于独立思考。一个真正掌握了真理和教育规律的人在精心的研究和探索中自会其乐无穷。大师们的大智都表现在“学然后知不足”“教然后知困”，在教育过程中不断反思。苏格拉底自认“无知”，所以“像一只猎犬一样追寻真理的足迹”。孔子的“学思结合”在他整个教育实践中的贯彻是他不断探索不断超越大智慧的例证。

（三）饱读群书

第斯多惠认为好的教师有一个标志就是多读书、会读书。他认为不和书籍打交道，不思考不学习就没有思想，读书才会产生新的思想，才能有充实的思想，才能心明眼亮。做到了这些以后，教师才能获得专业上的发展，获得智慧的生活。他的智慧思想就是使教师在培养学生的过程中不仅分享学生的快乐，而且体味自己成长和更新的无穷无尽的生命意义。先哲们的教育理念不是与生俱来的，经过了不断地学习，孔子在整理古籍的过程中自己首先从中受益；苏霍姆林斯基被称为“教师的教师”，他每天看书写作不间断，他把他任校长的中学变成书的海洋。孔子主张学思结合,“学而不思则罔,思而不学则殆”,二者不可偏废。对教师来说,学而不厌是教人的前提,要“学如不及,如恐失之”方能为师,学好是教好的基础。“温故知新”是教师的条件,过去要了解,现在的要掌握。书本是辅导员学习和再教育人最好的老师,是教育智慧的源泉。

(四)机智创新

机智是辅导员随机应变地应对和解决各类教育事件,是在学习和教育实践中磨练和感悟出来的,孔子的启发教学就是促进学生独立思考的机智,在选择教育方法上要符合实际,应避免盲目性。主张“因材施教”“听其言观其行”把学生的言行与感情、行为、习惯结合起来以了解学生的内心世界,用启发诱导的方法。启发诱导的方法颇多,有由浅入深的,有推己及人的,有叩其两端的,有由博返约的(博学中的一贯之道),还有就近取譬的(联系自身实际),这些教育方法都是极富教育智慧的。“诲人不倦”是教师的基本准则,教师要以教为业,以教为乐,“教不悔,仁也”,以身作则是教师的行为规范。

苏格拉底“助产术”的魅力在于教人一步一步地发现真理。苏格拉底将智者派开始的启智教育发展到了极致。著名的“苏格拉底与士兵关于勇敢的对话”是启发教育“产婆术”的经典。柏拉图的囚徒对影像的认识告诉人们,要获得真知,就必须打破铁链,接受适当的教育,教育的过程不是获得知识,而是启智。陶行知认为教师的职务也是一种手艺。先哲们经过学习实践反思提高的教育过程后,达到的是“润物细无声”的教育境界。教育机制和创新方面,如果说夸美纽斯在教育史上所做的是说明了教育“是什么”的问题,那赫尔巴特的贡献就是教育“怎么做”的问题。辅导员在教育工作中对四阶段教学法的运用也是必须学习和借鉴的。杜威认为智慧学习的任何事物都是在进行有主动的兴趣的活动方面发挥作用的事物。在教育活动中,他的思维五步训练在指导辅导员的日常教育活动中意义重大。从设计问题的情境开始到验证解决问题的方法是否有效,给我们的教育活动的全部思维过程提供了理论依据。朱嘉认为教育的作用可以改变人的气质,他的“博学、审问、慎思、明辨、笃行”的为学顺序告诉我们知行二者缺一不可的道理。

“论先后,知为先,论轻重,行为重”,这些思想都是辅导员专业发展的理论支撑和实践依据。建立在机智上的创新是因人而异的,但创新是每个人都具有的品质，是大家的共性。大师们每个人都有创新的独特之处，共同的特征是不断的反思与实践，学生获得的是“成长与发展”。我们面对的一个事实是，随着年龄的增长，受教育时间的增加，知识量的扩大，学生的好奇心、想象力、创造力反而逐渐萎缩了。这是需要我们深思的。智慧对自身发展来说也是辅导员作为教育者必须追求的品质。

第四章 新时代高校辅导员履职体现——学生培养

第一节 大学生思想行为特征分析

全面认识和把握当代大学生的特点是认识和把握大学生思想政治教育规律的前提。马克思主义青年观是认识和把握大学生特点的理论指南。不同学科对青年的认识是科学认识和把握大学生特点的基础。

一、当代大学生的思想特点

随着社会政治和经济的不断发展,大学生作为社会特殊的知识群体,他们的思想观念的塑造和行为习惯的养成更加突出地影响他们的成长,因此,我们必须掌握大学生思想行为状况、发展变化特点,并对大学生思想政治教育进行必要的改革和调整,这是当前高校思想政治教育者面临的现实课题。

研究当代大学生的思想行为特点,不能离开现实的情况,大学生面对日益激烈的市场竞争、就业压力,思想行为发生着较大的变化。当代大学生思想政治状况主流是积极的、健康向上的,对党的领导,对中国特色社会主义充满信心。大学生生活在我国改革开放和社会主义现代化建设的新时期,时代特征必然对其思想产生深远影响。随着社会经济体制和政治体制改革不断深入,社会政治民主和法治建设不断加强,中西思想文化的交流、摩擦和融合在前所未有的广度和深度上展开,全球科技革命包括信息化浪潮不断冲击人们的思维方式,新事物层出不穷。在这样的社会背景下,当代大学生的思想呈现一些新特点。

(一)学习动机多样化

学生在校的思想和行为往往集中表现在学习动机上,学生的学习动机又往往与他们对毕业后出路的思考结合在一起，随着年级的升高，这一特点愈加明显。上大学之前，学生的学习动机比较单纯，就是为了升级、升学。进入大学后，一方面社会给学生提供了广阔的、多样的就业渠道与岗位；另一方面，各行业对学生的思想道德、知识技能的要求比过去更高、更多样。这就造成了学生学习动机、学习态度的多样化，在学习上也出现了两极分化的现象，从而使学校德育工作难度加大。学生在学习动机、学习态度上大致可以分为三种类型：事业型、出路型和应付型。事业型的学生有明确的学习目标与持久的学习动力，坚持不懈地追求科学知识和学业上的成就，学习积极主动。出路型的学生是在升入大学的目的达到之后，没有及时调整和提高新的学习目标，仍然以获取毕业文凭，达到就业基本条件为满足，学习上要求不高，自觉性不强。应付型的学生则是在学校与家长的硬性规定下，应付性地对待学习，他们或形成网瘾，或不喜欢专业，对学习缺乏兴趣与动力。现在，影响学生思想的社会因素不仅多样、复杂，而且多变、强化，学习动机多样化实际上是社会价值取向多样化、文化多样化的反映。学生的主要任务是学习，思想问题也往往集中反映在学习动机上，学习动机上出问题，不仅影响学生学业进步，而且会衍生出许多其他错误思想与不良行为。因此，辅导员必须抓住学习动机问题，以现代社会为背景，以成长成才为指向，多样化开展教育活动，使学生切实地感受到学习不仅是学习型社会的现实要求，也是自己生存与发展的方式。

（二）思想关注的宽泛性

开放社会的信息海量、生动形象、流通迅速，对于求知欲旺盛的大学生来说，无疑起到了增长见识、拓展思路的作用，为学生以更加开阔的视野观察、认知世界创造了条件。通过大众传媒、互联网络与便捷的交通，使历史与现实、国内与国外的各种问题都可以展现在大学生面前，成为他们关注、品评、思考的对象，因而其思想关注点呈现出明显的宽泛性特点。当代学生已经不像20世纪七八十年代的大学生那样，容易形成一浪接一浪的阅读热门著作、追逐热门思潮、讨论热门话题等风气，往往很难找到引起大学生普遍关注的思想热点问题，即使是对相对集中的热点问题，也难以形成一致的看法。这种思想关注的宽泛性特点，是社会信息丰富、多样、多变在大学生身上的反映，在开阔大学生视野、促进思想开放的同时,也使一些大学生满足于信息的获取而缺乏思考,甚至出现回避"深刻"、疏离"经典"的表层化倾向。这种状况,容易产生缺乏主见的从众行为,往往难以形成真正的独立性、自主性与创造性。因而,在当代大学生的思想观点日益呈现宽泛性、分散性,思想文化需求呈现表层性的情况下,如何切实有效地加强对大学生的马克思主义理论教育,培养和提高理性思维能力,切实增强学生的主体性,是高校辅导员必须认真研究的重要课题。

(三)强烈的竞争意识

社会主义市场经济体制的形成与发展,特别是人才市场的出现与扩大,使大学生的竞争意识不断增强。身处市场经济和自主择业社会环境中的大学生,强烈地感受到毕业后要面向市场接受挑战,要到人才市场去竞争。如果学习不用功,势必遇到补考、重修的情形,进而影响今后的择业,故表现出争分夺秒、不甘落后的求知欲望,具有面对竞争的思想准备,在学习、评优、活动、考研、择业等方面,都表现出强烈的竞争意识。为提高综合素质和基本技能,他们对各类拓宽知识面的课程的学习和各类上岗考证表现出极大的热情。为锻炼自己的各种能力,他们对担任各级学生干部和各类社团的组织者有强烈的愿望。学习与就业的压力使许多同学转向务实而忽视对理想的憧憬和对精神的追求。竞争,作为一种激励方式,促进学生积极学习、参与各种活动,提高自身素质以增强自身的竞争实力,对学生成长有利。但也要看到,竞争的比较性往往容易使学生更重视可直接比较的有形因素与可量化因素而忽视思想、政治、道德等难以量化的因素,以追求眼前具体利益为目的,忽视长远目标的确立与追求。这是辅导员在大学生思想政治教育中需要注重引导的。

(四)价值取向现实性

在当代社会条件下,价值取向的多样性与人的个性化发展,使得一些学生不再用同一个价值目标来规划自己的人生,也不再用同一个价值尺度来评判自己或他人的是非得失。他们习惯于根据自己的需要来设定自己的价值目标,运用多样的价值尺度来看待他人和社会,体现了价值取向上的务实性,也表现出对社会与他人更多的宽容和理性。既有利于学生自身个性化发展,也有利于求同存异与和谐社会的建设。社会多样化是在人们价值取向多样化的推动下发展的,学生多种多样价值取向的现实,也使他们不再简单地以天真想法来对照社会现实和批判社会现实,而是更倾向于承认社会现实,更注重追求现实生活条件的实际改善。这种注重现实价值取向的特点,有其现实合理性,但也存在局限性。其局限性表现为,一些学生过分讲究实用,陷于眼前利益、具体利益的满足,缺乏超越现实思想水平,提高思想道德境界的愿望,这将影响学生的全面发展与长远发展,因而需要辅导员针对现实情况,增强理论教育的价值性与说服力。

二、当代大学生的行为特点

当代大学生的思想特点,直接影响他们的行为方式,其行为也具有明显特点。

(一)自主性与自律性矛盾

自主性是指人在活动中的独立性和主动性,表现为个体自由地、独立地支配自己言行的一种状态。自主性强的人偏向于独立,能够自作主张,不依赖别人。所谓自律性是指自觉按照法规、制度、道德等要求,规范自身行为。因此,在人的行为上,自主性与自律性应当是一致的,即自主性是对自己的行为负责,自律性则是自主行为的保证。从整体上看,自主性强是当代大学生的突出特点,他们有主见、有追求、不盲从;他们自主学习、自主生活、自主择业;他们注重充实自我、调节自我、发展自我。这些都是时代特征的体现,是学生成长的标志。但是,一些学生发展自主性的过程中,往往只关注自我,而忽视了自主性发展的条件,这就是人的社会化发展。人的社会化发展,是人按照社会法规、制度、道德规范,融入社会,与社会协调并促进社会发展的过程。大学生虽然也重视人际交往,愿意参加社会活动与社会实践,但有些人在社会化过程中不大注重法规、制度、道德规范的学习与掌握,行为带有随意性。这就是有些大学生在行为上的自主性与自律性矛盾。这一矛盾现象说明,大学生自主的水平还要提高,自律的自觉性还要增强,只强调自主而忽视自律,就会陷于难以社会化的自以为是的状况。[①]

（二）目的性与随意性并存

人的能动性特点，决定人有意识性和行为的目的性。这是人区别于动物的标志。高等学校所进行的是有组织、有计划、有目标的教育，全校师生员工都围绕着培养德、智、体、美全面发展的社会主义合格建设者与可靠接班人这一目标，开展教育、管理活动。大学生所追求的目标，与高等学校的培养目标保持一致，集中在成长成才上，大学生的主要行为都是围绕实现这一目标展开的。正是这一明确、高远的目标，作为他们的需求指向和动机归属，引导和规定着大学生的行为方向与行为方式，决定了他们行为的文明与高雅，也形成了高等学校特有的校风与学风。应当肯定，绝大多数大学生行为的目的性是明确的、持续的，即符合学校的培养目标与成长成才的意愿。但是，在大学生中也存在着目标不明的随意性行为，甚至存在违背正确目标的错误行为，包括漫无目的的盲动、摇摆不定的变动和一反常态的逆动。大学生中随意性、错误性行为的存在，表明大学生的目的性有待进一步明确、坚定。帮助大学生树立、坚定成长成才的目标，减少大学生的随意与错误行为，最重要的是要加强和改进高校德育。

（三）稳健性与突发性伴随

大学生较强的自我意识，较明确的成长成才目标，较高的文化道德素质，决定了他们对社会、他人和自己有较强的责任意识，也决定了他们行为方向和行为方式的稳定性以及对行为效果和所达到目标的预判能力。特别是在当代社会条件下，对外开放使各种文化相互交融、比较，广大学生对西方文化有所接触与了解，不再感到新奇。互联网及时向学生展现各种信息，学生也逐步养成了面对大量信息进行分辨、比较、选择的习惯，面对激烈的社会竞争，广大学生虽然承受着很大的压力，但他们也理智地认识到了竞争的客观性，做好了应对竞争的心理准备。因此，应当看到，正是社会的开放性、信息化、竞争性与民主性，赋予当代大学生稳定性，使他们能站在面向世界、面向现代化与面向未来的平台与高度，来观察、思考问题，来确立自己的价值取向与行为方式。但是，我们也要清

①朱珈楠，姚晶晶．“95后”大学生思想和行为特征分析及对策研究[J]．中小企业管理与科技（下旬刊），2016(11)：130-131.

醒地看到，由于当代社会流动变动较大，偶然因素增多，突发事件频繁，各种风险不断，缺乏经历与经验的大学生面对这些客观影响，难免产生思想矛盾、心理冲突、情绪波动与偏激行为，有些冲突与行为甚至可能导致严重后果，或造成身心损坏，或造成社会动乱，这种行为所导致的后果的严重性，往往是学生难以预料的。因此，根据社会的急剧变化与客观影响，加强对学生突发行为的预测、预防与引导，是高校德育的艰巨任务。

第二节 大学生成长成才规律

大学生成长成才是内外因素综合作用的结果。教育必须从学生的思想、道德、身体、心理、情感、智力、技能等方面来探索大学生成长成才的规律。

一、全面发展成才

教育的目标是培养适应社会需要、推进社会发展的全面发展的人。全面发展是指“每个人”即社会的每一个成员在体力、智力、品质、个性、交往能力等方面的发展。全面发展是人的发展方向、成长目标。马克思主义关于人的全面发展理论，深刻论述了人的发展实质，揭示了人的发展规律。人之所以要坚持全面发展，一是由人的全面性本质所决定的，二是由社会的全面性存在与发展的需要所决定的。人的全面发展是未来社会发展的客观趋势，人的全面发展为社会文明进步奠定基础，社会文明进步为人的全面发展创造条件。这是从人的本质与社会进步的层面，揭示了人的全面发展的必然性。

那么，对大学生成长成才来说，为什么全面发展是应当遵循的规律呢？因为大学生成长成才既不是单一因素的孤立发展，也不是单个人可以实现的过程，而是多种因素在一定社会条件与群体中综合作用的过程与结果。大学生成长成才，绝不是智力的单一发展，而是德、智、体、美等多方面的全面发展，没有德育确立目标、提供动力，智力与智慧是无法展示和释放的；没有良好的体制，其他的发展没有起码的基础。所以，只有德、智、体、美全面发展，才能成长成才，否则，没有其他出路。同时，大学生成长成才，虽然主体是大学生，主观努力特别重要，但大学生成长成才不是孤立进行，只能在社会中、在集体中实现。所以，引导大学生全面发展，是遵循人才成长的目标导向规律，这一规律，既确立了成长成才的根本方向，也确立了成长成才的基本规范。

二、自主学习成才

如果说目标导向规律是大学生成长成才的应遵循的发展规律的话，那么自主学习成才则是大学生成长成材的实现规律。成长成才的主体是大学生，推进成长成才过程，实现成长成才目标只能依靠大学生本人，别人是不能代替的，其目标实现主要是学习。

所谓自主学习，也称自我导向学习，或自我调节学习，一般是指学习者在确定学习目标、选择学习方法，监控学习过程、评价学习结果等方面进行自我设计、自我管理、自我调节、自我监控、自我判断、自我评价和自我转化的主动学习过程，是学习者把握自己的学习，主宰自己的学习，是以学生为中心的课堂上的学习者必须具备的一种能力。自主学习能力是指学生独立学习获得发展的能力，简言之，就是自学能力。它主要包括浓厚的学习兴趣、良好的学习态度和习惯、科学的学习方法、善于自我反馈、扎实的学习素养和基本功。在学习的诸多能力之中，自主学习能力是非常重要的能力之一。自主学习对于激发学生学习动机、挖掘学习潜能、培养创新精神以及形成独立学习和终身学习的思想等具有重要意义。①

学习是青年的重要任务也是青年成长成才的重要途径。由于科学技术的迅猛发展和知识更新速度的加快，现代社会已进入自主学习和终身学习的时代。激发学生自主学习是当代教育改革的重要任务，也是大学生成长成才的内在动力。教师在课堂教学中，更新教学观念，转变教学方式，激发学生自主学习固然必要和重要，但这些外在的教育影响，最终还是要靠学生内在认同、接受才能发挥作用。所以大学生自主学习具有主体性、独立性和创造性特征。主体性是指大学生在学习中不再是知识的被动接受者，而是学习的积极组织者、主动参与者。独立性是指大学

①梁倩蓉，赵观音．新时代大学生成长成才规律研究——基于学风建设调查研究[J]．教育现代化，2019，6(86)：290-294+301.

生摆脱了对教育者的依赖,能够充分发挥自己的能动性开展学习。创新性是指大学生在学习过程中,能自主、开放的学习,在学习中勤于思考,超越已有的知识与经验,创造性地分析和解决问题。

树立全面发展的成长成才目标是自主学习的起点,养成自觉学习的习惯是自主学习的关键,认识学习的广泛性与终生性、掌握多样化学习方法是自主学习的重要条件,营造良好学习环境、培养良好学风是自主学习的保证。总之,学习的学习成才是有条件的,是有规律可循的。不创造主观与客观条件,特别是成材主体缺乏主观条件,随意的对待学习,全面发展的成长成才目标是难以实现的。

三、实践锻炼成才

如果说全面发展的目标导向是前提自主学习是关键的话,那么,实践锻炼则是大学生成长成才的根本基础。因为全面发展、自主学习,都必须在实践基础上进行与展开,都必须通过实践推进并获得成果。全面发展、自主学习,不仅其本身富有实践性,而且还要把它扩展到社会实践中去,通过社会实践来推动其发展,检验其成效。离开社会实践,空谈全面发展与自主学习,也是没有意义的。

大学生参加实践锻炼是自身成长成才的需要。大学生一般都具有较高的文化水平和工作热情,思想比较活跃,接受新事物快,开拓进取精神强。但是,由于对党的历史和优良传统在理论上知道得多,缺乏实践的感受和体会,特别是缺乏在艰苦环境和基层工作的锻炼,往往容易形成眼高手低的不协调状况,说起来头头是道,做起来一筹莫展,缺乏分析和解决实际问题的能力,这显然不符合成长成才的要求。因此,引导大学生自觉到实践中经风雨、见世面、长本领、增才干,是青年学生成长成才的必由之路,也是大学生思想政治教育的根本途径。

大学生实践锻炼是自身能力形成和提高的有效途径。“学习、锻炼、提高”是大学生成长成才的重要途径。要做到这一点,就得经常深入群众,深入实际,认真调查研究,认真倾听群众的呼声、要求和意见,努力把群众创造的经验总结出来,努力找到解决问题的有效方法。大学生只有深入实践,才能密切联系群众,汲取营养。人民群众的创造性实践,既是推动中国特色社会主义事业前进的根本动力,也是大学生锻炼成才的最好课堂。

总之,大学生只有在各种各样的实际环境中接受锻炼,即在艰苦环境中磨练不畏艰苦的意志和百折不挠的毅力,在复杂环境中锤炼驾驭全局的本领和协调各方的能力,在特殊环境中培养大无畏的精神和处理突发问题的应变能力,才能迅速地积累经验和成长起来。

第三节 大学生思想政治教育的原则、方法和发展趋势

思想政治教育的原则,是思想政治教育活动得以顺利展开所遵循的基本原则;思想政治教育的方法,是思想政治教育过程中思想政治教育主体者进行思想政治教育的操作方法。思想政治教育的原则规定并指导着思想政治教育的方法,思想政治教育方法直接决定着思想政治教育的成效。遵循科学的原则,运用有效的方法,是思想政治教育目的实现的关键。

一、大学生思想政治教育的原则

思想政治教育原则,是指思想政治教育运行过程中所依据的法则和标准,它既是思想政治教育规律的外显,又是思想政治教育的内在依据,对思想政治教育实践起着直接指导作用。

(一)求实原则

第一,思想政治教育必须一切从实际出发。人们的思想意识在任何时候都是被意识到了的社会存在。人们思想意识的发展变化,总是反映和折射着社会的发展变化。开展思想政治教育时,不仅要分析人们思想变化的实际状况和特点,而且要分析这些思想状况和特点形成的客观原因。也就是说,要从实际出发,珍惜和把握人们思想变化的状况、特点和原因,并根据这些分析,有针对性地开展思想政治教育,解决人们的思想问题,提高人们的思想认识和思想觉悟,而不能从思想政治教育者的主观愿望或臆想出发,来主观地确定思想政治教育的方案和任务,开展思想政治教育活动。从实际出发还是从主观愿望出发,是思想政治教育中不同的路径选择,直接决定着思想政治教育的不同结局和归宿。思想政

治教育要把解决人们实际存在的思想问题和理论困惑、满足人们思想道德素质和综合素质发展的需要作为出发点。同时，思想政治教育必须理论联系实际。思想政治教育的重要任务就是要正确的理论教育、武装和掌握群众，因此，在思想政治教育中必须始终坚持理论联系实际。理论联系实际是思想政治教育的根本要求。理论如果不能联系实际，不能回答实际问题，不能指导实践，就不能为群众所信服、理解和接受，成为群众手里锐利的思想武器。理论如果脱离实践，就会变成空洞的理论；实践如果脱离理论，就会变成盲目的实践。思想政治教育只有始终坚持理论联系实际，才能使人们立足实践，理解、掌握和内化正确的理论，运用正确的理论分析解决实际问题，并在实践中检验和发展正确的理论，使理论成为指导和推动实践的科学指南，使实践成为理论丰富发展的重要源泉。①

第二，思想政治教育必须讲求实效。思想政治教育不能搞花架子，必须致力于解决人们存在的思想问题和实际问题，思想政治教育说到底，是做人的工作，做人的精神世界的工作，是改造人的主观世界的工作。思想政治教育要通过改造人的主观世界，来促进对客观世界的改造，并在改造客观世界的过程中，进一步促进对人的主观世界的改造。无论是改造主观世界还是改造客观世界，都需要思想政治教育者发扬求真务实的精神，深入实践，深入社会，深入群众，转变工作作风，了解实践发展的新问题和社会发展的新趋势。思想政治教育不能讲空话、假话，套话，一定要求实、务实、扎实、落实，讲实话、办实事、求实效，用求真务实的精神和深入扎实的工作不断提高思想政治教育的事项。只有这样，思想政治教育才能在改造主观世界和改造客观世界的过程中发挥自己的巨大优势和作用。

（二）主导原则

主导原则指在思想政治教育中运用占主导地位的意识形态，引导、选择思想政治教育的主要方向、内容和重点的原则。

第一，思想政治教育必须遵循主导原则体现为思想政治教育的政治主导。思想政治教育在本质上一定社会统治阶级为了维护其根本的阶级利益而对其社会成员的思想和行为定向实施影响的活动。在我国社

①付鑫，张亮. 大学生思想政治教育[M]. 成都：电子科技大学出版社，2017.

会主义建设中,思想政治教育的主导原则,首先体现在用反映全体人民根本利益的马克思主义理论来武装人民群众的头脑,使党的政治路线、方针、政策深入人心,形成广泛而巩固的政治认同,确立起马克思主义在整个意识形态领域和社会生活领域的主导地位。因此在任何时候,思想政治教育都不能脱离政治主导的原则。

第二,体现为思想政治教育的价值主导,思想政治教育的价值主导是思想政治教育在价值选择上的一元主导性,其主旨在于用主导性统领多样化。在当代社会,各种现实因素的相互交织生成多样化的思想观念和价值意识,并使个体的价值取向呈现出选择性、差异性和多样性,这是当代社会生活方式多样化的必然呈现。同时这种多样性需要一元主导为前提,才能在全体公民中形成共同的价值目标,否则将导致价值取向的混乱和社会精神的危机。因此,思想政治教育应坚持价值一元导向和个体价值取向多样性的统一。在当下,思想政治教育的价值主导主要体现为既坚持社会主义核心价值体系在思想领域的主导地位,又充分尊重不同利益主体价值取向的多样性,注重用社会主义核心价值体系引领多样化的社会思潮和价值取向,用多样化的价值观念充实和丰富社会主义核心价值体系,从而引导人们更好地把思想道德建设的先进性和广泛性、尊重个人合法权益和承担社会责任统一起来。

第三,体现为思想政治教育的要素主导。思想政治教育的要素主导是指思想政治教育主要要素在思想政治教育运行过程中呈现的主导性。在这一过程中,思想政治教育者的主导性尤其重要:①思想政治教育者发挥着以身示范、以身作则的积极导向作用。②思想政治教育者在思想政治教育运行中自觉坚持方向性,使思想政治教育的内容与社会主导的思想观念相一致。③思想政治教育者引导思想政治教育对象积极参与到思想政治教育中,使之成为共同参与的过程。

(三)平等原则

平等原则是指思想政治教育运行中坚持平等的理念和准则。它首先是一种理念,其要旨在于社会实践领域中的意见沟通、平等协商、共同参与。当这一观念进入思想政治教育领域并成为思想政治教育运行的基本原则之时,它直接涉及思想政治教育者和教育对象的关系。

平等原则之下的思想政治教育者和教育对象的关系呈现为主体在思

想政治教育实践中的交往互动，通过相互交流实现“教学相长”的互动过程。平等的核心在于主体之间的地位平等和意愿一致基础之上的“共同行动”，当其渗透于思想政治教育运行中，这一过程具体化为教育对象经由社会主导价值引导，与作为“他者”的思想政治教育者进行角色体验或亲历性学习而建构精神世界，从而成作为主体的思想政治教育对象从“不知”到“知”、从“知”到“信”、再从“信”到“行”的过程。这一过程正是思想政治教育者的价值引导与思想政治教育对象主体建构的契合。

（四）发展原则

发展原则是指思想政治教育诸要素在不同时空境遇下的发展、深化和创新。思想政治教育的发展来自思想政治教育内在运行和时空境遇的合力，它既是对社会和人的发展进程的现实回应，又是其自身规律推进的必然。当下，思想政治教育的发展具体体现为以现代思想政治教育为指向，以传统思想政治教育为参照的思想政治教育各要素的发展。

思想政治教育发展的内涵勾勒思想政治教育发展的基本维度，它包括思想政治教育观念、内容、方法和领域的发展。其一，思想政治教育观念的发展。思想政治教育的观念是思想政治教育的自我认知和态度，相对于传统的思想政治教育观念，其发展主要体现在思想政治教育观念的转变和更新，体现在开发的观念、发展的观念和多样化的观念的确立。其二，思想政治教育内容的发展。思想政治教育的内容的发展包含两个层面，一方面要坚持以中国化的马克思主义为指导思想应对思想政治教育的现实境遇，并在实践中建设和发展社会主义意识形态；另一方面要选择贴近教育对象现实生活和实际的内容进行思想道德引导，使思想政治教育的内容适应、满足并引领个体的现实需要，同时赋予传统的思想政治教育内容以新的时代内涵。其三，思想政治教育方法的发展。思想政治教育方法的发展旨在改变传统思想政治教育单一、单向、经验式的方法，而用现代科学技术改造和整合思想政治教育的途径，形成信息化、立体式、双向互动的教育方法体系。其四，思想政治教育领域的发展。思想政治教育的领域发展，主要是指思想政治教育活动的覆盖范围扩大。它既基于教育面向现代化，面向世界，面向未来的战略走向，也基于现代社会和学科领域的高度分化与综合并举的发展趋势。思想政治教育的分化，就是思想政治教育向宏观领域、微观领域的扩展深入，开辟新的教育领域,发展新的学科分支;思想政治教育的综合,就是思想政治教育向业务、网络、环境领域的渗透,与业务工作、环境建设、网络建设整合,克服思想政治教育"两张皮"现象,形成综合教育格局和学科交叉融合。思想政治教育的分化与综合发展趋势,总是相辅相成地结合在一起的,分化中有综合,综合中有分化,分化与综合相结合,形成思想政治教育立体发展态势。

二、当代大学生思想政治教育方法

方法是人们认识和改造世界的活动方式、程序和手段的总和,思想政治教育方法即思想政治教育运行的方式。具体而言,它是教育者为了实现教育目标、传递教育内容对教育对象所采取的思想方法和工作方法。思想政治教育方法是思想政治教育的基本要素,它不仅使思想政治教育其他要素相互连接,而且激活和调动思想政治教育其他要素,参与到思想政治教育运行之中,直接影响思想政治教育的效果。在思想政治教育实践中,思想政治教育方法主要包括说理教育法、实践参与法、自我教育法、激励教育法等,它们构成思想政治教育方法的基本内容。

(一)说理教育法

说理教育法是指通过阐述某种理论、思想、道理使教育对象积极进行认知并向情感、意志、信念和行为转化的方法,其核心是"以理服人"。说理教育法是施教与受教过程的显性展开,较多运用于思想政治教育的主渠道和主阵地。在运用说理教育法时,需要注意以下两种区别。

1.说理教育法区别单向灌输模式

先进的社会思想理论不可能自发产生,只能通过各种形式的灌输,才能为教育对象所掌握。而说理教育法正是把社会主导的思想理论施教于教育对象,并推动其接受的方法。但需要指出的是,说理教育法并不等同于单向灌输模式,而是思想政治教育者与教育对象之间的平等交流。在说理教育方法中,一方面,强调思想政治教育者"以理服人"的主导性和权威性;另一方面,需要教育对象在思想政治教育者的引导下进行自主学习和自我建构,才能对"理"进行认知和践行,从而实现思想政治教育的内化和外化。

2. 说理教育法区别于简单枯燥

说理教育法的着力点是“理”,但不等于简单枯燥。一方面,这个“理”需要深度,“理论只要说服人,就能掌握群众;而理论只要彻底,就能说服人”。因此,在思想政治教育的视阈里,“理”不是对各种社会现象的陈述或问题遮蔽,而是引导教育对象运用正确的方法论分析社会现象之后的本质。另一方面,这个“理”需要艺术的表达,即“形神兼备”。理论的阐述同样需要一定的形式和载体,而不是传统的“一支笔”和“一张嘴”。尤其是在现代信息技术和大众传媒的支撑下,理论的阐述被赋予现代化手段,如多媒体技术、影像资料、互联网等运用能有效增强理论的生动性和时代性。在运用说理教育法时,要注意将大道理和小道理、以理服人和以情感人结合起来。要从了解教育对象的思想实际出发,从解决其具体的思想问题和实际问题着手,将小道理讲清、讲实,做到晓之以理、动之以情。同时在此基础上,将大道理讲深、讲透,做到把握本质,了解全局,只有这样才能便于教育对象理解和接受抽象的大道理。

(二)实践参与法

在传统的思想政治教育偏重理论知识传授,忽略实践教育价值,影响了思想政治教育的效果。在思想政治教育中,理论教育与实践教育同为基本的教育方法,实践教育在思想政治教育中甚至扮演了更为重要的角色。相关调查显示,在高等院校中开展思想政治教育最有效的途径是社会实践活动。因此,如何加强实践教育,开辟思想政治教育“第二课堂”,真正实现“理论教学”与“实践体验”的结合,就成为思想政治教育的一个重要课题。实践参与法是指通过实践活动使教育对象进行知行转化的方法,其核心是在参与中体验。实践参与法是思想政治教育价值导向与教育对象自我教育相结合的有效方法,较多运用于日常思想政治教育活动中。运用实践参与法需要注意以下基本维度。

1. 主题鲜明

作为思想政治教育基本方法的实践,一方面承载着思想政治教育的目标和内容,使实践活动呈现出价值导向性,即旗帜鲜明地提倡什么、允许什么、限制什么;另一方面,它构建了思想政治教育主体交往互动的活动场域,教育对象在思想政治教育者的引导下进行思想政治教育内容的知行转化。因此,实践参与法不是随心所欲地选择实践活动,而是以思想政治教育内容和目标为核心进行精心设计的主题活动。

2.生活化

与说理教育法相比,实践参与法赋予思想政治教育生活化的意义。它将思想政治教育的主阵地、主渠道向教育对象的日常实践领域推进,以贴近生活、贴近实际、贴近人民。这一过程凸显出实践参与法的独特优势,它把深刻的价值观念、抽象的道德规范具体化到教育对象的日常实践活动中,使其在潜移默化中受到熏陶和感染,充分激发教育对象的主体性。学习先进典型活动和群众性精神文明创建活动就是思想政治教育实践参与法的典型模式,它们一方面营造出教育对象进行知行转化的良好平台,另一方面能避免思想政治教育被抽象为空洞的道德条目或成为无主导性意义的泛生活化内容。因此,实践参与法中的实践活动选择需要贴近教育对象的"生活世界",以社会生活中的现实资源为教育内容和载体,对思想政治教育对象施以多内容、多途径的影响,吸引社会群体积极参与到思想政治教育活动中来。在思想政治教育中,组织各种行之有效的校园文化活动、班级活动、社团活动、参观考察、社会调查、社会实习、志愿者活动等实践活动,不仅使教育对象在实践活动中接触和了解社会,增长见识、锻炼能力,而且也会深化理论教育的成果,使思想政治教育内化环节向外化环节转化,使思想政治教育对象形成稳定的思想政治品德和行为。在运用实践教育法时,要进行精心组织和设计,做到主题明确,形式灵活,增强实践教育的参与性和吸引力。

(三)自我教育法

自我教育法是指思想政治教育对象在自我意识支配下,把自我作为教育对象本身进行知行转化的方法。自我教育法是思想政治教育运行过程中由"他教"向"自教"转化,充分凸显思想政治教育对象作为人的主体性和主体教育作用。马克思主义认为,教育同自我教育是统一的过程,自我教育在一定意义上来说是教育的结果,又是进一步教育的条件、依据和动力。因此,在教育过程中要充分发挥受教育者自我教育的主体作用。

1.思想政治教育者与教育对象的关系

思想政治教育者与教育对象关系的厘定是正确运用自我教育法的前提,对这一关系的把握需要在与思想政治教育的"他教"形态的比较中澄清。一般而言,在思想政治教育“他教”形态中,教育者和教育对象呈现为“我”和“你”的对立统一,二者具有明确的地位和角色。相比而言,自我教育法中的思想政治教育者被隐去,呈现为主体与客体相统一的思想政治教育对象的活动。但这一运行过程并不否认思想政治教育者的主导地位,更需要以思想政治教育者的有效参与为前提,推动“他教”与“自教”的协同,以达到“教是为了不教”的状态。即首先在思想政治教育者的“他教”引导激发教育对象“自下”,充分激发教育对象“自教”的需要,由“要我做”向“我要做”转化,这是自我教育法的重要前提。

2.思想政治教育对象的主体性

自我教育法的核心在于思想政治教育对象的主动求教,这就需要在思想政治教育运行中充分激发教育对象的主体性和自觉性。这种主体性的生成首先需要思想政治教育者与教育对象的良好互动和交往,引导教育对象由“他教”向“自教”转变。思想政治教育“他教”形态中的思想政治教育者被视为社会主导思想的代言人,教育对象的受教角色往往遮蔽其主体性,从而阻隔其向“自教”转变。思想政治教育对象在“自教”中的主体性并不是放任自流,而是用思想政治教育的目标、内容等规范“自教”的内容和目标,体现出思想政治教育计划性与教育对象主体性的统一。

自我教育作为思想政治教育的一种方法,要求教育者按照受教育者的身心发展阶段予以适当的指导,充分发挥他们提高思想品德的自觉性、积极性,使他们能把教育者的要求变为自己努力的目标。要帮助受教育者树立明确的是非观念,善于区别真伪、善恶和美丑,鼓励他们追求真、善、美,反对假、恶、丑。要培养受教育者自我认识、自我监督和自我评价的能力,善于肯定并坚持自己正确的思想言行,勇于否定并改正自己错误的思想言行。

要指导受教育者学会运用批评和自我批评这种自我教育的方法。自我教育不是个人孤立地闭门修养,而是强调要结合实践和学生的集体活动来进行。学校中的班集体、党团组织和其他组织都是受教育者集体进行自我教育的组织,教育者要充分发挥这些组织的作用,让受教育者自己教育自己,自己管理自己,使自我教育收到更好的效果。

(四)激励教育法

激励教育法是指运用各种激励机制和手段激发思想政治教育对象的动机,使其积极参加教育活动提高思想政治素质的方法。激励教育法的基点是人的心理与行为之间的关联性,它指向人的主体化生成和强化。

1.激励的一般理论

激励理论是现代管理学中行为科学学派的重要理论。激励是激发人的动机的心理过程,其运行按照"刺激—需要—动机一行为"的基本模式,这一过程的实质是刺激变量引起机体变量如动机、需要等产生持续不断地兴奋,从而引起个体积极的行为反应。从激励运行模式分析,包括内容型激励、过程型激励和状态型激励等。内容型激励着眼于激励的起点,即引发行为的刺激物,如马斯洛把物质需要作为引发个体行为的最基础的刺激物。过程型激励着眼于激励的过程,即人的行为与外界刺激的交互作用,斯金纳的强化理论就旨在对人的行为调控。状态型激励着眼于激励的中点,即人的需要满足的状态。上述三种理论各有侧重展示激励的运行过程并运用与思想政治教育中,共同构成激励教育法的理论基础。

2.激励教育法的运行

激励教育法的实质是着眼于思想政治教育主体的动机引发并进行行为调控和强化,使其有效参与到思想政治教育和社会实践中。激励教育法主要通过以下方式实现。其一,激励教育法的激励分层。激励的分层体现在激励的目标和内容上,其依据是思想政治教育对象的层次性。现代社会的多样化导致思想政治教育对象的活动领域、生活方式呈现出差异,这种社会分层使不同群体的需要呈现层次性。因此,面对不同的思想政治教育对象群体,给予激励的目标、内容应具有差异性。因为只有当激励内容与思想政治教育对象的需要相匹配时,才能充分引发其行为转变的动机。如果给予的激励目标、内容等偏离于主体的需要,都无法充分激发思想政治教育对象的动机。其二,激励教育法的正负强化结合。美国学者斯金纳的经历强化理论按照激励的性质划分为正强化与负强化。正强化是对符合目标的期望行为进行奖励,负强化是对不符合目标期望的行为进行惩罚。两者对思想政治教育对象的行为引导各有侧重。正强化是通过奖励的方式对思想政治教育对象的行为进行鲜明赞赏并强化这一预期行为，负强化是通过惩罚的方式对思想政治教育对象的非期望行为进行控制和矫正，并同时对其他群体具有示范效应。其三，激励教育法的引导激励与过程激励结合。引导激励主要是通过目标设置引发思想政治教育对象行为的生成，设置的目标不仅应与思想政治教育对象的具体需要和动机结合，而且目标的难度与思想政治教育对象的现实行为能力相符，不能过高或过低，否则将降低目标激励的水平。

三、当代大学生思想政治教育发展趋势

正确把握思想政治教育的发展趋势，增强思想政治教育的预见性与前瞻性，是深入开展思想政治教育的需要。随着社会主义市场经济的发展和改革开放的不断深化，我国社会发生了深刻的变革，对思想政治教育产生了重大而深远的影响，使当前我国的思想政治教育呈现出一些新的重要发展趋势。

（一）注重以人为本

思想政治教育越来越注重以人为本的发展趋势的出现有着深刻的原因。首先，注重以人为本。进入21世纪，党中央根据我国社会发展的现实状况和客观需要，提出了以人为本、促进社会全面协调可持续发展的战略方针。要以人作为发展的根本，既依靠人民促进发展，又为了人民促进发展，注重用经济社会发展的成果来满足人民的需要，使人民群众成为发展的主体和发展的根本目的。对于思想政治教育来说，坚持以人为本，就是要坚持以人民为中心和根本，更好的尊重人、关心人、服务人，依靠人民进行思想政治教育，为了人民进行思想政治教育。

思想政治教育人本化趋势，就是思想政治教育越来越注重以人作为思想政治教育的中心。归根到底，是以人民作为思想政治教育的中心和根本。思想政治教育以人为本，主要包括以下几层含义：人民群众是实践主体，思想政治教育以人为本，首先要以人民群众为实践之本。一切事件活动都是由人民群众进行的，人民群众是一切实践活动的主体。思想政治教育要始终依靠人民群众开展社会实践活动，注重增强人民群众社会实践活动的思想共识，加强社会实践活动主体思想和行动的协调，不断激发和调动人民群众的积极性、主动性和创造性，增强社会实践活动的精神动力，把精神力量转化为物质力量，促进人民群众的社会实践

活动不断深化和发展。

思想政治教育既然要以人为中心和根本,那么开展思想政治教育,就要一切为了学生,一切依靠学生,注重尊重学生,理解学生,关心学生,把学生作为成长发展的主体,并作为思想政治教育的主体,注重引导学生掌握和遵循人才成长的规律,调动人们加强思想道德修养、学习科学文化知识的积极性、主动性、创造性,发挥自我教育的主体性,促进学生的健康成长,把是否有利于学生的全面发展和健康成长作为检验思想政治教育成效的根本标准;注重了解学生学习、生活和成长发展中的实际需要、困难和问题,改善学生的学习生活条件,开展丰富多彩的文化活动,发展网络文化,加强心理咨询活动,帮助人们排忧解难,全面满足学生的物质需要和精神需要,教育和引导学生为促进自己的成长、实现人生的价值而奋斗;适应知识经济发展的要求,遵循因材施教的规律,尊重和保护学生的鲜明个性,改革和创新思想政治教育,深化社会实践,强化激励机制,加强比较和竞争,创造有利于拔尖人才脱颖而出的氛围与环境,培养和发展人们的创新意识和创新能力,着力培养具有创新精神和创新能力的优秀人才;改进思想政治教育方法,用尊重学生的尊严、人格、情感的方法做深入细致的工作,坚持以理服人,以情感人,以行导人,倡导隐性教育,做到"随风潜入夜,润物细无声"。

(二)注重发扬民主

思想政治教育越来越注重发扬民主的趋势就是在思想政治教育中更加注重充分发扬社会主义民主,运用民主的方法开展思想政治教育。这是思想政治教育的又一重要趋势。

思想政治教育越来越注重发扬民主的趋势,主要呈现为思想政治教育主客体关系日趋平等和民主,思想政治教育日益体现为平等基础上的思想互动,民主方法在思想政治教育中得到日益广泛和充分地运用。思想政治教育越来越注重发扬民主,首先体现为主客体关系的平等。思想政治教育主体和客体的关系是贯穿思想政治教育全过程的基本关系。过去这一关系往往体现为主客体之间的某种程度的不平等关系,教育者和受教育者之间往往是"我说你听,我点你通",教育者似乎总是比受教育者高人一等。现在,随着社会的进步和现代科学技术的发展,教育者和受教育者的地位日益平等,教育主体和教育客体的地位可以相互转化，这些都意味着思想政治教育主客体关系更加平等，也意味着思想政治教育日趋民主。思想政治教育越来越注重弘扬民主，其次体现对思想政治教育过程的双向化。过去思想政治教育主要体现为教育主体对教育客体进行的单向度教育，主体总是处于教育的地位，客体总是处于接受教育的地位，主体通过思想政治教育单方面作用于思想政治教育客体，思想政治教育客体在教育过程中只是接受主体的教育，主体与客体的关系变成单向度的传播与接受的关系。现在，在思想政治教育过程中，主体和客体之间的关系已经成为一种双向互动的关系，不仅教育主体可以作用于教育客体，教育客体也可以作用于教育主体。教育主体可对教育客体进行思想政治教育，与此同时也必然要受到教育客体思想上的启发与影响。教育客体可以主动地接受思想政治教育，反过来也必然影响教育主体的教育活动。教育客体还可以在一定条件下转化为教育主体，主动进行思想政治教育，特别是自我教育活动。在思想政治教育中，主体可以客体化，客体也可以主体化。思想政治教育的过程实质上已转变为教育主体与教育客体双向互动、教学相长、优势互补、互相转化、共同发展的关系。

思想政治教育越来越注重发扬民主，再次体现为思想政治教育方法更加民主。把民主的观念与方法充分运用于思想政治教育实践中。具体说来，就是在思想政治教育中，努力做到以下几点。

第一，平等相待。无论是教育者还是受教育者，在思想政治教育中都是平等的，都要互相尊重对方，尊重对方的人格，尊重对方发表意见的权利，尊重对方的意见和看法，坦诚地交流与沟通，加深理解，寻求共识。

第二，重在疏导。人在成长的过程中，面临很多思想困惑和心理困境，这些思想困惑和心理困境与自身所处的环境、成长的经历及认知的能力等有着密切的联系，对这些思想困惑和心理困境，既不能视而不见，也不能盲目指责，而应具体分析其成因与特点，有针对性地做好思想沟通与心理疏导工作，广开言路，理顺情绪，活血化瘀，因势利导。

第三，换位思考。换位思考是思想政治教育发扬民主的重要方法。在思想政治教育中，教育者和受教育者要经常进行换位思考，教育者要常常站在受教育者的位置上观察和思考思想政治教育问题，看看思想政治教育的目的、内容和方法是否能缩短同受教育者的差距，很好地满足受教育者的需要;受教育者也要常常站在教育者的位置上观察和思考思想政治教育的教育目的、意图和要求,理解教育者从事思想政治教育的美好愿望和良苦用心,理解教育者所付出的辛勤劳动与价值,更好地配合教育者进行思想政治教育,共同提高思想政治教育的效果。

第四,比较选择。目前我国正处在扩大对外开放和经济全球化的时代环境之中,各种社会思潮和价值观念在我国社会以复杂多样的形态呈现出来,影响人们的思想发展。在这种情况下,必须以马克思主义为指导,引导人们加强开放环境下多种思想信息和价值观念的比较和鉴别,并在此基础上,选择和内化正确的思想观点和价值观念。这种以自我为主体,进行体验、比较、鉴别、选择的方法,本身就是思想政治教育民主方法的重要体现。

第五,民主参与。每个人既是思想政治教育的对象,又是思想政治教育的主体,要充分尊重和发挥思想政治教育的主体作用,引导人们积极参与思想政治教育过程。同时还要引导人们参与社会的民主管理,特别是参与到与人们学习、生活和切身利益密切相关的社会事务管理中,并在这一过程中提高民主参与、民主管理的意识和能力,不断提高自身的民主素质。

(三)注重综合育人

思想政治教育综合育人趋势产生的原因综合育人是思想政治教育的重要趋势之一。思想政治教育综合育人趋势,一是适应人的需求多样化的必然产物。思想政治教育的根本任务是培养人才,而培养人才的根本任务是根据人才多样化的发展需要和思想政治教育的基本要求,促进人的全面发展,培养德、智、体、美全面发展的社会主义建设事业的优秀人才。

思想政治教育综合育人趋势的基本要求就是要坚持综合育人,形成整体大于部分之和的育人效应,也就是要增强思想政治教育的综合效应、整体效应。具体说来,就是要做到全面育人,既要提高人的思想政治素质,也要提高人的科学文化素质,还要提高人的身心健康素质,促进全体人的全面发展。全员育人,既要依靠专职党务工作者和政治干部开展思想政治教育,使他们成为思想政治教育的中坚力量,又要依靠和发挥其他社会成员的育人作用,使他们成为思想政治教育的重要力量。只有全社会的所有人员都来关心、重视、支持和参与思想政治教育，才能形成浓厚的育人氛围，凝聚育人的强大力量，从根本上加强和改进思想政治教育。全程育人，就是要把思想政治教育贯穿到各项社会实践活动的全过程，使社会实践的每个阶段、每个环节都体现育人的功能和要求。如要把思想政治教育贯穿到教学实践过程的各个环节，通过良好的教风培养学生严谨治学的学风，加强学习诚信教育，形成良好的学术道德，增强创新精神和创新能力。只有做到全面育人、全员育人、全程育人，才能真正做到整体育人，不断增强思想政治教育的整体效应。

（四）注重信息运用

运用现代信息科学技术开展思想政治教育，实质上就是推进思想政治教育信息化。它是思想政治教育发展的重要趋势之一，其产生有着重要的原因。思想政治教育信息化是社会信息化的必然产物。现代社会科学技术获得了迅猛的发展，其重要标志之一是现代信息科学技术特别是互联网技术的发展。现代科学技术特别是互联网技术的发展，使信息的传播方式发生了革命性的变革，交互式、大容量、实时性、多媒体的信息传播方式代替过去传统的信息传播方式。它必然深刻影响思想政治教育的信息传播方式，呼唤思想政治教育信息传播方式的现代化，导致思想政治教育的信息化。

科学理解和把握思想政治教育的信息化趋势，主动适应信息化趋势开展思想政治教育，必须把握好以下四点。

第一，思想政治教育信息化体现为思想政治教育信息观念的确立。从现代信息科学理论和信息科学技术的角度来看，开展思想政治教育的过程实际上就是运用一定的思想信息影响人们的思想和行为的过程，既然如此，思想政治教育的过程也就是思想信息的输入与输出的过程，必须增强思想政治教育信息意识，确立思想政治教育信息化的工作理念和思路，提高思想政治教育者信息处理的能力，自觉运用现代信息技术手段获取、分析、处理各种思想信息，把正确的思想信息传输给学生，引导学生在复杂多样的信息环境中接收、判断、选择、内化正确的思想信息，识别和抵御各种错误的思想信息的干扰。与此同时，还要根据思想政治教育信息输出的效果，即思想政治教育输出的结果是否达到预定的目标，是否产生预期的效果，来加强思想政治教育的反馈、调节，通过把实际效果和预期目标之间的反差再输入到思想政治教育信息系统，从而对思想政治教育信息的再输出施加影响，加以调控，直至达到思想政治教育的预期目标和效果。

第二，思想政治教育信息化体现为思想政治教育信息内容的扩充。思想政治教育要注意改变过去信息容量小、内容单一、视野狭窄的状况，注重在开放的环境中进行思想政治教育，扩大思想信息传播的范围和类别，增大思想政治教育的信息容量。青少年求知欲强、知识丰富、视野开阔、思想活跃，能通过各种渠道方便快捷地获取思想信息。因此，在对青少年进行思想政治教育时，一定要注意克服思想政治教育信息陈旧、空洞的弊端，不断扩充信息容量。既要注重国内信息的传递与解读，又要加强国际信息的介绍与分析；既要了解经济、政治信息，又要了解科技、文化、教育信息；既要了解学习成才的信息，又要了解就业成功的信息；既要了解历史信息，更要了解现实和未来的信息；既要了解积极的信息，又要了解消极的信息，以便于青少年在全面了解和把握各种思想信息的基础上独立思考，做出正确的判断和选择。只有不断扩充思想政治教育的信息容量，才能提高青少年在复杂多变的开放的信息环境中正确应对和处理各种思想信息的能力，不断提高青少年的信息素质。

第三，思想政治教育信息化体现为思想政治教育信息传播手段的更新。过去，在思想政治教育中，通过会议、论坛、讲座，利用口头语言等，传播思想政治教育信息的方式比较普遍。现在，在思想政治教育中，这种方式依然不可缺少，但要看到这种方式在传播思想政治教育信息方面存在着局限性，需要根据社会信息化的发展趋势和客观要求，充分运用数字化、网络化、多媒体等多种现代信息手段，进行思想政治教育，包括创建红色网站，把具有思想政治教育价值的理论成果、实践成就、先进典型、经典小说、影视作品等作为红色网站教育的重要内容，研制具有丰富思想政治教育信息的软件，制作具有思想政治教育价值的网络游戏，利用电视和互联网制作、播出紧密联系实际的电视政论片，加强教育的思想性和艺术性，提高思想政治教育的吸引力、感染力和说服力。要把思想政治教育的信息手段和方法同传统的思想政治教育方法结合起来，运用现代信息手段和方法改造传统的思想政治教育方法，实现传统思想政治教育方法的现代发展与创新，赋予传统思想政治教育方法以新的活力与效能。

第四，思想政治教育信息化体现为思想政治教育信息方法的运用。要大力发展网络思想政治教育，在网络中把教育引导和严格监管结合起来，积极传播有益信息，监控删除有害信息，营造良好的网络信息环境，把正面灌输和比较选择结合起来，通过组建网络评论员队伍，针对网上传播的各种信息，及时进行分析和评论，加强学生的选择教育，引导学生在开放的网络环境中，比较、辨别多种信息，选择、内化正确信息，增强学生自主选择信息的意识和能力，把大众传媒传递信息和人际传递信息结合起来，转变信息传播方式，坚持实行信息两步传递，既要注重通过大众传媒迅速广泛地传播信息，又要注重通过人际传播渠道深入解读、理解和内化正确的信息，不断提高正确思想信息传播、选择、教育的效果。

第四节　大学生创新思维与创业能力的培养

一、大学生创新思维能力的培养

发展的实质是新事物产生和旧事物灭亡的过程。创新是整个社会发展的不竭动力。在人类社会，这一过程就是推陈出新、破旧立新的创新过程。整个人类发展进步的历史，就是一个不断创新和创造的历史。没有创新，就没有人类的进步，就没有人类的未来。

科技创新、制度创新和理论创新是人类社会创新的基本形式。推进各种形式的创新，都离不开创新思维。创新思维及其创造能力是推动社会进步的支点，创新型国家建设需要创新思维。国家创新的核心是人的素质和能力的创新，而人的素质和能力创新的关键在于思维方式创新。当前是我国经济社会转型升级又好又快发展的重要机遇期，需要大批勇于创新、善于将科技成果转化为社会生产力的创新人才。尤其是近年来，随着世界性新技术革命的兴起和我国社会生活的重大变革，创新观念迎接新技术革命的挑战，变革旧有思维方式适应并推动社会变革，越来越显得迫切。在新的社会需求面前，用具有创新性质的思维方式培养和造就大批聪明睿智、思维敏锐的人才，成为时代的客观要求。当代大学生作为国家未来建设的中坚力量,其自身的创新素质如何,将直接决定国家未来的发展。积极探索当代大学生创新思维能力的特征、影响因素、培养模式,提高学生创新意识,培养大批具有创新精神和创业能力的高素质人才,对于我国具有极其重要的战略意义。

创新思维,是指人类在探索未知领域的过程中,充分发挥认识的能动作用,突破固定的逻辑通道,以灵活、新颖的方式和多维的角度探求事物运动内部机理的思维活动。创新思维是一门科学,这就需要我们对其进行积极和有益的探索,从中找到某些规律,并通过训练等方式来提高其创新能力。创新思维活动是创新活动的核心和灵魂。纵

二、大学生创新创业能力的培养

创新是国家经济社会发展的核心驱动力。早在2005年我国就做出了"加快建设国家创新体系"和"建设创新型国家"的重大战略抉择,科技创新受到前所未有的重视。党的十八大更是明确提出实施"创新驱动发展战略",要求把科技创新"摆在国家发展全局的核心地位"。建设创新型国家,关键是人才,基础是教育。

随着我国高等教育大众化战略的实施,招生规模的不断扩大,大学生就业难的问题日益突出,社会总体就业形势不容乐观。就业是民生之本,创业是就业之源。以创业带动就业应当是解决高校毕业生就业问题的重要手段之一。各地高校纷纷开设创新创业教育课程,积极探索创新创业能力培养方式方法。[①]

创新创业是一个国家民族能否保持可持续发展的不竭动力。经过40余年的改革开放,我国经济取得了长足进步,但自主创新能力仍然需要进一步发展。同时,当今时代、社会的发展方式、社会结构、人们的相处方式都发生着深刻变化,呈现出新特点。要适应这些变化,就要大力开发大学生的创新创业能力,用创造的思维和创新的成果解决社会发展过程中遇到的新问题,推动社会和谐,促进社会发展。

加强大学生创新创业能力培养是大学生自身发展的需要,是高等教育发展和改革的新趋势,是构建创新型国家的迫切要求,培养大批具有创新精神和创业能力的高素质人才,对于我国而言,具有极其重要的战

①刘彤,王雪梅. 大学生创新与创业[M]. 成都:西南交通大学出版社,2017.

略意义。

(一)我国高校创新创业教育的探索实践

2012年3月15日,教育部、财政部联合颁发《关于实施高等学校创新能力提升计划的意见》。该计划旨在突破高校内外部机制体制壁垒、释放人才、资源等创新要素活力。2013年2月,“2011协同创新中心”答辩会在北京举行。这是协同创新中心自组建以来首次接受同台检阅。经过激烈的角逐,167个参加“检阅”的中心,仅14家通过专家认定,成为首批“2011协同创新中心”,被认定的中心将以“国家队”身份进行协同创新,做“国家急需、世界一流”的大事,形成若干国家“智库”。2012年5月7日“高等学校创新能力提升计划”正式启动。简称“2011计划”。

目前,我国许多高校正在积极探索大学生创新创业培养模式,创新创业教育的内容和形式已经成为高校课程建设的重点,纷纷建立健全培养体系,通过开设创业教育课程、搭建职业技能培训平台、举办创新创业设计竞赛、提供专项资金和企业合作等途径,将培养学生的创新精神和创业能力进行有机结合,并实现社会资源共享,最终形成课程、实践、科技创新一体的创业新型人才培养模式。

1.注重顶层设计,优化整合现有资源

各高校纷纷整合校内外资源,建立协调机构,明确机构责任,规范管理手段,形成和健全权责明确、统筹协调、规范有序的创新创业教育管理体制。

2.着力进行课程平台建设,培育学生创新创业能力

许多高校积极探索创新创业教育体系,目前已形成由基础性的创业课程、专业性的创业讲座和启发性的创业实践为主的创业课程教育体系。此外,开展分层次的培训,开办“创新创业训练营”和“自主创业精英班”;成立“创业精英俱乐部”,打造交流平台;成立“大学生创业咨询工作室”提供创业咨询服务。

3.加强创新创业平台建设,大力推动创新创业教育

各高校以“创新创业赛事”为抓手,设立大学生科技创新专项经费,积极推进“大学生科研训练计划”,引导学生的创新思维,促进学生创业素质提升;充分运用校外资源,建立大学生创新创业实训基地,组织学生积极与政府、企业及今后创业可能遇到的其他部门更多地进行沟通和合

作,拓展学生的社交能力。

4.加强队伍建设,拓展创新创业教育的新空间

各高校加强创新创业专门师资的队伍建设和培训,邀请著名创业、企业界人士进校,与学子分享创业经验。学校积极从社会各界聘请企业家、创业成功人士、专家学者等作为兼职教师,建立了一支专兼结合的高素质创新创业教育教师队伍。许多高校在做好国家、省市扶持大学生的创业扶持政策的咨询工作的同时,通过依托国家、地方科技园,设立大学生科技创业基金会等形式,鼓励扶持大学生自主创业。

(二)大学生创新创业教育的国际借鉴

随着我国经济社会的发展,我国高等教育已经实现了由精英教育向大众教育的转变。这种转变一方面使更多的家庭能够享受高等教育资源;另一方面又使得大学生就业成为经济社会发展中的“新瓶颈”。最早实现高等教育精英化向大众化转变的发达国家以创业教育促进大学生就业方面的一些做法,值得借鉴。

1.完善的知识储备

美国是世界上最早开展就业指导的国家,20世纪40年代,哈佛大学商学院率先开设一门创业教育课程——《新创企业管理》,20世纪60年代初期,就业指导被正式列入了美国大学的教学计划,并且贯穿于整个大学教育过程。实际上,许多发达国家的高校在大学低年级就开始了就业和创业教育,从大学生跨入校门开始,就开设《职业生涯规划》《创业教育》和《就业指导》等课程,使学生提早做好步入社会的准备。并且把《创业教育》作为就业教育的主要内容纳入必修学分管理体系,向学生讲授创业所需具备的基本知识和技能。在课程教学中,采用案例剖析、创业论坛、专家知识讲座、企业家现身说法等多种教学方式,触动学生的创业意识与激情。同时,还充分利用校友资源,邀请校友中的成功人士回母校给学生讲授自己的创业经历。另外,还有针对性地研究归纳各行各业的政策体系、行业特点、行业前景分析等将之纳入课程教学,构建全方位的创业教育体系,使学生在创业前就能对未来将要从事的行业有客观而全面的认识,提高其社会适应能力。

2.专业的师资力量

国外众多名校,如哈佛大学、剑桥大学、东京大学等的就业指导课程

均配有专门而强大的师资力量，授课教师都受过专业训练、并持有人才测评师、心理咨询师等各种资格证书。除此之外，还定期邀请著名企业家们来校开展讲座，将自己管理企业的经验能力、创业所需要具备的知识亲自传授给学生，并与学生展开讨论互动，使学生很受启发。

3.有力的校企合作

国外的大学基本上都设有"Internship"制度，指的是大学生在企业的定期间研修培训制度。具体做法是，通过学校的推荐，企业给学生提供了一个在假期和优秀企业家、专业人才在无外界干扰的环境下心无旁骛地进行学习工作的机会，激发大学生自主创业的兴趣，培养出潜在的优秀人才。"Internship"制度被世界上许多著名的企业认为是企业回报社会的一种责任。

美国知名大学与政府机构、企业、社区非营利性组织、医院、健康保健机构、民间团体等建立了广泛合作关系，以为学生提供多种形式的志愿服务实践机会，美国奥兰多环球影城、美国波音飞机制造公司、日本丰田汽车股份公司等一批世界500强企业每年都为大学生提供众多"Internship"实习培训岗位。

（三）影响在校大学生创新创业的原因

1.缺乏创业风险意识

大学生创业应对创业风险具有清醒的认识，并拥有应对风险的充分心理准备。但是由于年龄、阅历等方面的限制，缺乏对可能遭遇到的风险及创业艰苦性的必要准备，表现在理想化的倾向。在缺乏良好心态的情况下，稍遇挫折便担心失败、怀疑自身能力等现象都暴露了大学生的自制力、坚韧性薄弱，意志品质、抗压能力不强等问题，这种情况下创业前景也会受到不利影响。

2.缺乏创业相关知识及能力

由于我国目前的高等教育模式的局限性，学生长期接受应试教育，不熟悉市场经营"游戏规则"，在四年的高校学习生活中，将大部分时间和精力集中放在专业知识的学习和专业技能的培养上，针对创业取向的知识结构和能力不尽合理，缺乏创业的综合知识和能力。对于不同专业类别（理工科类、文科类、经管类、社科类等）的学生，其创业的意愿以及对于创业方面需要寻求的培训和支持有一定的不同，但其共同之处却在于,所需的相关创业知识教育和创业心理教育是一致的。而目前在各大高校中尚未形成系统的、能够针对不同专业类别以及创业类型学生的心理和知识能力方面的专业创业教育课程,缺乏针对性的创业知识教育和专门的创业心理教育。在高校中一方面创业教育方面的缺失,另一方面大学生创业者对创业必备素质的认识不足。大学生创业者需具备的重要素质以及自身综合能力更有待加强。

3.缺乏管理经验

首先,由于年龄等的限制,大学生很难拥有关于创业的直接经验与间接经验,创业知识一般也来源于书本,刚出校门初期很难迅速建立广泛而有效的社会关系,致使在与社会企业竞争中常常处于缺少实战经验的不利境地。其次,创业选择的行业面窄,项目无优势。大部分学生创业者都集中选择了产品层次和技术含量较低的领域,没有竞争优势。另外,创业方式的选择单一。在首次创业的毕业生中,由于经验的缺乏和风险的考虑,很多人选择了合伙创业。但因这些创业合作者之间缺乏知识和能力的互补性,很容易在决策中出现偏差,致使创业团队解体。

4.缺乏创业资金

从现实情况来看,目前制约大学生创业的一个很大的瓶颈就在于资金缺乏。根据相关调查显示,大学生认为资金问题是制约其创业力发挥的首要因素。

(四)促进大学生创新思维与创业能力的对策建议

我国经济发展方式转变、产业结构的调整、高新技术企业的建设、现代服务业的发展和创新型国家建设,都需要适应时代要求具有创新创业精神和创新创业能力的人才。传统教育模式是一种以学生的“被动”接受为主要特征的教育模式。在这种教育模式下培养出来的学生很多缺乏创新意识,想象力不足,实践能力差。而创新型社会则呼唤创新型人才,不但要有丰富而广博的知识基础,还要有较强烈的创业意识和创新精神学以致用并拥有较强的实践能力,善于提出和解决问题,等等。

创新创业能力的培养是一项系统工程,需要有效地开发和整合政府、高校、社会、企业各类资源,形成一个开放的良性互动的管理、保障与服务体系。着力做好两大体系:一是高校教育体系。主要涵盖对创新创业学科定位,将创新创业教育置于思想品德教育、文化素质教育同等重要的地位;转变观念,营造良好的创新创业氛围,构建科学的、统一的课程体系指导框架和主要课程的教学大纲;建设适应创新创业教育的师资队伍,构建大学生创新创业能力培养质量监控评价体系;制定和完善高校创新创业培养过程中的各项规章制度。二是社会支撑体系。主要包括加强校企合作,建立创新创业教育实践平台;构建创新创业管理服务体系;加强组织,为创新创业提供资金、基地等支持保障。借鉴国内外高校创新创业教育的实践经验,构建"三位一体"的创新创业教育模式,有效促进创新创业的发展。

笔者主要从高校教育体系出发进行研究,在这个体系中高校辅导员同样扮演着不可或缺的角色。高校作为创新创业教育的主体,必须在专业设置、课程和教材建设、师资队伍建设和数字模式等方面深化教育教学改革,以适应创新创业教育的需求。

第一,积极推进学科专业结构与地方经济社会发展相适应。高校要突出自身的办学优势和特色,紧贴地区经济社会发展需要,进行学科专业结构调整,坚持学科链接对接产业,为学生未来的就业和创新创业活动增加机会。

第二,重视学生个性兴趣,构建"学科+活动"的个性化课程体系。学生知识创新必须拥有宽厚的知识基础,各高校应整合现有学科专业优势,建立基础性专业学习平台,培养大学生的创新创业素质。由于创新创业素质由创业意识、创业心理品质、创业能力和创业知识结构等方面组成,因此,高校的创新创业教育就应从树立创新创业意识、培养创新创业心理品质、提高创新创业能力、形成创新创业知识结构方面为目标。具体来讲就是由职业生涯规划、职业辅导课程与创新创业教育课程相结合,构成由创新创业精神、创新创业意识基本素质培养的通识性教育课程、培养大学生创新创业基本技能的实践活动、锻炼大学生实际创办企业的创业科技园构成。

学科课程由必修课程、选修课程、文理交叉课程组成。开设专门的必修创新创业教育学科课程,如开设32学时的《创新学》《创业学》必修课,普及创新创业知识,激发创新创业意识。开设创新创业类选修辅修课程,如开设《公司法》《现代企业制度》《创造性思维》《新产品开发学》《创业管理》《创业理论与实践》等选修课程,让学生根据自己的爱好,进行选择性学习,为学生创新创业实践活动,打下良好的理论基础。

创业是一项实践性很强的活动,大学生创业需要理论的指导,更需要在各类活动中锻炼。高校应在经费投入和制度建设上,为创新创业实践环境营造提供有力保障。高校应从成果认定、学分认定、灵活学籍管理等方式,鼓励广大师生参与各种课外实践活动,参加“挑战杯创业大赛”等全国大学生课外科技竞赛活动,锻炼大学生实际创办企业的实际能力,培养大学生的创新创业素质。如学生凡参加的各级创新类文体活动、各项创新创业类比赛、各类创新创业学生社团等,均可以进行创新创业学分认定。

第三,建设一支高水平的、专兼职相结合的创新创业师资队伍。教师是高校推进创新创业教育的关键。从调研的情况看,不少高校开设了创新创业教育课程,授课教师多是学术专家出身,缺乏创业经历,没有创业活动的实战经验。因此,高校一方面要“送出去”,加强原有创新创业师资队伍建设,对于在校内从事创新创业教育教学的专业教师可以通过培训、深造、研习、挂职锻炼、社会实践等方式,了解产业发展前沿,培育实践意识,提高其教育教学水平;同时,要积极倡导并推动教师的教学方法改革,让学生主动参与教学过程,激发学生的创新性思维。另一方面要“请进来”,加强与广大企业家合作,聘请一些企业家充实到创新创业教育师资队伍中来,为高校增添创业实战能力。创新创业教育师资包括经济管理类专家、工程技术类专家、政府经济部门专家、成功企业家、孵化器管理专家、创业投资家六大类型。企业界人士有直接的创业经验,能够更有效地对学生进行教学。学校在创新创业师资队伍建设上要突破学校的界限,出台积极的财务、人事政策,吸引政府、企业界人士担任客座教授,提高人员在政府、学校、企业之间流动的顺畅性。

第四,完善创新型实验教学体系和基地建设。各高校应加大资金投入,建设高级别的实验教学示范中心,为学生实践创造良好环境。一方面要整合社会资源,建立大学生科技创业见习基地或科技园、创业园,为学生提供更多的实践平台;另一方面要鼓励支持大学生创办实体,切实提高其创新创业实践能力。通过实践竞赛、创新创业基地、校园文化活动等多种形式的教育,培养大学生创新创业必备的素质和能力,为他们在各行各业创业做好必要的准备。创新创业实践课程作为创新创业教育的一种课程模式,有重要的价值和意义。目前,部分高校正在实行产学研相结合的探索实践,把企业生产的要素、科学研究的要素、教育教学的要素有机结合起来,设计成为一个问题、一件事情、一个项目、一个任务,变生产过程为研究过程与教学过程,教学效果很好,极大激发了大学生的学习兴趣与动力。如模拟体验、项目运作、顶岗实习、实训中心、带徒工程、技能运动会、大卖场、创业一条街、创意工作室等。

第五,进行学籍管理制度改革,深化以学分制和弹性学分制为主的教学管理制度,营造适合学生个性充分发展的育人环境,对具有创业能力的学生,可以保留学籍,鼓励他们出去创业。

创新创业教育要以转变教育思想、更新教育观念为先导,面向全体学生,融入人才培养全过程,在专业教育基础上,以提升学生的社会责任感、创新精神、创新意识和创新能力为核心,以改革人才培养模式和课程体系为重点,大力推进高等学校创新创业教育工作,不断提高人才培养质量。创新创业能力培养改变了传统的就业教育思维模式,使高校毕业生不仅是求职者,而且能成为工作岗位的创造者。学生对创新创业能力的掌握和提升,将拓展其自身的就业发展空间,产生大众化教育的良性循环,促进高等教育的健康发展。

第五节 大学生心理健康教育工作的开展

大学生心理健康不仅关系到学生个人的成长成才,也关系到校园的和谐稳定,更关系到国家和民族的未来。大学时光虽然短暂,但对学生的人生发展具有决定性的影响。辅导员作为大学生的知心朋友和人生导师,需要掌握一定的心理学知识,及时预防、识别、干预甚至治疗学生的心理问题。

一、大学生心理健康教育概述

(一)大学生心理健康教育的内涵

大学生心理健康教育,是指以大学生为教育客体开展的培养其良好的心理品质,塑造健全的人格的教育活动。首先,要注重培养良好的心理品质。其次,要着力塑造健全的人格。大学生心理健康教育注重培养良好的心理品质。传统的大学生心理健康教育“主要是针对心理疾病与基本适应问题”,仅实现了对大学生心理的非病状态和良好的适应状态的教育目标,忽视了对健康心理的更高层次,即培养负责任的、勤奋的、独立的、积极的良好心理品质的实现。因而大学生心理健康教育既要消除疾病和基本适应问题,更要注重培养良好的心理品质。既要尊重大学生自我意识运行的心理机制,展开大学生的自我教育、自我管理、自我完善,又要高度关注个别学生自我意识的偏差和矛盾,对少数学生加以重点关注和关怀;既要坚持对大学生理想自我的提升,给他们提出和推荐具有亲切性和感知度的榜样,引领他们理想自我的发展,又要坚持增强大学生自我意识调控的能力,让他们具备调节情绪、抵抗挫折的素质。通过注重培养自尊、自爱、自律、自强的良好心理品质,引导大学生积极向上的人生态度和执着坚定的信念,造就有社会主义责任感和历史使命感的人才,使大学生自身的聪明才智用于改造世界,并在推动社会进步中发展自己,并促进大学生思想道德素质、文化素质、专业素质和身体素质协调发展。大学生心理健康教育要着力塑造健全人格。素质教育核心就是培养人的全面发展,这里的全面发展既是知识能力的发展,更是人格的不断完善,因而健全人格的塑造成为大学生心理健康教育不可忽视的部分。

现在的大学生群体以“95后”和“00后”为主体,他们大多为独生子女,不曾经历苦难,独立生活能力相对较弱,情感体验多以自我为中心。而进入大学之后,如何整理自己的物品,如何规划自己的时间,如何面对学校的纪律和规定,如何面对没有选择的集体宿舍,如何面对不同城市的宿舍同学,如何更多地宽容与理解他人,这些问题的对待和处理都成为大学生要去克服的难题。而这些问题的解决都是以人格的不断完善为基础的。因而在大学生心理健康教育中,必须以情感教育法、品质教育法、生活教育法、榜样示范法、启发式教育方法和自我教育法等方式实现健全人格的培养。

(二)大学生心理健康教育的特性

大学生心理健康教育能够提高学生心理素质,促进思想政治教育有效性,实现大学生全面发展目标,与其所具有的显著特性密不可分。大学生心理健康教育具有基础性、全员性、互动性、针对性的特征。

1.基础性

大学生心理健康教育的基础性,是指大学生心理健康教育具有进行其他教育为起点的属性。大学生心理健康教育的基础性主要表现在以下几个方面。①

(1)大学生心理健康教育构建教育的生命基础

生命是教育的前提和基础,生命的发展是教育的根本使命。要以社会的形态生存,就必须在生命的基础上获得文化、智慧、道德、人格等精神方面的发展。不仅涵盖大学生的生活、生命、人性、价值等层面,尤以心理健康危机系统的构建彰显珍视生命、发展生命的意义和价值,可见,大学生心理健康教育是维护人的生命的基石,生命是教育学思考的原点,在一定意义上,心理健康教育直面了人的生命,是为人的生命质量的提高而进行的社会活动。

(2)大学生心理健康教育承担人才培养的非智力基础

人是有思想、有感情、有个性、有精神的世界,作为人才培养基地的大学而言,其主要任务就是“育人”,育有思想、有感情、有个性、有精神世界的人,而不是“制器”,不是制造高智商、高能力,却呆板、没有情感、没有灵魂的人。许多实证研究结果表明,成功的人才只有20%的有效动力来源于智力因素,有80%的主要原因是取决于非智力因素,也就是说人才培养的基础不是智商,而是涵盖气质、性格、人文精神等的非智力因素。因此,作为以培养非智力因素为主的大学生心理健康教育,也就承担起了人才培养中的非智力基础的意义和价值。

(3)大学生心理健康教育维护社会主义和谐社会的基础

只有心理健康的人才能够乐观地面对人生,正确认识社会发展变化的规律,关心他人,遵纪守法,自觉地承担社会义务,拥有协调的人际关系,为社会的发展贡献自己的力量,以此为基础的人群才可能构建现实中的和谐社会。对以培养社会主义合格建设者和可靠接班人为己任的大学教育而言,向社会输送构建和谐社会基础的心理健康的学生,是实现社会主义和谐社会的基础,所以大学生心理健康教育也就富有维护社会主义和谐社会的基础性特征。

①熊楚国.大学生心理健康教育[M].武汉:华中科技大学出版社,2018.

2. 全员性

大学生心理健康教育的全员性，是指该教育具有教育主客体全体成员参与活动的属性。大学生心理健康教育的全员性主要表现在以下几个方面。

(1)心理健康教育客体全体参与活动的属性

一方面，心理健康教育的目标是让每个受教育的学生了解心理健康的基础知识、了解和发展自我、提高自我心理调适能力，对全体学生心理素质的提高具有积极的价值和意义，是全部客体、全体学生接受人才塑造的实践教育的一部分，每个客体学生都纳入了心理健康教育目标中。另一方面，心理健康教育的过程是每个客体学生参与其中的实践过程。首先，心理健康教育不仅是知识传授，更主要的是实践体验和内化领悟，每个客体在教育过程中感知人与物、人与人、人与自然的相处，用自己的内心审视与周围世界交流过程中的心灵变化，哪怕是先天有缺陷的聋哑、自闭的学生，也都能够在教育过程中审视自己的内心世界，因此心理健康教育的过程可以深入到每个客体学生的心灵审视和心理成长中。其次，大学生作为心理健康教育的客体显现出更加自主的能力，在教育过程中表现出更加积极主动地参与教育活动的特性。他们会像成人一样去思考和生活，更加注重挖掘潜能、寻求发展和实现自我价值。每个大学生对心理健康教育都有强烈的需求，因而心理健康教育显现出更广的覆盖和需求的全员性。

(2)心理健康教育主体全体参与活动的属性

心理健康教育是心理健康教育教师、思想政治教育教师、其他专业课教师、管理和服务人员都积极参与，共同担负的一项教育活动。首先，心理健康教育教师是大学生心理健康教育主体的核心。他们运用专业的知识和技能帮助大学生提高对心理健康的认识，传授增强心理素质的方法。“配备一定数量专职从事大学生心理健康教育的教师”，成为加强大学生心理健康教育队伍建设的首要渠道。其次，思想政治教育教师是大学生心理健康教育的重要力量。“特别是思想政治理论课中相关课程教学对提高大学生心理素质”具有重要作用，作为思想政治理论课主体的思想政治教育课教师也担负着通过案例教学、体验活动、行为训练等形式提高学生心理素质的重任。最后，高校管理人员也承担着组织和参与大学生心理健康教育的重任。在《关于进一步加强和改进大学生思想政治教育的意见》中还提出了大学生思想政治教育要坚持“教育与管理相结合”，把管理者的职责提升到融思想政治教育于管理长效机制的高度，作为思想政治教育创新方法之一的大学生心理健康教育，同理也有一部分职责分担在管理和服务人员肩上。

(3)环境要素全体参与活动的属性

环境要素全体参与活动的属性是指学校、家庭、社会的“三位一体”全员性心理健康教育。学校依然是心理健康教育的主要环境，既要充分发挥课堂教学在大学生心理健康教育中的主要环境，既要充分发挥课堂教学在大学生心理健康教育中的重要作用，也要积极开展心理健康宣传教育活动。但大学教育不仅局限于教书育人，还在于连接家庭、社会、学生的综合力量，实现提高学生心理素质的路径和环节上的多样化。家庭环境中，父母长辈的言行更是直接影响大学生的心理健康发展，了解家庭及教育方式和存在的问题已经成为学校心理健康教育工作的途径之一。

3.互动性

大学生心理健康教育的互动性，是指在教育过程中教育主客体的活动具有相互作用、相互影响的属性。大学生心理健康教育的互动性主要表现在以下几个方面。

(1)主客体间或客体之间的相同或相近价值观和生活方式的互动关系

在大学生心理健康教育过程中，精神问题只占极小部分，绝大部分是涉及学业、情感、人际关系等日常心理问题。人作为“一切社会关系的总和”，其日常心理和情绪也在社会关系的交往中得以排解和消融。心理健康教育过程，就是在贴近学生心理需求，解决学生心理问题过程中，建立主客体和客体之间的互动关系，形成具有相同或相近的价值观、生活方式、人生经历的互动关系，既在情感上容易形成共鸣，也会降低心理防御，容易找到情绪疏解和思想交流的切入点和互动点。以此满足不同层次客体的心理需求，尤其是日常心理问题学生的需求。

(2)助人自助的互动价值的实现

心理健康教育过程既是教育过程，也是主客体和客体之间互助的过程。在心理健康教育中,讲授、活动、倾诉等过程可以建立互信、稳定的互动关系,实现主体、客体共同主动探索和解决人生中各种难题的稳定关系。这样的探讨氛围下的稳定关系提高了学生的主体意识,形成主客之间、客体之间的互助价值。一方面,施助的教师或学生帮助受助学生学会独立地解决自己面临的问题;另一方面,施助的教师或学生也在帮助他人的同时强化自己的心理素质,同时也帮助了自己。诚然,互动性不仅仅停留在同情、理解和接纳,还有在探讨问题的过程中引导面向积极正面的价值观念,学会独立思考学校、社会赋予的责任,学会独立解决压力问题,增强心理素质。

4.针对性

大学生心理健康教育的针对性,是指该教育具有根据大学生群体所处成长阶段和面临心理问题而有的放矢开展教育活动的属性。大学生心理健康教育的针对性主要表现在以下几个方面。

(1)针对大学生活的不同阶段开展教育活动

大学生心理健康教育针对大学期间大致会经历的新生、老生和毕业生三个阶段,有的放矢地开展教育活动。新生的心理素质由其大学前生活和学习经历所决定,他们的学习基础、家庭条件、兴趣志向、环境影响都有所不同,这一阶段的心理健康教育活动是帮助新生调整好心态,找准自身在大学群体和大学学习中的定位,以朝气蓬勃、精力充沛的面貌迎接新的生活。老生阶段对新的环境已经逐渐适应,开始有独立的见解和思想,形成特有的个性化生活模式,但模式化的生活容易在遇到挫折和困境的时候产生心理失衡和偏执,因此这一阶段主要针对具体心理问题展开专业化的心理咨询或心理辅导。毕业阶段的大学生面对竞争激烈的就业环境,容易产生理想工作与现实之间差异的心理落差,伴随焦虑和缺乏安全感的心理问题,相对应的心理健康教育也就以开展增加就业知识、更新就业观念、调整就业定位、摆正心态面对市场竞争的活动为主。

(2)针对大学生中不同群体的特殊性开展教育活动

大学生心理健康教育针对贫困生、女生等不同大学生群体的不同心理问题,有的放矢地开展心理健康教育。心理健康教育在贫困生辅导中,就会针对家庭背景、经济状况做好心理预警和干预。女生则心思细密，情感丰富，容易遇到情感脆弱等心理问题，再加上自身性格的特点，不容易像男生通过宣泄等途径获得情绪释放，容易压抑情绪。面对女生的心理健康教育会给予更多的环境营造，让她们体会到关心和温暖，让她们学会释放情绪，学会调节压抑的情绪。

二、大学生常见心理问题

（一）生活适应问题

适应是需要大学生通过调整自身、达到与环境和谐统一的良好生存状态。大学生在面对生活改变时，常常由于准备不足、经验不够、了解不深、能力不强，而出现各种适应问题。我国大学生的生活自理能力、社会适应能力和自我调整能力普遍较弱，所以，生活适应问题在大学生中广泛存在。常见的生活适应问题有：理想与现实的冲突、学习适应不良的焦虑、自我定位的模糊、生活应对的烦恼、人际交往的困扰等。生活适应问题在刚进校的新生中较为常见，因为新生来自全国各地，家庭环境、受教育背景、成长经历、学习方式等方面差异较大，需要学生在自我认知、人际交往和自然环境等方面进行适应和调整。我国学者根据我国大学生的实际情况，对大学生的生活适应提出了“四个学会”的任务：学会做人、学会做事、学会与人相处、学会学习。这不仅是为了使大学生的行为符合其身份和行为规范，更重要的是让学生获得认识环境、适应社会的手段和能力。如果大学生生活适应问题较长时间未能得到解决，严重者可出现适应障碍，辅导员或家长需要聘请专业机构的人员进行干预治疗。

（二）学习问题

大学生从一种学习环境转换到另一种学习环境时，常常会不适应或不能很快适应新的学习环境。大学生的主要任务是学习，学习上的挫折与困难对大学生的影响非常显著。事实表明，学习成绩不良是引起大学生焦虑的主要原因之一。

就学习动力而言，不少高中生的学习目标就是为了考大学，而大学学习是为走向社会做准备。大学生不仅要建立自己的长远目标，还需要在长远目标指导下，设定近期具体的学习目标。许多学生无法适应无家长和教师监督的学习，无法激发自我内在动力，因此陷入目标迷失、动力缺失的学习困惑中。就学习内容而言，大学的专业课程较之中学的基础课程,在广度和深度上存在较大的拓展和加深;由于各种因素,部分大学生所学专业并不一定是其兴趣所在;其他一些原因也造成了对专业学习的抵触情绪。就学习方法而言,大学的学习以学生自学为主、教师指导为辅,需要学生高自觉、高强度、高主动、高效率地学习。

(三)人际交往问题

人际交往是人健康成长的基本条件,是指运用语言或非语言符号发表意见、提出需要、表达情感和交换思想等的交流过程。人际交往能力是现代人不可缺少的因素,主要包括:语言表达能力、倾听能力、自我觉察能力、观察能力及处理生活中突发事件的应变与协调能力等。从进入大学的第一天起,大学生就面临着许多新的人际关系,如新的老师、新的同学、新的室友等。大学生对这些人际关系都曾有一个美好的想象,然而,新环境中的种种问题都活生生地摆在每个学生的面前。人际关系敏感、紧张成为困扰很多大学生的问题。大学生人际交往问题主要表现为不敢交往、不愿交往、不善交往、不懂交往。

1.不敢交往

在人际交往的实践活动中,人们都存在不同程度的恐惧心理,只是每个人的反应程度不同。有一部分大学生在这方面反应特别强烈。由于害羞、自卑等心理的作用,他们在与人交往时显得特别紧张,出现脸红、出汗、心跳加速、呼吸急促、举止不自然、语言不流畅等症状,尤其在集体活动中或人多的场合更感到恐惧,不敢和人打交道,不敢表现自己。

2.不愿交往

有的学生在进入大学之后,各个方面表现不再出类拔萃,如果不能正确看待,就可能形成忌妒或自卑等心理问题,缺少人际间必要的信任与理解,人际交往平淡。有的学生自高自大,瞧不起别人;有的学生以自我为中心,对周围的人与事漠不关心;有的以自身利益为驱动,有利可图就主动交往,否则就拒人于千里之外。

3.不善交往

有的大学生因不了解人际交往的技巧和知识,在与人交往时常不够得体,或过于生硬,或表现木讷,或伤人自尊,或夸夸其谈。这类学生往往渴望交往、努力交往,但由于不善交往,在交往中不了解自己、不了解别人,从而影响了与他人的进一步交流。

4.不懂交往

有的大学生常以理想的友谊模式来衡量生活中的人际关系,导致高期望值与高挫折感并存。这类学生能正常与他人交往,人际关系也不错,但由于他们不懂友谊需要积累、交往需要付出的道理,总感觉与人相处没有深度,没有能互吐衷肠、同甘共苦的知心朋友,使自己陷入无奈和困惑。

(四)性格与情绪问题

性格是指人对现实的态度和行为方式比较稳定、独特的心理特征的总和。性格障碍是较为严重的心理障碍,其形成与成长经历有关,原因也很复杂。

大学生性格与情绪问题主要表现为:①自卑是指自我评价低下、自愧无能而丧失信心,并伴有自怨自艾、悲观失望等情绪体验的消极心理倾向。有自卑感的学生过分关注自身短处而否定自己的长处,常常表现出胆怯、怀疑和畏惧,行为上采取逃避方式。②怯懦表现为性格软弱、害怕交际,情感脆弱、害怕挫折,意志薄弱、害怕困难。怯懦在大学生中并不少见,如不敢与教师对话,害怕与陌生人打交道,不敢在公共场合发表意见等。③猜疑是毫无道理的猜测,往往缺乏事实根据,也不符合思维逻辑,常常表现为神经过敏、疑神疑鬼。④急躁表现为碰到不称心的事情马上激动不安,缺乏耐心、细心和恒心,说话办事过快,竞争意识过强,情绪常处于紧张状态,往往因此忙中生乱。⑤忌妒表现为因他人在某些方面超过自己而产生不快甚至痛苦的情绪体验,它是自尊心过强的一种表现。

(五)挫折问题

从某种角度而言,人的一生就是不断化解挫折、战胜困难从而获得发展的过程。如果缺少挫折与困难的历练,就意味着没有触及学生成长的关键,所以,大学生遭遇挫折与困难未必是一件坏事。所谓挫折,就是指人们在某种动机的推动下,在实现目标的活动过程中,遇到无法克服或自以为无法克服的障碍和干扰,使其动机不能实现、需要不能满足时,所产生的紧张状态和情绪反应。大学生遇到的挫折与大学生自身特点和生活环境密切相关,具有鲜明的特点。

人际交往方面的挫折。大学是一个集体生活的环境,同时也是一个竞争激烈的环境。人际关系紧张、敏感已经成为困扰大学生的一个不容忽视的问题。大量事实表明,大学生在人际交往过程中遇到的挫折已成为诱发大学生心理问题的首要因素。

专业学习方面的挫折。大学学习环境不同于中学,部分学生常因学习动力不足、学习兴趣不浓、学习方法不当等原因导致学习成绩不理想。学业问题极易使大学生产生受挫感,从而导致学生学习信心缺乏,由此形成恶性循环,产生挫折心理。

经济困难方面的挫折。来自经济和家庭的压力及内心的自卑,致使一些家庭经济困难的大学生变得敏感多疑、自尊心极易受伤害,因而产生消极、敌对的情绪。

就业、择业方面的挫折。大学是为职业生涯打基础的阶段,当代大学生在面临价值多元的选择时,也面临着激烈的竞争,无论是普通学生还是品学兼优的学生,都深感就业压力,有可能产生心理失衡。

对于大多数学生而言,挫折对人的影响是暂时的,经历挫折反而能使学生成长。但少数学生,尤其是当学生遭受多方面挫折时,就有可能对学生产生消极影响。

三、大学生心理健康教育工作开展的方法

(一)开展大学生心理筛查工作,建立大学生心理档案

开展大学生心理筛查工作,具有重要的意义。首先,通过心理问题筛查,能够科学、有效、及时地筛查出有潜在心理问题的学生,并对问题较为严重的学生进行跟踪和帮助,从而提高工作的针对性。其次,心理筛查能够帮助辅导员科学地掌握大学生心理问题的特点和规律,明确大学生心理健康工作的目标和重点,从而提高工作的有效性。最后,通过心理筛查,建立完整的学生心理档案,为研究大学生心理发展规律提供依据,为开展心理咨询工作提供参考,从而提高工作的科学性。大规模的心理筛查实际上也是一种心理健康知识的普及和宣传,在新生入学时开展筛查工作,效果更佳。

心理筛查是一项专业性较强的工作,须由掌握一定心理测验知识的专业人员负责实施。心理筛查的方法很多,不仅可以采用心理社会学的访谈法、观察法、阅卷法、评定法、情景法,还可以采用医学的健康史报告、生物检测法等。每一种方法都有其优点和缺点,所以在实际工作中,

往往以问卷法为主、其他方法为辅结合使用。

目前,在高校大学生开展心理筛查和心理档案建立时,主要的测量工具包括:自评量表(SCL-90)、卡特尔十六种人格因素问卷(16PF)、大学生人格问卷(UPI)、艾森克人格问卷(EPQ)等测量问卷。另有自评抑郁量表(SDS)、焦虑自评量表(SAS)、一般能力倾向成套测验(GATB)等问卷可用来有针对性地开展相关心理健康工作。无论采取何种工具开展心理测验工作,一般应遵循如下顺序:在学生中开展心理健康知识的宣讲→说明与心理测验相关的问题→开展心理测验→测验结果分析→建立心理档案→问题学生分类→有针对性地开展心理健康教育工作。

(二)举行心理健康教育活动,营造心理健康的良好氛围

大学生心理健康教育是高校育人工作的重要组成部分,在第一课堂和第二课堂开展心理健康教育活动对于营造良好的心理健康氛围具有重要意义。首先,开设心理健康方面的课程,将心理健康教育内容纳入教学体系,以必修课或选修课的形式,推进大学生心理健康教育工作的制度化和规范化。其次,举办有针对性的心理健康讲座和宣传活动。鉴于大学生心理问题存在一定共性,可适时聘请有关专家举办心理健康讲座;根据学生需要开展有针对性的工作;通过橱窗、海报、网络等媒体开展心理健康的宣传教育活动。既要在学生中普及心理健康方面的理论知识,又要教会学生处理问题、调适心理和管理压力的技巧和方法。最后,结合主题教育活动,营造健康活泼的人文氛围。辅导员不仅要在班级中营造良好的学习氛围,也应创造机会、搭建平台,鼓励学生积极参加各种社会活动,促使学生在实践中丰富生活体验,增加社会阅历,从而不断改善人际关系,提高受挫能力和社会适应能力。鼓励学生积极参加体育锻炼,促进学生身心健康发展。运动不仅可使人体质增强,还可促进大脑五羟色胺的分泌,使人产生兴奋感和愉悦感,从而降低心理问题的发生率。

(三)开展心理咨询,为大学生提供专业的心理咨询服务

辅导员应以科学、理智的态度对待学生遇到的心理问题,当发现学生的心理问题时,应主动、积极、及时地让学生到学校心理健康教育或心理咨询机构,由心理专业人员进行心理咨询和心理治疗。

心理咨询不同于一般的谈心、开导和劝慰，是一项专业性较强的工作。一个完整、有效的心理咨询案例，一般包含这样的一个过程：建立咨访关系→收集资料→澄清问题→确定目标→制订方案→实施行动→检查反馈→结束巩固。其中，咨询师与学生建立良好的咨访关系，形成积极的治疗联盟，这是心理咨询成功的关键因素。整个咨询过程中，咨询师应严格遵循客观中立、绝对保密（除有生命危险外）、帮助自立、时间限定、关系限定的原则，与辅导员的谈心存在一定的差异。针对不同的问题，依据不同心理学理论，咨询师会采取不同的心理咨询方法。目前主要的咨询方法分为精神分析、行为疗法、认知疗法、家庭疗法、催眠疗法、森田疗法等，它们的共同特点是帮助求助者改变认知、调整情绪、矫正行为。

心理咨询主要有以下几种形式。个体咨询，是求助者与咨询师一对一的咨询，是心理咨询的最主要形式，具有保密性和针对性强的特点，咨询师可以全面观察和了解来访者，来访者能够充分倾诉、深入分析。团体咨询，又称小组辅导，是咨询师对数个有类似心理问题的来访者就共同关心的问题进行咨询的方式，以10人左右为宜，具有效率高、见效快的特点，同时也因保密性和针对性不强而受限。电话咨询，具有方便、迅速、及时和保密的特点，对于不愿到咨询室面询的来访者较适用，但也限制了咨询师直接观察来访者的状态。网络咨询是指来访者通过网络以语言、文字、图片方式与咨询师进行交谈，因其迅速、便捷、及时等特点，逐步取代了书信咨询，但也受到文字表达和理解能力的限制。在实际工作中，常常采用多种咨询形式结合的方式。

心理咨询一般具有四个方面的功能：治疗功能、保健功能、教育功能和发展功能。针对大学生的特点，大学生心理咨询强调发展性咨询模式，主要帮助大学生得到充分发展，扫除他们正常成长过程中的障碍。

（四）通过家、校联系，拓展心理问题应对的空间

现代心理学的研究结果证明，家庭环境（如家庭人际关系、父母教育方式、父母人格特征）对人的一生都有重大的影响，特别是在人格形成阶段对人的一生都影响深远。在大学生的各种典型心理问题中也常常可以看到家庭影响的痕迹。如溺爱型家庭环境成长的孩子往往利己、骄横、情绪不稳；专制型家庭成长的孩子常常表现消极、懦弱。了解学生的家庭成长环境对于辅导员识别和诊断学生的心理问题提供了重要的信息,也为辅导员开展心理健康教育研究提供了重要的视角。鉴于大学生所受的家庭教育方式多以主动保护、积极干预为主,辅导员与学生家庭保持必要的联络是做好大学生心理健康工作的重要手段。与学生家长建立常规联系,及时与家长沟通学生在校期间的各种表现,有利于为学生建立广泛、稳固的社会心理支持系统,使学生明白学校和家长对学生成长、成才的共同愿望和期待。很多辅导员会在每个学期向家长寄送学生的成绩单、学生获奖学金的喜报、家庭经济困难学生获助学金的通知等信息,但与家庭事事沟通,也容易让学生产生逆反心理,尤其是学业受挫学生,因承载着家庭的未来和希望,常常不愿让父母知道自己的状况。辅导员在具体工作中应保持适度原则,先了解学生问题的严重程度,既要尊重学生的意愿,又要争取家庭的支持。

第五章 新时代高校辅导员履职体现——班级管理

第一节 辅导员班级管理工作的方法及意义

一、重点人群重点关注的方法及其意义

关注重点学生是每个辅导员工作的重中之重，每个同学被重点关注的原因也是多种多样，可以在工作中建立一个重点关注同学的记录表，并详细分类：如行为关注、思想关注、身体关注，并仔细标清楚该生的家庭及被关注的原因等情况，每周辅导员要在这个表上更新一次重点关注学生的现状。与此同时，每个重点关注的同学都要有自己单独的档案，记录书记和辅导员定期谈话时间、内容等情况都会反馈给心理健康中心并放进档案里，方便以后查看。在处理重点关注学生问题的同时，努力帮助他们找到自己的兴趣所在也是一个行之有效的好方法。抓两头、带中间一直是笔者秉承的带班方法，如何让后进的学生积极向上，除了周围好学生的影响，还需要辅导员不管遇到什么样的情况，都要持之以恒地帮助学生、设身处地地解决他们的问题，不仅让他们会更加开心、更加安心地在学校学习和生活，家长也能放心把孩子交给学校，而作为辅导员，也能更坦然地面对自己的良心和职业操守。①

二、班级制度化建设的方法及其意义

管理一个班级，制度化建设不能少，最重要的一点就是做好规范性工作，把人性化和制度化相结合。制度化方面主要体现在以下方面。

第一，查课机制。除了每天利用监控自查，还要去书记办填查课表，

①王丽婷．辅导员在大学教育管理工作中的地位和意义探讨[J]．中国教育技术装备，2017(10):26-27.

把应到人数、实到人数、缺席者的名字、原因及去向都要在表上填清楚，并跟踪到位，书记也会按时检查。除了上午八点半、下午两点半的监控查课，也要不定时地在课中进行实地抽查，这样能减少逃课现象的发生，逃课的一律按照旷课处理。

第二，查寝机制。三道查寝机制保证了每个学生的安全：①周日到周四晚定点让每个学生到教室签到；②九点到十点利用新媒体手段查寝，每晚指令不同，让寝室的学生按照当晚的指令拍照；③有针对性地抽查，针对特殊关注的人群，不定范围地到寝室抽查。人性化管理主要针对的是学生生活方面，在保障学生人身安全的前提下，鼓励学生参加各种活动是人性化管理的重要表现手段。

除了这些之外，更重要的是了解班里的每个学生，了解他们的心理及生活动态，有意识地和自己的学生谈心聊天，并与家长沟通孩子最近的动向，这是辅导员日常工作中不可缺少的一项。从一个更宏观的角度帮助学生找准自己的职业规划，是优秀辅导员的职责之一。除了日常工作之外，要不断地加强辅导员自身的学习，现在的学生更独立、更敏感，也更有自己的思想，学生在进步，辅导员也面临着各种新问题、新状况，最根本的解决方法，则是在日常工作中积累经验的同时不断提高自己的职业素质与修养。

以辅导员作为高校学生工作者和管理者的学生工作体制，在我国已存在多年，辅导员作为学生思想和行为上的领路人，肩上责任重大，辅导员工作的质量对学生的成长有重大影响，运用行之有效的方法是辅导员工作的必由之路，而辅导员在思政教育上也应采取多方位、多角度的工作方式，以此促进学生思想、政治、体育、美德方面的健康和全面发展，成为国家之栋梁，民族之希望。

第二节　主题班会的开展

一、主题班会概念与内涵

（一）何为主题班会

关于何为主题班会，不少专家学者对此做了学理上的研究，在基本概念上形成了大同小异的表述,而在班会的具体内容和设计评价上出现的不同表述则较多。综合看,就班会的内涵来讲,基本上形成了三个共识点:鲜明的主题;以班集体为单位;形式多样。如李树琼、杨春华在《充分发挥主题班会在社会主义核心价值体系教育中的作用》文中指出,所谓主题班会,是有鲜明主题的、以班集体为单位进行的思想品德教育活动。它是班级管理的重要形式,是班主任对学生进行集体教育的有效手段,是学校开展德育活动的重要方式之一,同时也是学生施展才华的重要舞台。仇志熠认为,主题班会是围绕某一主题召开的班级会议,它是一种常见的班会类型。主题班会除了具有主题鲜明、目标明确、形式多样生动活泼、务实高效的特点外,同时还具有培养能力、锻炼意志、增长知识、强化学生政治思想、进行道德品质教育的作用。主题班会能充分发挥集体的智慧和力量,让个人在集体活动中受教育、受熏陶,从而提高综合素质。夏羽认为,主题班会是在辅导员的指导下,由班委会组织领导而开展的一种自我教育和自学成才的活动,是辅导员对学生进行思想教育的一个重要途径。

主题班会是相对于临时班会、例行班会而言的,不是对突发事件的简单会议布置和传达,也不是常规工作的例行开展,而是突出"主题",由此通过主题引领,提高班级学生的思想认识,是普通班会的价值深化和升华。要厘清主题班会的概念或者内涵,首先要分析概念的关键词"主题",也就是说作为辅导员开展思想政治教育重要手段和方式的班会,依托班会的特设"主题",更能聚焦班级同学此时、此地、此景的"状态"。这种"状态"体现于学生的学习、生活、心理等各个方面,有可能是显性的,也有可能是隐性的;有可能是个别的,也有可能是群体的;有可能是历史原因造成的,也有可能是突发因素诱发的。针对班级学生中的"状态",辅导员就要因事而化、因时而进因势而新,及时、主动、有效地设计"主题",由此推进思想政治教育工作的入耳、入脑、入心。

当然,选定主题就意味着要有明确的教育目标、教育活动方案和计划。同时为了突出主题班会的聚焦性,主题必须是围绕一个来展开的。假如主题或者内容过散,就会冲淡主题班会开展的意义。这里必须强调指出,辅导员的工作性质是由辅导员职责决定的,因此,主题班会的思想政治教育价值必须得到彰显,不能让事务性、烦琐性的日常工作布置替代主题班会的内容。因此，主题班会一是来源于需要。既是教育的需要，也是学生成长成才成功的需要。这是主题班会召开的必然性。二是主题班会要承担教育的价值引领。学生通过参加主题班会得到教育和提升，通过主题的熏陶和参与能加深对现实世界和精神世界的认知。三是主题班会是一项系统性、连续性、创新性统一的工作。不能一蹴而就，更不能忽视主题班会后的效果评价。主题班会根据内容、性质、开展情况等可以一次展开，也可以多次连续展开。具体的展开次数和时间间隔要根据实际情况来确定。四是辅导员的胜任力是开展主题班会的一个重要条件。在主题班会的主要关系中，辅导员是主导、引导的作用，学生是主体、参与的角色。因此，在主题班会开展过程中并不是辅导员"包干"，从头到尾，一个人唱"独角戏"，而是要引领每个学生都积极参与其中，让主题班会成为学生的"大合唱"。

主题班会是常见的思想政治教育的形式，集传递通知、主题教育和管理等各种功能于一体。但现实工作中主题班会往往因为各种原因如形式单一，场地单一，内容枯燥等，有时流于形式，有时不能起到期待的效果。如何让班会"老瓶装新酒"再次焕发吸引力和感染力呢？有了辅导员的"导"，学生的"心"就得到了教育，原先看似枯燥的说道在主题班会的情境中也变得那么顺其自然。

由上面的分析，我们可以对主题班会做一个概念界定：主题班会是在辅导员主导下，班级全体同学共同参与，围绕一个主题进行的一种有目的、有组织、有计划的教育活动，这种活动是教育性群众性、系列化的统一，最终目的是提升学生思想认识，转变学生思想观念，促进学生成长成才成功。

（二）主题班会的主要特点

1.内容针对性强

主题班会区别于一般班会的最大特点就是主题突出，内容明确，带有明显的指向性和导向性。辅导员召开主题班会不是就班级管理中的一般问题泛泛而谈，而是聚焦问题，围绕主题策划设计及实施开展教育教学活动。在高校，思想政治理论课的课程设计趋于相同，主要是针对低年级学生开设，学生在大一、大二年级时开设思想政治理论课，但到了大三、大四就没有类似课程了，学生的思想政治教育开展就变得相对零散和松散。思想政治理论课的课程没有根据各年级学生的特点、专业特色、学生知识结构的不同来设计教学内容,缺乏针对性。党团活动社会实践是高校思想政治教育的有益补充,但活动内容雷同,活动频次比较低。同时,学生在大一、大二时处于大学生活探索期,参加活动积极踊跃。到了大三、大四时,他们开始为就业考研深造等现实问题所困惑,对于校园活动已经兴趣索然,活动教育价值也逐渐缺失。主题班会与此不同,它根据大学生身心发展的特点和规律,从大学生入学到毕业会有不同的关注重点。如在大一入校后,在学生中开展以适应大学生活教育、树立理想目标教育为主的主题班会;大二以友谊、爱情、人际交往指导,心理健康教育为主;大三以专业课的学习指导为主;大四则以考研、实习、求职应聘为重点。这些内容适应了不同阶段、不同年级学生的身心发展及现实需求,有较强的针对性。①

2.形式灵活多样

全国范围内辅导员职业技能比赛中的主题班会开展形式可谓多姿多彩。有的主题班会开展在教室,有的主题班会开展在革命圣地;有的采取榜样示范的方法,有的采取现场辩论讨论的形式;有的进行视频互动,有的利用模拟角色扮演的方式。主题班会多样的开展形式,使得主题班会的吸引力、教育力大大增强。

主题班会在教学形式、教学手段等方面几乎综合了思想政治理论课、团学活动和社会实践等教育手段的优势。在开展主题班会的过程中,辅导员可以利用现代网络、媒体技术做理论宣讲、案例分析,学生可以自主讨论、辩论。根据班会主题的不同,可以通过文艺表演、才艺展示开展,也可以通过社会实践、公益活动、社会调研等形式开展。总之,主题班会形式的灵活和多样,是思想政治理论课、党团学活动、社会实践活动所不具备的,它满足了当代大学生身心全面发展的需要。

3.参与的多边性

所谓多边性,就是指在主题班会的设计中,辅导员充分信任学生、尊重学生,给予他们思考、表达探索、创新的机会,积极引导学生参与主题班会的设计,充分发挥他们的积极性、主动性,从而转化为自我教育能力,进而使主题班会更加贴近学生、贴近实际、贴近生活。开展中既有辅

①台启权. 主题班会策划方案[M]. 芜湖:安徽师范大学出版社,2018.

导员的指导,又有全体学生的参与和体验。同时,根据主题班会的需要还可邀请专业教师、校友、学生家长、社会专业人士等共同参与,实现主题班会参与的多边性,以期取得良好的教育效果。

辅导员和学生是主题班会的两个重要方面,主题班会中辅导员应充分发挥主导性,激发学生参与的主体性。另外,由于主题班会的教育内容容量相比较于一般班会要大,涉及的面就会多,因此,辅导员应积极利用各种校内外资源,有心整合,用心协调,将每一个教育资源的教育意义发挥出来。

4.浓厚的趣味性

主题班会活动应做到内容丰富、形式新颖、生动活泼。主题班会区别于一般班会或者思想政治教育活动的最大特点就是有了前期的策划准备,能在准确把握学生需求和兴趣点上多做文章。主题班会只有将道理讲好,讲到学生心坎儿上,才会起到作用。这就要求主题班会在保证班会完整性的基础上,可以多设计趣味活动环节,让学生在潜移默化中接受教育。趣味性能提高主题班会的教育效果,同时也会增加主题班会的吸引力。辅导员要将自己储备的心理学、教育学等方面的知识应用到主题班会中。趣味活动既要有趣,还要体现辅导员的职业能力,这样学生才会更加信服、信任、信赖辅导员。

在很多主题班会中,辅导员通过设定心理游戏、角色扮演等环节,调动主题班会的现场气氛。学生参与到各个环节中,亲身体验,亲身感受,在个人感官的刺激下,身心变得愉悦,辅导员的教育教学内容在学生的笑声中得以“灌输”,有意义的教育教学内容变得有意思起来。

二、主题班会开展意义

开展主题班会的意义可以从辅导员、学生两个层面来分析。因为作为主题班会的两个重要关联体,主题班会从选题策划、前期准备、实施开展到效果评价等各个环节都凝聚着辅导员、班主任、班团干部乃至每个学生的付出,因此,主题班会开展得好,一方面对辅导员职业能力提升,准确把握学生的思想状况和现实需要都会有所帮助;另一方面,通过开展主题班会,学生也会深受教育,得到锻炼,加深对各种问题的正确认识,增强对辅导员工作的认同。

(一)主题班会对辅导员职业能力发展的意义

1.以生为本,从选题上促进辅导员深入认知学生群体名

对学生群体的深入认识和了解是有效开展学生工作的前提和基础,也是辅导员职业技能的重要体现。不断了解、发现、研究,并掌握不同成长阶段学生群体的特点和需求,有针对性地对现有学生工作方法进行改革与创新,是提升高校辅导员专业职业能力的重要途径。

主题班会活动前,辅导员应充分重视主题班会的筹备策划工作。树立问题意识,根据学生工作要点、不同阶段学生群体的问题及需求进行选题,通过主题班会的组织实施,进一步激发对特定问题的持续关注,深入研究,在职业能力提升的同时强化科研意识,逐步成为学生工作某个领域的专家型人才。如针对学生诚信缺失问题,开展“诚信”主题班会;针对集体意识缺乏,班级凝聚力和向心力缺失等制约和影响班级传统功能发挥的问题,开展“班级建设与发展”主题班会等。发现问题、分析问题、解决问题是寻找主题班会主题的逻辑线路,辅导员也只有在日常工作中带着问题意识,善于发现学生、班级中的“线索”,善于转化各级机构对辅导员工作的要求,善于总结看似零散的现象,才能设计策划出好选题。

2.师生互动,从形式上促进辅导员积极培养

人际沟通能力是高校辅导员基础职业能力的重要组成部分。有效沟通,能够使辅导员与学生建立相互信赖的和谐关系,增强学生管理工作的效果,提高思想政治教育工作的实效性。主题班会能够促进辅导员认真调研、拓展,改进与学生沟通交流的方式。

在班会筹备阶段,对于主题、内容的设计,辅导员需要在学生群体中进行自下而上的调研,与学生充分交流讨论;在班会组织开展中,辅导员可以创新呈现形式,通过体验式、情景式等演绎方法提高学生的参与热情,运用多种沟通技巧帮助学生消化班会内容;在班会结束后,辅导员可利用走访宿舍、谈心谈话及问卷调查等方法掌握班会的实施效果,并适时开展相关“副题”延伸教育,强化“主题”教育实效。

如辅导员以其执行某一学校管理规定过程中与学生发生矛盾的事件为背景,策划“沟通”主题班会,邀请学生分饰不同角色,还原事件经过,并请在场同学根据情境发表自己的看法和观点。这样,通过多角度的观点碰撞,帮助同学们更好地理解学校的管理规定,学会换位思考,更体会

到良好有效的沟通对于问题解决的重要性。班会后，辅导员通过走访宿舍，与学生谈心谈话，进一步促进了学生对学校管理规定的认同，对辅导员工作的理解，也增进了彼此的情感交流。

3. 注重引导，从方向上促进辅导员形成发展型学生管理理念

伴随着学生工作环境的变化，当前学生工作的模式已经逐渐从教育—管理—服务型，向教育—管理—服务—发展型过渡。发展型学生工作理念，强调学生工作要以生为本，为学生的全面发展服务。班级是高校学生事务管理的基层组织，结合学生工作模式的变化，加快辅导员管理理念的更新是当前高校学生工作的发展趋势。

主题班会在内容和形式上，侧重解决学生的共性问题，侧重对学生的发展性辅导。如开展学业辅导、生涯辅导等，都可以主题班会为载体，以发展性辅导的形式进行。与此同时，辅导员以发展型理念为指导，积极运用职业生涯发展理论与技术，不断提高自身职业能力，强化开展大学生思想政治教育的方法论学习，增强教育的实效性。

4. 现场演绎，从过程中促进辅导员塑造个性化教育风格

高校辅导员在日常学生工作中所展现出的个人形象，直接影响学生工作的效果。辅导员的人格魅力在学生成长的过程中发挥着潜在的、无形的影响。通过人格魅力，确立辅导员在学生心目中的形象和地位，保证辅导员话语的权威性和公正性，有利于处理重大或敏感问题，从而实现和谐的师生关系。辅导员对主题班会的整体把控直接影响班会的具体实施效果。班会的呈现方式、环节设置、现场协调、主旨升华等无不显示出辅导员的匠心独具，加之辅导员自身的人生阅历、工作经验、生活感悟，辅以独特的语言风格和仪态神情，便在班会组织策划过程中形成每个辅导员鲜明的教育风格与人格魅力，既有利于营造良好的班会氛围，凸显班会的教育意义，又有利于延伸教育的开展，在学生日常生活中构建和谐师生关系，引领思想政治教育新风尚，促进学生健康成长。

（二）主题班会对学生和班级的意义

1. 主题班会教育是学生开展自我教育与自我管理的重要途径

（1）主题班会有助于提高班团干部班级管理的领导力与影响力

辅导员在主题班会的角色定位是引导，尤其是涉及时事政治类的主题班会，更需要辅导员“定调子”。但强调辅导员的主导作用，并不意味

着辅导员“全包”主题班会的各项事宜。辅导员还应重视学生干部乃至普通学生在主题班会中的作用发挥，有些主题班会辅导员可以在总体把关的前提下，让学生去开展主题班会。所以，有人形象地做了一个比喻，“自编自导自演”是对主题班会这一教育功能的形象描述。从教育主题的确定到班会开展形式的选择，从班会具体内容到参与人员的确定等，都是由班团干部一手策划组织的。通过特定有效的主题教育，班级学生或某些思想得到提高，或某种能力得到展示，或某些潜力得到挖掘，或增加了对班级同学的了解，等等。总之，他们通过特定主题，有了收获，因此也就有了对班团干部组织班会效果的认可，从而增加班团干部作为班级学生的自治组织的领导力与影响力。

(2)主题班会有助于增强班级学生自我教育、自我管理的自觉性

在活动开展的过程中，学生扮演着双重角色，他们既是台上努力表演的演员，又是台下忠实的观众。其双重角色的属性，凸显了主题班会教育中由班级学生组成的观众对台上表演者的重要性。由班级学生所形成一双双无形的“集体眼睛”不仅约束其自身的行为，而且具有很强的影响力，它们会直接影响台上表演者的行为与思想，这种影响力还会延续到主题班会结束之后的其他时间里。

主题班会最大的特点就是在情景化的场景中，通过学生自己的讲述或者聆听别人的讲述增强思想认识。在主题班会中，少了说教，多了感染；少了批评，多了引导。学生会在其中思考，我是谁、我要成为谁、我怎么成为谁等类似的问题，不经意间会将自己的思想认识、学生生活、心理状态等联系起来，自觉探索自己应该怎样做，从而达到自我教育的目的。

(3)主题班会有助于教育与引导班级特殊群体

依据不同的分类标准，学生也有很多类型：如根据学生是否有明确的学习目标，可分为“优秀学生”与“从众学生”；根据学生是否遵守纪律，可分为“遵守纪律者”与“无视纪律者”；从心理健康的角度看，又可分为“心理状况严重者”“心理问题次严重者”与“心理健康者”等。

可见，在主题班会的准备过程中，需要充分考虑不同学生群体的特点，发挥他们的特长。组织不同学生参与不同活动，因人而异，有助于发挥“优秀学生”对“从众学生”的榜样力量；有助于发挥班级凝聚力对“无视班规、无视纪律”的学生的约束管理力；有助于增强或培养“心理次健

康”学生的自信心。

2. 主题班会教育是增强班级凝聚力形成的重要纽带

(1)教育效果明显的主题班会有助于形成和增强班级凝聚力

班级凝聚力是班级实体的核心与灵魂。在学生心目中,“班级实体”是一个对其思想成长、能力培养、兴趣激发等诸多方面着实发挥作用的存在物。学生参与主题班会,能够增加对班级同学的了解、学习与交流,增强学习主动性,培养自信心等。从交换意义上看,班级活动的有效开展给学生带来了他们期望或意料之外的收获,他们就会以“认同、支持、自觉服从班级意志”等作为对其收获的回报,而这些直接促成了班级班规的有效执行,同时也促成了学生班级实体概念的形成,持续有效的主题班会有助于班集体凝聚力的形成与增强。

(2)组织有效的主题班会有助于确立和增强辅导员的教育威信

主题班会的主要引导者是辅导员。有效开展主题班会无疑增强了每个成员对班集体领导者的认可度。主题班会的有效开展直接有助于树立辅导员对班级的教育领导位置,也无形中增强了辅导员的教育威信,这对于辅导员开展班级建设与管理,增加对班级特殊群体的教育影响力具有极为重要的意义。

三、主题班会开展的基本形式

主题班会作为班级管理的重要活动,也是展示辅导员职业技能的重要平台,随着主题班会的实践不断拓展,主题班会的形式也日益多样化。多样的形式不仅适应了思想政治教育时代发展的需要,而且适应了大学生心理接受规律的需要,也促进了大学生思想政治教育的有效接受。在主题班会中,形式的采用是适时适地的,在一个主题班会中可以出现多种形式。由于实践的丰富和不断发展,笔者在此仅对主题班会开展的主要形式做一个介绍。

(一)情境角色式主题班会

这种主题班会采取角色扮演的方式,让学生分别扮演不同的角色,在特定情境中开展主题班会。很多研究表明,教育的效果不是取决于教师说了些什么,而是学生从中体验到什么,要想让学生接受教师的要求,培养学生良好的行为习惯,就必须使学生有着深刻的体验,而让学生在不同的环境下扮演不同的角色恰恰是增强学生内在体验的有效手段。这也体现了主题班会的体验性特点，学生通过自己的感官感受，以特定角色参与活动，起到了积极效果。

这类主题班会最大的特点就是有情有景有故事。情境角色式主题班会适用范围广，在思想教育引导类、感恩教育类、职业规划类、人际交往类等主题班会中都可以应用。情境角色式主题班会的情境创设有几种来源：①学生的学习生活情境再现。生活是丰富多彩的，是具体的、可感知的存在。主题班会其中重要的一点就是解决学生学习生活的实际问题。因此，辅导员要善于捕捉学生学习生活中的情景，从个性中总结出共性，在主题班会中以情景再现的方式让学生回忆，引起学生思考。这种"对号式"的情境会很直接，很生动，容易唤起学生的共鸣。②历史文献素材。中华优秀的传统文化内容丰富，种类多样，思想深邃，是我们精神的富矿。优秀传统文化中的许多文字、诗句、典故蕴含着深刻的为人处世之道等，教师要善于积累历史文献素材，包括古代的寓言故事、古典诗词、名人典故、经典书籍等，创设微情境。要做到这些，教师就要多读书。尤其是一些革命故事和事件，通过情境创设和体验，学生会有一种"身临其境"的体验，辅导员讲授的道理在学生扮演的角色中就会得到宣传，学生的认同度也会增强。③现代网络素材。随着信息技术的发展，网络信息查找更加方便快捷，信息的传递更加高效、及时。网络新闻、网络视频、网络电影、网络音乐等已然成了德育素材的材料文库。在花样纷繁的网络资料中，辅导员要根据思想政治教育的实际需求，选取适合教学、有价值的情境素材，并根据教学的需要，对素材进行筛选和编排，创设教育情境。

主题班会情境创设要能激发学生的兴趣，或引发学生的思考。因此，作为教育教学情境，选择的内容要生活化，要符合学生的心理特点，遵循学生的认知规律，贴近学生的生活实际。避免出现过于专业、难于理解的文字等情境。主题班会情境设置要有利于学生的对话与交流。辅导员创设班会情境，是在对所搜集的材料进行品读和感悟的基础之上展开的。辅导员作为情境的发掘者、编撰者，应第一时间与情境材料进行对话与交流，如"我要教什么""我采用该情境的目的是什么""学生会怎样学"等情境进行界定。然后还要"跳出来"，联系现实社会生活情境进行再次的对话与交流，精选教学素材，编写主题班会情境材料。因为对于学生而言，学生对情境是新鲜的。学生会根据自身的生活经验，已经具备的情感、态度和价值观，对情境进行分析和判断。由于学生的生活环境不同，家庭的生活环境不同，对待事物的情感价值观也不同，因此相同的情境，在认知和价值观判断上等方面容易产生冲突。在此过程中，辅导员要充分考虑到学生的实际情况，以及主题班会教学的情境设置，做到创设的情境让学生有话可说，利于学生的交流。

辅导员采用情境角色式主题班会，要在策划选题前对选定的主题进行精心的“脚本”设计，将发生的“故事”和将要阐述的“道理”有机结合起来，尤其是在学生角色扮演中要加强指导，要突出主题班会的主题教育意义，不能将主题班会变成小品表演和才艺表演。

（二）咨询答疑式主题班会

主题班会是本着问题导向而开展的，发现问题、分析问题、解决问题是主题班会开展的逻辑主线。因此，召开主题班会能为学生答疑解惑，让学生参加主题班会，有助于学生知道自己困惑的问题“症结”在哪儿，以及该如何解决。咨询答疑式主题班会多涉及学业规划、职业规划类的主题班会。大学生大多处在青春期，生理和心理的发展变化比较快，容易出现心理问题和很多困惑，青年时期是人的一生中心理问题和心理困惑最多的时期，成人的大多心理问题根源于这一时期。这就要求辅导员必须关注学生的心理问题，并针对这些心理问题设计召开相应的主题班会，帮助学生解决问题，以促进他们的健康成长。根据青年的这种现状，可以组织以咨询答疑为主要形式的主题班会，辅导员可以事先调查确定学生最关注和最期望解决的问题，将其作为咨询答疑的主题，然后积极运用朋辈教育榜样教育等方式，邀请优秀校友、知名人士等作为主题班会的嘉宾，在现场与学生互动，答疑解惑。这样有针对性的活动会及时解决学生的各种矛盾和困惑，比只有辅导员一个人讲解的情况更能提高主题班会的可信度。

这类主题班会的最大特点就是有疑问。咨询答疑式主题班会考验的是辅导员的职业能力，因此，辅导员只有不断加强自身能力建设，才能真正为学生答疑解惑。高校辅导员是一个复杂和烦琐的工作，从学生的安全教育到学生思想引导，从学生进入学校到学生步入社会，时时都需要引导管理和服务，这就要求辅导员具备较强的职业能力。辅导员专业能力可以划分为大学生思想政治教育能力、党团和班级建设能力、学业指导能力、日常事务管理能力、心理健康教育能力、危机事件应对能力、职业规划与就业指导能力等七大方面。学生工作的核心在于"人"，高校的根本在于"新"。担任高校辅导员，不仅要服务于学生，在学生与学校之间搭建良好的桥梁，更要不断地求实求新，开拓进取。笔者将关键能力设定为组织协调能力、表达能力、人际交往能力、学习能力、调查研究能力和创新能力。

辅导员开展咨询答疑类主题班会，要在班会召开前，对学生存在的问题、困惑等进行系统梳理，突出要回答什么，主要回应什么等，要做到"心中有数"。同时还要对问题分门别类，哪些是辅导员工作职责范围内，自己能很好地回答解决的；哪些是涉及学校其他部门或者专业教学问题的；哪些是涉及政策解读和价值观引导的；哪些是事务性事情办理的，等等。分好类，就能提前协调有关方参与到主题班会中来，这样，主题班会才会得到学生的积极响应。咨询答疑类主题班会开展的过程中切忌只是喊口号，提要求，不能为学生解决实际的问题。因此，辅导员召开咨询答疑类主题班会要做好各种"功课"，对应、回应好学生的问题，才会使得主题班会教育教学效果良好。

（三）专题报告式主题班会

专题报告式主题班会一般是主题比较明确、比较集中，主讲人员较为固定，具有明显的教育和导向作用，容易取得较好的教育效果。辅导员可以根据学校的教育专题以主题报告的方式召开主题班会。这种班会的特点是围绕确定的主题聘请有较强的示范性和权威性的人做报告，但是在组织这类主题班会时，辅导员要能了解和把握学生的思想脉搏，选择学生最关心的问题和渴望解决的困惑，还要选择好主讲人，因为这类主题班会的效果在很大程度上取决于主讲人的权威性和影响力，是借助于个人的影响力达到既定的教育目的的。实际上，随着对辅导员职业技能要求的不断提高，为了增强学生对辅导员的专业认同、情感认同，辅导员应该承担起专题报告式主题班会的主讲人工作，做一名"能说会道"的学生知心朋友和人生导师。

根据教育部《高等学校辅导员职业能力标准（暂行）》中提出的对于

辅导员日常事务管理能力中的标准，辅导员应该能通过主题班会、参观实践、讲座报告、交流讨论等形式开展入学教育，帮助新生熟悉、接纳并适应大学生活。能通过主题演讲、主题征文、座谈会、毕业纪念册、毕业衫等形式做好毕业生的爱校荣校教育；能为毕业生办理好毕业派遣、户档转出、党组织关系转接等工作；能通过宣讲和谈心等形式做好学生军训动员工作，指导学生积极参与军训；能组织评审各类助学金，指导学生办理助学贷款，组织学生开展勤工俭学活动，为学生办理学费减免和临时困难补助工作；能组织学生开展素质综合测评，公开公平地做好奖励评优和奖学金评审工作；能根据学校相关政策规定及社会、生活常识为学生解答一些日常问题；能指导学生依法维护自身权益；能通过召开宿舍长会议、组织宿舍文化符号比赛等形式活跃宿舍文化；能通过团体辅导、个别谈心等形式化解宿舍学生之间的矛盾。由此可见，辅导员的语言表达、报告交流等能力非常重要。能说，还得会道。要说出艺术、说出智慧、说出心扉，从而达到陶冶听者的心灵，启迪听者的聪慧，引起听者的思考的效能。能说重在说服人、感召人。我们时常会发现这样的现象：针对同一问题的谈话或者报告，有的辅导员能春风化雨，四两拨千斤；有的却话不投机，目的难以达成甚至变成对立。同样讲一个主题，有的辅导员能绘声绘色，妙趣横生，给人以享受；有的却空洞无味，令人昏昏欲睡。这是何故？其中很重要的一条，不仅与辅导员是否遵循学生本身的思想活动规律有着很大关系，也与辅导员本身的语言表达能力相关联。

辅导员组织专题报告式主题班会，要循序渐进，牵人以心。人的思想和听的能力是有层次性的，辅导员应根据不同层次群体的具体特点，选择不同的语言表达方式，包括说的内容、说的声调、说的节奏等。说话要由浅入深，要具有同理心站在学生的角度思考问题，不刻意追求引经据典。教育要启人以思，留有余地。思想政治教育工作是“互动”的过程。在这个过程中，辅导员不要马上把自己当作教育的主体，把受教育者认作客体，因为主体和客体往往都是相互转化、相互影响、相互制约的。要把思考的主动权交给学生，不要一味牵着学生的鼻子走。在召开专题报告式主题班会时，辅导员不要一味自己说，而不给对方说的机会，更不要把话全部说完，应做到点到为止，给对方留有思考的余地。世界上最好的教育在于“身临其境”四个字。教育者的任务是点燃人们智慧的火花,站在对方的角度思考问题,学生自己找到正确的方向,才能更深刻地理解问题。

(四)纪念式主题班会

一年之中,富于教育意义的节日、纪念日等比较多,这是对学生进行传统教育和爱国教育的良好契机。抓住这些节日、纪念日等,组织主题班会,意义明确。举办这类班会要注意与学校的德育工作全力配合,且要适应当前形势,结合班级的具体情况和节目的性质特点,根据学生心理需要或联欢或座谈,使学生获得新的体验和感受,乐于参加,教育成果才能明显。

利用各种节日、纪念日等开展主题班会可以起到“以文化人”的作用。节日是人类社会生活的一种重要文化现象,是人类社会发展到一定阶段的产物。我国古代产生了众多的传统节日,很多节日都流传至今。与今天日常生活息息相关的传统节日有春节、元宵节、清明节、端午节、中秋节、重阳节,等等。这些节日都有着悠久的历史渊源,形成了众多的节日礼俗,其核心内容总体上体现着中国传统文化中的儒家文化精神,注重伦理道德,重视亲情和孝道,所承载的文化观念和民族情感深刻影响了古代中国人的思想观念,一直流传至今。因此,传统节日主题教育是对大学生进行思想政治教育的有效载体,它能够凝聚大学生内在的精神力量,引导他们树立起正确的世界观、人生观和价值观。辅导员选取节日、纪念日等开展主题班会时要慎重,要对各种节日的起源、意义等清晰了解,才能充分发掘节日的育人功能。在选取传统节日作为主题班会主题时,辅导员应坚持批判与继承相统一的原则,批判与继承相统的原则其实就是要求我们在对大学生进行传统节日文化教育时,做到批判地继承传统节日文化。继承传统节日文化并不是一味地盲目继承,那样既不符合社会经济发展的需要,也不会产生良好的效应。而是要在批判的基础上合理继承,因此,辅导员在进行主题班会时要加强引导,把传统节日的发展给学生讲清楚讲明白,不可一味尊崇传统。

辅导员将传统节日等列入主题班会主题,就必须从整体性上谋划,注重各种节日、纪念日的独立性、相关性等,从系统化的角度对节日、纪念日等进行主题教育。要发挥学生的主体性,通过各种教育教学实践活动,做好主题班会的前期准备工作。各种实践性教育教学活动要突出思想内涵,并与丰富多彩的兴趣活动和文体活动结合起来,注意寓教于乐,满足兴趣爱好,使大学生在自觉参与传统节日中,思想感情得到熏陶,精神生活得到充实,传统节日文化境界得到升华。一定要注意充分利用传统节日的周期性、稳定性的特征,定期地、长效地开展系列主题班会,这样更能使大学生的思想政治教育长期不断地坚持下去,并且适应新的形势,不断创新方式、方法。常言道,"实践出真知",所以通过一些亲身经历的活动,切切实实地将传统节日的文化精神领悟到心中,不仅能增强学生对传统节日的认知,而且能增长学生的实践能力,更重要的是,体会到传统节日文化的深刻内涵,可以让大学生对中华优秀传统文化有所热爱和弘扬。

(五)经验交流式主题班会

学生在校期间的主要任务是学习,学生学习成绩的提高和能力的培养,离不开好的学习方法。而学习方法和思维方法的掌握,除了靠学生自己的摸索和实践,也离不开教师的指导和训练。鉴于这一点,我们常利用主题班会有计划有步骤地安排学习方法专题讲座或咨询,召开学习经验交流会,让各科科代表或成绩优秀生介绍自己的学习方法,这样通过对优秀同学学习方法的借鉴,大部分同学逐渐找到了适合自己特点的学习方法,不少学生的学习成绩也有了提高。从我们的经验看,这类班会放在考试前进行效果较好。

很多高校社会实践活动日趋丰富,辅导员应利用社会实践平台,挖掘其中的育人资源,以主题班会的形式组织学生开展经验交流和成果汇报,让学生感受其他同学的所感、所想和所获。同时,让学生走出课堂,到社会生活中,到人民群众中去,了解采访新人新事,能帮助学生开阔眼界,明辨是非。社会调查要组织学生有序进行,要根据调查目的,帮助学生拟定好调查提纲,联系好调查单位和对象;调查结束后应指导学生写出调查报告,组织好主题班会交流。我们在组织学生参与社会实践活动时对学生提出了要召开成果汇报式主题班会的要求,要求学生不仅要积极参与活动,回来后还要有成果,有体验。在这样的班会中,学生汇报了在调查中的发现,参与活动的体验,展示了自己取得的成果。通过彼此之间的交流和成果的展示,增强了学生的自豪感和成就感，激发了学生参与这类活动的积极性。社会实践活动由于强化了学生的内在体验，从而培养了学生的社会责任感，为学生的未来发展奠定了基础。

经验交流式主题班会实际上采用的是学生朋辈教育的方式。朋辈教育是具有相似年龄、生活背景、爱好兴趣的一类人通过各种信息的交流从而实现自我教育的过程。传统的大学生思想政治教育主张对大学生进行群体自我教育，认为榜样的力量是无穷的，朋辈教育也认同这一点。大学生朋辈教育是对大学生群体自我教育和榜样示范教育的更深层次研究和拓展，朋辈教育更加注重学生的特点，关注教育的新方法，探索更适合大学生自身特点的教育方法。大学生朋辈教育是对高校思想政治教育实施方法的补充，主张使用朋辈自身的力量，在大学生中通过心理辅导教育、日常生活等形式开展教育，有助于朋辈受教育者在入学适应、日常交流、能力提高、求职就业、心理卫生等方面获得较大的提升，从而创造大学生之间互帮互助、助人者自助的氛围，为推动思想政治教育的发展提供新方法。在大学生朋辈教育的开展过程中，教育者和受教育者都是大学生，相互之间地位平等，易于沟通和相互作用，可以自由选择活动方式，因此，在采用经验交流类主题班会时往往气氛会比较活跃，学生的参与积极性相对较高。辅导员要在尊重学生的基础上，引导学生，启迪学生，把握好主题班会的走向。同时，还要在班会举行前对典型发言交流的学生稿件进行审定，从内容的导向性、文学性等方面把关，提升学生交流发言的质量，促进学生之间的正能量交流。

（六）才能展示式主题班会

主题班会的主体是学生，而大学生处于青春活跃期，希望被肯定，希望有展示才能的舞台，为此，辅导员应该审时度势地根据班级学生的实际情况，开展才能展示式主题班会。开展才能展示式主题班会，不仅调动了学生参与班级管理的积极性，而且增强了学生的自信心和荣誉感。培养学生的自信心是辅导员工作的重要内容，但学生的自信心的培养又不是一朝一夕就可以实现的，需要辅导员能在平时注重营造各种机会，让学生体验到成功，增强学生的自豪感。为此，在充分了解每个学生特长的基础上，我们经常组织以才能展示为主题的班会，班会大多以擂台赛为形式组织，把班级的学生随机或自由组合成各竞赛小组，通过打擂的方式展示,以小组的成绩作为评奖的依据,这样的班会不仅使每一个学生都有了成功的可能和展示自己的空间,也有利于培养学生的合作意识。

才能展示式主题班会应抓住大学生具有较强的好奇心和探究欲的特点,调动学生的参与性,因为主题班会教育活动的效果在一定程度上取决于学生的参与程度,形式新颖、娱乐性强的主题班会往往能够满足大学生的好奇心,调动起学生参与活动的积极性。因此,可以设计一些娱乐表演式的主题班会,将深奥的教育道理寓于活泼轻松的游戏之中,使学生在不知不觉中受到教育。即使是严肃的主题也可以在不偏离主题的情况下,让学生采取自编小品、合唱等形式进行组织,以达到提高教育效果的目的。

开展才能展示式主题班会使得主题班会的趣味性充分加强,尤其是学生的主体性在此类主题班会中得到最大程度的发挥,因此受到广大学生的喜爱。从组织开展才能展示式主题班会的实践效果看,为了更好地推进主题班会进程,取得积极教育效果,辅导员应该注意以下几点。

第一,要明确才能展示式主题班会的教育价值。才能展示式主题班会不能取代班级的日常文娱活动和一般意义上的集体活动,而是通过学生才能的展示映射出主题班会的主题,也就是说一个个才能后面有着辅导员的设计。什么样的才能得以展示;展示后给学生的启示是什么;辅导员如何将一个个才能展示有机串联,使之成为有机整体,而不至于成为"大杂烩",这些都需要辅导员通过前期的主题班会选题策划及进展中的项目设计等环节予以把握。

第二,要关注班级学生的参加状态和把控班会现场气氛。从主题班会的主题实现,主题班会开展时间等出发,在才能展示式主题班会中进行才能展示的学生可能不会包含全部学生或者在团队项目中有些学生并非"主角",这就需要辅导员从尊重学生、爱护学生的角度出发,平衡好参演学生与非参演学生的关系、主角学生与配角学生的关系、个人项目学生与团队项目学生的关系等,让进行才能展示的学生尽情地施展才艺,表达情感;作为观众的学生也能开心地观看同学们的才能展示,表达敬意。

(七)专题辩论式主题班会

主题班会主题的选定可以具有冲突性和冲击力,即主题班会选题中可以选用一些大学生喜欢争论、辩论、辩说等的主题,从而通过学生产生多方力量，对主题展开深入交流。因为大学生喜欢辩论，通过辩论也可以使学生辨清一些问题。因此，可以针对学生易混淆、理解不深的问题设置专题，将班内的学生分成正反方进行辩论。即采用大学生辩论会的流行形式，选定口才好的同学当主持人，宣布注意事项、正反双方辩论题及代表，让双方各自阐述自己的观点，围绕本方的主题同对方辩论，最后，各方派一名代表做总结。这种形式所涉及的论题都是学生非常感兴趣的，也是他们平时讨论的热点问题。辩论使学生弄清楚了那些容易混淆的敏感问题，也培养了学生是非分明、立场坚定、逻辑严密、论证充分的世界观和思维方式，提高了学生的口头表达能力。由于这种类型的班会将知识性与趣味性融合在一起，大大激发了学生的求知欲，因此可以使学生在欢乐轻松的气氛中受到教育。

专题辩论式主题班会的开展不仅局限于辩论会式的开展，辅导员可以根据选定的"辩题"情况决定开展方式。如可以仿照中央电视台的"实话实说"形式召开主题班会，围绕学生普遍关注的热点问题，通过学生之间的相互交流、讨论及教师的点拨来提高学生的认识问题和分析问题的能力。比如，以学习成绩与家教为主题的"实话实说"，就是让一些同学用自己的亲身体会共同交流、讨论，使大家一致认识到学习成绩的好坏与请家教没有必然的联系，学习成绩的提高与建立自信心关系重大，当然这其中必不可少的是敢于提问，勤于努力，独立思考。这样的班会形式简单，以"聊"为主，学生通过愉快的交谈，达到自我认识、自我教育、自我提高的目的。

专题辩论式主题班会选定的主题要具有可辨性，同时也要提炼辩题的教育价值。实际上，专题辩论式主题班会的主题往往是一个问题的两个方面，两个方面统一于一个问题。而辅导员通过分设主题，将主题一分为二，有意让学生"片面"地论述自己所在方的观点，在一来一往中，学生之间达成共识。开展此类主题班会，要求辅导员具有较强的思辨能力和良好的哲学思维，能辩证地看待问题、处理问题，辅导员自身首先不能对主题认识片面，否则主题班会就会偏离教育方向。还有一点就是，专题辩论式主题班会要求辅导员对班会进展的把控能力要强，在学生的辩论中，辅导员要能及时抓住学生对问题的各种看法，及时进行点评，从而保证主题班会的顺利进行。

辅导员开展专题辩论式主题班会首先要加强对学生的策划指导能力，尽管是辩论，但专题辩论式主题班会不等同于学生校园文化中开展的辩论赛，因为在校园文化中的辩论赛，学生所在的辩论双方要唇枪舌剑，针锋相对，语言犀利地对辩题展开辩论，要真正一决高下，决出胜负的。而专题辩论式主题班会是通过辩论，澄清误区，加深认识，增强认同，促进友谊，不是竞赛类的辩论。因此，辅导员要在主题班会实施前明确好班会的指导思想，并能明确地传达给学生，让学生明了此辩论非彼辩论，从而在辩论语言用词和辩论技巧运用等方面有所差别地去选用。另外，专题辩论式主题班会对场地的要求较高。辅导员要从主题班会的效果出发，引导学生温馨设置主题场景，尽量使得现场布置能体现人性化、平等化，能让学生通过现场的布置感受到一种教育的温度，即让学生在“辩”的气氛中感觉到“暖”，感觉到自己是主题班会的主人。

四、主题班会开展办法

（一）选好主题，确定方向

主题是班会的核心，选择主题是开班会前要解决的首要问题。大学生活较高中生活而言，形式、内容更加丰富，除学习外，社会形势、学校活动、生活问题、实事热点等，都可以成为很好的班会主题素材来源。要在合适的时机选择恰当的班会主题，首先，辅导员要做到心中有学生，经常了解本班情况，掌握第一手材料。其次，辅导员要对学生思想实际及班级存在的主要问题，用心思考，抽象概括出具有普遍性、现实性、启发性、对学生思想行动起重要影响作用的问题来组织班会活动。同时，要找出理论性较高、说服力较好的思想材料，来感染、震撼学生的心灵，以促进班级朝期望的方向健康发展。在学校整体的规划下，班会的主题也可以适当根据班内的实际情况来定。

辅导员工作实践中要根据班级和学生的具体情况有针对性地选取主题。那么，辅导员应该如何选择主题？笔者认为，可以借助中医学的“望闻问切”四步法发现主题，确定方向。

1. 望而知之谓之“神”——勤于观察，察言观色

辅导员在开展工作的时候要进行细致的观察，观察得越细致，就越能

全面地认识学生。校园、教室、宿舍和餐厅都是学生的活动场所,要进行重点关注,随时掌握学生的发展动态。

走进校园,了解学生的思想情况。校园是学生开展活动的主要场所,最容易暴露学生的一举一动,有利于辅导员把握学生的思想发展动向。所以辅导员要走出办公室,到校园中去,到学生中间去,针对不同层次、不同年级、不同专业的学生,采取不同的方法,了解他们对党和国家政策的认识和理解,对时事政治的关心程度,能否正确地处理好集体和个人之间的关系。

走进教室,了解学生的学习情况。教室是学生学习的地方,辅导员只有到教室去才能了解学生学习的真实情况,了解学生对知识的掌握程度。辅导员到教室去,重点要看学生的精神状态是否良好,上课能否集中注意力等。

走进宿舍,了解学生的生活情况。宿舍是高校办学条件的重要组成部分,是学生在学校的"家",是培养大学生的重要阵地,辅导员只有深入宿舍才能看到学生最真实的一面。

走进食堂,了解学生的饮食情况。食堂关系学生的日常生活,进而影响到整个学校的有序运行。辅导员应去学生餐厅看看,多关注学生的就餐情况,让他们既能吃饱又能吃好,同时也要让他们养成勤俭节约的良好习惯。

2.闻而知之谓之"圣"——善于倾听,博采众长

"闻"就是要倾听学生的声音。辅导员要经常听一听学生的回答、困惑,以及学生内心的呼声。这样不但能够增进师生之间的了解与情谊,而且能使辅导员变得"耳聪目明"。但是,在这些声音当中难免存在一些不足的地方,所以要进行适当地筛选,去伪存真、去粗取精,从而为自己的工作提供必要的参考。

要听一听学生的回答。如果辅导员能够经常去听课,认真倾听学生的答案,就能快速地掌握学生上课的效果,对于那些观点独特、见解独到的学生要重点观察,客观公正地进行评价,鼓励他们勇于站起来回答问题。

要听一听学生的困惑。辅导员要动员学生把自己的问题提出来,因为只有将问题提出来了才有可能得到解决。对于提出问题的学生要给

予充分的肯定，让他们敢于问、善于问、乐于问，从而不断提高学生的开拓创新和逻辑思维能力。

要听一听学生的建议。辅导员一定要善于倾听学生的建议，从中吸取一些合理的东西，以便改进自己的工作，更好地为学生服务。

要听一听学生的意见。辅导员不但能听得惯“甜言蜜语”，也要听得进“忠言逆耳”，只有这样，才能得到其他老师和学生的认可，出色地完成工作，不断地发展和提升自己。

3.问而知之谓之“工”——精于设问，梳理成档

面对面地与学生进行交流，通过仔细询问才能迅速地找出工作的重点，真正做到在思想上尊重学生、感情上贴近学生、生活上关心学生。而询问或者是提问的时候要注意方法和技巧，让学生愿意吐露心声，把自己的真实想法讲出来。对于收集到的问题一定要认真整理，使之及时得到解决。

精心设计问题。辅导员在讲课或者是开班会的时候要善于设计问题，给学生以充分的思维活动空间，提高学生的学习兴趣和积极性，引导学生认真思考、扎实训练，养成“打破砂锅问到底”的习惯，在兴趣中不断进步，获取更多的知识。

注意提问的技巧。辅导员可以定期与学生家长取得联系，了解学生的脾气性格、个人喜好、生活习惯等方面的信息，做到“知己知彼，百战不殆”。既不能问得太直接，那样就会让学生产生警觉心理；也不能问得太含糊，让学生不明白你到底在问什么。辅导员可以抛砖引玉，先讲一讲自己大学期间的情况，营造良好的氛围，让学生愿意敞开心扉，吐露自己真实的心声，使问题得到圆满的解答。

收集学生反馈的问题。学生的反馈信息在学习、教学、生活等各个环节，会以不同的方式和内容展现出来，辅导员应该细心地去发现、挖掘、过滤和筛选，对有价值的信息要及时捕捉并做好记录。

对问题进行分类和总结。辅导员对捕捉和收集到的问题，要按一定的原则进行科学分类、整理成档，包括思想方面、学习方面、生活方面等。总结是对工作的回顾，总结问题并提出解决问题的方法是最终目的，所以对于分类之后的问题要认真地进行总结，并有针对性地解决，争取每一个问题都能够得到及时的答复。

4.切脉而知之谓之“巧”——敢于“下药”，多管齐下

标本兼治切脉要切准，医病要对症。辅导员在解决学生存在的问题时要有一种创新精神，“多管齐下”必然会收到良好的效果。注重细枝末节的“小”，更要从更高的层面上进行正确的引导，包括树立正确的思想观念、主动学习的能力、动手的能力，以及良好的生活习惯等。

加强思想政治教育。辅导员要对学生要进行理想信念教育，让他们树立远大的理想和长远的目标；进行形势与政策教育，让他们关心国内和国际重大事件，具有政治敏锐性；进行党的理论知识教育，让他们了解党的光荣历史和辉煌岁月，学会用马克思主义来指导和武装自己。

强化正确的学习观念。辅导员要及时给予学生关于学习方面的指导。平时更是要严格要求，对学生进行适当的监督，起到巩固和促进的作用。通过这一系列的措施帮助学生树立正确的学习观念，培养学习兴趣，激发学习热情。

增强实践动手能力。辅导员要对学生进行正确的引导，让他们树立“知行合一”的观念，经常参加院系组织的活动，提高自己的实践能力和动手操作能力，做到学以致用，理论与实践相结合。

培养良好的生活习惯。辅导员要经常深入宿舍和学生之间了解情况，给予他们更多的关心和帮助，让他们尽快地熟悉环境、融入环境、适应环境。总之，“望闻问切”是一个整体，是一个相互配合的系统，四个环节只有紧密地配合才能够发挥最大的效用。辅导员要正确地认识“望闻问切”，只要切实做到细心“望”其有，耐心“闻”其声，真心“问”其想，准确“切”其脉，就一定能够把工作做得有声有色，得到老师的好评和学生的认可。

（二）做好最完善的准备

每次主题班会必须做好充分的准备。班会结束后，要让学生对所讨论的问题有深刻的体会和强烈的共鸣。这里说的“最完善的准备”，既包括形式和内容，又包括对学生听后反应的预测，现实感要强，要解决当下最主要的问题。形式可以多样且灵活有趣，这样接受起来会比较容易，但内容一定要直指问题的关键。

主题班会主题确定下来，就要做好各种准备。俗话说，“台上三分钟，台下十年功”，一节成功的主题班会就像一台进行现场直播的综合性

电视节目,具有较多的可能性。因此,从班会的开始到结束,每一个细节辅导员都要做好周密的安排。要对主题班会的形式、内容、过程、结果进行充分的设计和酝酿,要针对班里的情况,考虑每一位学生的特点,提前几天把主题班会的内容告诉学生,使学生思想上有一个准备过程。如果活动带有表演内容,还要让学生做好物质上的准备(包括会场布置所需物品)。辅导员还要充分发挥学生集体的力量,发挥班干部的作用,布置好主题班会现场。对于不同的主题班会主题,场景的选择、布置的色调和气氛等都会对主题班会的教育效果产生影响,因此,辅导员要细心、用心做好主题班会的场地选择和布置工作。

同时,因为主题班会聚焦一个主题,为了引出主题和交流主题等需要,会有学生代表发言,此时,辅导员就要提前与发言学生进行深度交流。首先,学生代表要清楚主题班会的主题,了解召开主题班会的意义;其次,学生代表要认同辅导员的思想,能对辅导员的主题班会设计方案等保持支持的态度;最后,学生代表的选取要综合考量,要结合主题班会的主题,结合学生在班级中的群众基础和日常表现等选定。

主题班会的教案准备也是重要的环节。依据主题,辅导员撰写或者指导学生撰写班会的书面实施计划,即教案,以此确定主题班会的目标、步骤和具体安排。撰写教案的过程实际上就是主题班会物化和表达的过程。

主题班会教案应包括的主要点有以下几个方面:①班会背景。班会背景介绍主题班会因何而开。背景一般是介绍开展主题班会的原因。或是基于辅导员对班级管理和学生中的问题的前期调研,综合分析后确定主题的缘由;或是因为时事政治教育的需要。进行背景介绍,便于辅导员厘清主题班会思路,也便于学生明白开展主题班会的缘由。②班会目的,即交代主题班会要解决什么问题,达到什么目的。因为主题班会是问题导向,提出问题、分析问题、解决问题是主题班会的逻辑思路,最终落脚点是主题班会解决了问题。③班会方式和思路。即以什么方式开展主题班会,开展主题班会遵循的教育教学思路是什么。清晰的班会思路是有效开展主题班会的前提,一般来讲,主题班会分为导入、交流、提炼、总结、升华等几个阶段,辅导员要在教案中明确开展思路,层层推进,环环相扣,保证主题班会的严谨完整、有序。④班会的基本情况。主要包括班会主题的题目和班会的形式等。题目要用平实的语言表述清楚，要让人一眼就能明白主题班会的要点在哪，要避免空洞化、口号式的标语题目；班会的举行可以采取多种形式，具体采用哪种形式取决于主题班会主题和辅导员对主题的驾驭能力。还有就是班会召开时间、地点等基本信息的交代。⑤班会流程。辅导员要对主题班会的主题进行分解，如何分解，每一部分展开的内容重点是什么，如何做到各个部分的有机衔接，采用什么项目形式承上启下等都需要在流程中交代。可以讲，班会流程是主题班会教案的核心部分，辅导员要字斟句酌、深思熟虑地将此部分教案设计完成好。班会流程体现着辅导员的职业技能和工作风格，因此值得高度重视。

还有就是在教案中对重点部分的发言和游戏等环节设计进行表述，这样做的目的也是为了更好地有序开展主题班会。

（三）形式多样灵活

前面我们介绍过主题班会开展的多种形式，如既可以采用情境角色式，也可以是才能展示式；既可以是专题报告式，又可以是辩论讨论式等。在这里就主题班会开展形式深入讲解，有助于辅导员更好地掌握主题班会开展形式的多样性。主题班会在有限的时间内要达到震撼人心的育人效果，就必须能吸引人，其形式尤为重要。这就需要辅导员和班委能够匠心独运、别出心裁、标新立异，以新的形式解决老问题，给旧的形式赋予新活力。

既可以辅导员主讲，也可以以学生为主体，让学生主持班会。主题班会还可以实行多种形式的组合，既可以班与班联办，也可以毕业年级与非毕业年级联办，班级与社会联办等。另外，为了实现教育的社会化，也可以请学生家长参与主题班会，还可以采取“走出去”的方式，带领学生走向社会，投身自然，加速受教育个体的“内化”过程。

团队辅导式主题班会。学生在辅导员的带领下完成团队心理辅导游戏，在游戏中通过亲身经历和体验，感悟班会主旨，并在游戏的过程中，学会沟通交流、团队合作、包容信任、提高情商。该形式多用于集体凝聚力不强、目标迷茫困顿期。

模拟实践式主题班会。学生在生涯演习、模拟商战、职场模拟的过程中，体会自我定位、制定发展目标、激发内在动因、学会分工协作，激发、培养责任感和荣誉感。该形式多用于职业生涯发展规划和就业指导主题。

连续式主题班会。当一次班会不能彻底解决问题时,可给学生设计任务,制造悬疑效果,留待下次班会揭晓。该形式多用于新生适应期。如在新生入校,彼此尚不熟悉的时候,在一次班会上设置环节,让学生通过抽签的方式抽到其他同学的名字,不许告诉对方,只能通过默默地观察了解对方的优点,一周后的班会上,学生把自己的观察结果写到便笺上送予对方。两次班会虽然时隔一周,内容也可能不尽相同,但以"抽签—观察—赠予"的环节贯穿就变成了连贯的主题,或深入递进,或相得益彰。

就形式而言,还可以采取答记者问的方式开班会。如事先告诉同学们班会主题是以学习为中心的相关问题,并让少数学习上有些优势的同学重点准备好一些题目。班会过程中大家可以随意提问,如"如何处理听课与自学""学习效率不高怎么办""班里几位同学成绩突飞猛进的根本原因是什么"等。气氛很活跃,效果也挺好。

(四)找好切入点,增强趣味性

有时候开班会,辅导员一时找不到合适的主题,可以找一些相关的文章、故事或事件做素材,和大家一起学习。但不是单纯地为学习而学习,是抓好契机,借题发挥,联系班级情况,解决一些问题,效果也挺好。一次好的主题班会,能引起全班同学的触动和共鸣,能打动人心,让学生受益匪浅,达到良好的沟通和教育效果。好的班会的切入点应该能抓住全班学生思想深处的带有普遍性的问题,让多数学生感到老师或同学是在和自己对话、交流,在讲自身的问题,在帮自身解决困惑。这样的班会能培养好的班风,弘扬正气,形成积极的思想共识,和谐师生、同学关系,还有利于实际问题的解决。主题班会有合适且有针对性的切入点之后,也要注意在过程中适度地增加趣味点,这样才能使学生产生浓厚的兴趣,才能产生应有的活力与效应。换言之,就是要找准学生内心的"兴奋点",要让学生即使在严肃的话题上也不至于压力过大,合理冷静地分析自己的情况,做出正确的选择,从而达到教师组织班会的作用。

(五)做好总结和善后工作

一次班会不仅要事前充分准备,事后还要总结反馈,观察效果。一次班会再充分准备,也不会至善至美,要注意会后补充,要解决由班会引出的具体问题。班会之后,会有一些同学,或者受了感染启发而想和辅导员再交流,想进一步深化思想成果,或者有些不同想法要和辅导员面谈。这时,辅导员不能将其当作麻烦,而应视作检验班会结果的良好契机,是解决问题的难得的环节。主题班会的总结阶段,会涉及对主题班会的评价评估,笔者会在后面的章节中予以详细介绍。

五、主题班会评价评估

随着思想政治教育专业化的发展,对辅导员开展主题班会的质量要求和评价评估要求也相应提高。辅导员开展主题班会不再是举行了就可以了,要通过问卷调查、专题访谈同行评议、专家会诊等方式对开展的主题班会进行评价评估。这样将有利于发现辅导员在策划推进主题班会过程中存在的问题,有利于辅导员下一步有针对性地进行整改,不断提高自身的职业能力。

(一)主题班会取得的成效

由于主题班会主题明确,加上辅导员在整个主题班会从策划选题准备文案、场地选择到活动设计等都倾注了心血,因此,从主题班会开展的实践来看,主题班会整体认可度和满意度都是比较高的。具体而言,表现在以下几个方面。

1.大学生对主题班会的基本认识清晰明确

学生能对主题班会开展的意义、主题内容,以及自身的定位等有着较为明晰的认识,也就是说辅导员和学生在主题班会中定位较准,认识到位。相关调查发现,大学生对什么是主题班会及主题班会的作用有着明确的认知,大部分学生都认同主题班会"不同于固定班会和临时班会,是在辅导员或班委会的组织下,围绕一个'主题'进行的一种有目的有组织、有计划的教育活动,特点是主题鲜明",同时,绝大多数学生认为主题班会可以增强班级凝聚力,提高大学生综合素质。

2.主题班会的形式丰富多样

在前面主题班会的基本形式中,我们较为概括地介绍了主题班会的开展形式。可以看出,形式的多样是吸引学生主动参与主题班会的一个重要原因。同时,在访谈中,寓教于乐的主题班会形式往往会受到学生的欢迎。目前,除了传统的讲座形式,大学生主题班会还采取了讨论(辩论)式、娱乐表演式、经验交流式等。主题班会中以经验交流式最为普遍,有超过将近半数的辅导员采用经验交流式,因为这种类型主题班会开展相对较为容易,辅导员也更容易掌握班会进程。近些年,随着辅导员对心理学等专业知识学习的深入,心理学等专业知识被日益广泛地应用到主题班会,团体辅导、团体游戏及心理学教具等引入主题班会。榜样示范教育视频资料播放、现场视频互动、新媒体,以及易班等逐渐应用到主题班会中,主题班会形式不断丰富。

3.主题班会的组织正规而有序

大多数高校对主题班会的实施高度重视,尤其是在全国高校思想政治教育工作会议召开后,各高校都加强了学生理想信念类、思想教育引导类的主题班会的开展,探索将社会主义核心价值观融入主题班会。主题班会每学期都有召开,有的专业班级甚至能做到一月一主题,月月有新意,极大拓展了高校思想政治教育的形式。有的校领导以班主任或者导师的身份参与主题班会,他们发挥政治历练阅历较多理论学习掌握程度较深等优势,增强了主题班会的理论感染力。在主题班会选题上,有的高校顺应主题班会课程化建设的需要,在全校范围内拟定了主题班会提纲和教案,对主题班会开展提出了具体开展意见,辅导员多是按照要求开展就可以。也有高校鼓励辅导员自己创新,根据工作实际和学生状况设定主题。

4.大学生对主题班会的评价基本满意

由于主题班会主题明确,形式多样,学生发挥了主观能动性和主体参与性,因此,学生在主题班会中会受到教育,得到启迪。相关调查结果显示,大学生对主题班会的形式、作用和内容等多是满意或比较满意的。

(二)主题班会存在的问题

1.部分大学生对主题班会仍认识模糊

由于受到传统班会的影响,有的学生还没有认识到主题班会的积极作用,还是简单地将主题班会等同于一般班会,认为就是辅导员在传达上级要求,布置工作任务,强调注意事项等。有的辅导员也没有主动将主题班会的意图、意义和开展实施过程与学生进行沟通，势必就会造成辅导员开展主题班会的“一头热”。

2.各高校对主题班会的重视程度存在差异

调查中，仍有小部分高校从未组织过主题班会，仅仅在班级管理或者年级管理中采用一般事务性布置式开展班会，辅导员或者年级主任往往只是宣布了通知，提出了要求，没有将主题班会的理念贯穿到教育教学中。由于开展主题班会的要求相对较高，如辅导员自身能力要求、场地选择，学生基本素养等，因此就导致在有些高校并没有真正重视主题班会的开展，辅导员召开班会还是“老一套”。

3.大学生参加主题班会的主观意愿存在差距

并非每位学生都想参加主题班会，学生产生不愿意参加主题班会的意愿，原因有很多，如辅导员主题班会的选题没有切合学生的现实需求、主题班会组织实施中没有吸收学生参与、主题班会开展过程中只注意到了学生代表发言和现场感受，而忽视了一部分同学的现场存在，如此就会使学生产生抵触心理。

（三）主题班会存在问题的原因分析

1.主题班会自身系统化建设不足

目前，主题班会缺少系统的规划，导致部分辅导员缺乏对主题班会的系统思考。部分辅导员在实施过程中，对于自己比较熟悉、比较感兴趣的班会主题内容就积极策划，对于自己不感兴趣的主题或者学校硬性安排的班会则轻描淡写，而部分大学生则纯粹从自身的主观意识出发，偏好于某一主题的班会，忽略了自己不感兴趣的主题班会。这样主题班会便失去了召开的意义。

2.主题班会的创新存在不足

目前主题班会的内容形式、组织过程已经不能满足学生日益增长的学习需要，主要表现在：主题班会的教育目标过于理想化，内容和方式显得相对滞后；主题班会的针对性不强，并存在忽视学生个性发展的倾向和联系学生个体实际不够的现象；忽视对学生的心理健康教育。这些薄弱环节与其他因素共同作用，使得主题班会的效果大打折扣。

3.辅导员没有发挥出应有的作用

随着高校招生规模的逐渐扩大，师资与规模的矛盾日益突出，辅导员很难针对学生的个体情况进行教育管理,而学生班级数量的增多也增加了辅导员召开班会的次数,他们很难抽出时间对主题班会的内容进行深入研究,达到更深层次的理论升华,这严重影响了主题班会的实效性。

(四)主题班会反思评价

通过以上分析可以看出,尽管主题班会作为辅导员开展思想政治教育的有效形式和载体,越来越受到师生的欢迎,但还是应通过有效的评估方式和手段进行评估,从而提升辅导员开展思想政治教育工作的水平。

对主题班会主题的评价评估。选取什么主题,选取的主题是否具有典型性和代表性,主题是否符合时代要求和大学生发展需求等,都需要进行评价评估。如果主题选取不好,那就使得整个主题班会的教育价值大打折扣。从目前辅导员队伍的构成情况看,作为地方院校的辅导员很多年龄层次处于30岁左右,学科结构并不都是来自思想政治教育专业、心理学专业、教育学专业,这就更需要在辅导员选取主题班会主题时进行评价评估。评价评估的方式可以是辅导员主动向学工部门、系院领导或者专家学者进行征询,将拟召开的主题班会主题选取的考虑与他们交流,得到指导;另一方面,学工部门每学期可以根据工作需要列设一些主题,这样能够一定程度上避免辅导员自选主题的偏离情况。还有一点也可以尝试,因为主题班会的主体是学生,辅导员在选取主题时也可以在学生中进行一定范围的调研和互动,从而有针对性地修正自己的选题。

对主题班会教案(文案)的评价评估。因为主题班会不是一般的课程,所以有些辅导员可能会忽视主题班会教案(文案)的设计。实际上,一个好的教案(文案)就是主题班会这场大戏的脚本,辅导员根据这个脚本可以有序推进主题班会的深入开展。对主题班会文案(教案)的评价评估应从以下几个方面进行:一是教案(文案)的基本要素要齐全。如主题班会召开的背景意义、主题班会的思路设计、主题班会的流程、主题班会的主要内容等;二是教案(文案)要素表述要准确、客观、简练。主题班会由于聚焦主题,形式多样,同时在开展时间上也有一定要求,就要求辅导员必须语言文字功底强,善于凝练语言,简明扼要地表达出主题班会的核心意思;三是教案(文案)各要素之间逻辑性要强。主题班会的各个环节是一环扣一环,各个要素之间要形成有机衔接的整体。这样才能保证整个主题班会开展时不掉线、不断链。

对主题班会过程评价评估。主题班会在开展过程中会受到多方面的影响,对主题班会各个环节开展情况进行评估评价是加强主题班会过程管控的重要工作。在过程评价评估中涉及辅导员是否贯彻了主题班会教案(文案)中设定的各项教育要求、学生的现场表现(参与度、热情度、专注度)、辅导员对主题班会的组织引导能力等。

对主题班会结果的评价。对主题班会结果的评价主要涉及两点:一是主题班会活动目标达成度,即对比班会前学生对既有问题或者事件的认识水平和班会后学生的认识水平的提高程度及表现方面;二是一次主题班会或一系列主题班会对后续主题班会教育带来的价值,即为下次主题班会的开展提供了良好的基础,形成一些新问题并探索如何解决新问题的初步想法。

第三节 学生干部的选拔和培养

一、学生干部的选拔

(一)通过阅读学生档案确定候选人

第一,看有没有当过学生干部的经历。当过学生干部的,容易在经过简单的培训后尽快进入大学生干部的角色,没有学生干部经历的适应期较长,但并非不能做。当过学生干部的容易接受工作过程中出现的各种小冲突和小意外,他们有基本的自我调节能力,即使被辅导员批评也不会感到太委屈。没有当过学生干部的,被辅导员批评或工作中受到挫折,就不容易接受。

第二,看有没有在担任学生干部期间受过表彰。受过表彰说明在中学时代干得还不错。这样的同学工作积极性容易调动,尤其容易以自己是一名学生干部为荣,有荣誉感的人自然愿意起带头作用,辅导员对他们提出要求也更容易被接受。

第三,看高考成绩和在高中的成绩。学生干部首先是学生,然后才是积极分子。所以,学习是他们的本职。如果学习成绩不好,说明他们并不善于摆正学习与工作的关系。

(二)进一步筛选

一是通过反复比较进行筛选,找出其中的相对优秀者。二是他们来校后,通过当面观察和交流,甚至有意安排事务以查看他们的办事能力,再次确定可能的人选。尤其对于班长的确定,更要仔细而慎重。如果班长没有选好,辅导员将会耗费大量的精力来弥补由于班长的能力不足所导致的失误。因此,在同学们还不知道自己将被如何安排的情况下,应通过各种可能的方式对他们进行必要的考查。

(三)民主选拔学生干部

民主选拔学生干部,应该是民主集中制原则在班级管理中的有效运用。考虑到学生的积极性,可以通过召开全体同学大会,请所有乐意当学生干部的同学毛遂自荐,提出自己的想法,辅导员在认真斟酌后再作决定。这里面可能会有一个问题需要辅导员审慎处理:自己在档案中看中的人可能并不热衷于高校学生干部工作,如果没有特别需要,可以尊重他们本人的意愿;自己在档案中没有看中的同学可能十分热情,要让他们接受同学的选举,辅导员不宜轻易阻止或下结论。

在通过全体同学大会选定后备人选之后,应及时召开由这些同学参加的干部调整大会。会议有三个基本议程,一是基本确定班级分配;二是基本确定委员分配,当然这是在没有争议的情况下,稍有争议的可以通过私下商量进行必要调整;三是专门为选择班长设立议程,以示公平和重视。

由于班长职位的重要性,这个议程可能要复杂些。早在第一步确定候选人员时就应该有大致的方向,在报到时也应该有必要的交流。通过启发和引导,这个班长人选应该在这个后备人选的群体中。此时,这个议程中应安排所有愿意担任班长的同学走上讲台,进行演讲和现场答辩。从这个演讲和答辩中可以看到一个学生的基本状态:口头表达能力、逻辑思维能力、临场发挥和应变能力、班级管理的顶层设计能力,以及魄力和胆识。最后,当然是最好的同学当选班长,相信同学们的眼光也不会差。在这个激烈的竞争结束之后,辅导员应该有一个讲话引导。自己看中的同学如果当选,应对大家的努力给以积极的鼓励和高度评价。如果自己看中的同学落选,辅导员可以在讲话中给以必要的引导,但不能逆民意而动。如果最后的选举不是自己预期的,也应该感到满意,相信在工作的实践中和自己的培养下,他们都会有长足进步。①

民主选举学生干部的最后一个环节,就是在全体同学大会上正式宣布班委同学名单,最好请各班委的组成人员集体在大会前台亮相并合影留念。通过庄严的仪式增强学生干部的荣誉感、使命感和责任感是思想政治教育资源的必要积累和运用,不应在具体的工作中随意减免。至于这个大会应该有哪些漂亮的、感人的、令人难忘的细节,辅导员可以充分调动同学们的积极性,以他们的设计为准并非不可。

综上所述,我们可以把新生干部的选拔归结为以下几个主要环节:看档案—当面谈—看能力—入后备—开大会—当委员—委员会—选班长—正式任命。

二、学生干部的培养

学生干部队伍确定以后,辅导员应尽快对他们进行专门的培养。这种培养常被忽视,其中一个重要的理由是:他们都当过学生干部,学生工作又不是什么复杂的事情,哪里还要进行专门的培养?平时指导指导就行了,不用小题大做。其实不然。学生干部的培养,不仅仅是因为他们即将面临诸多事务,需要尽快适应工作需要,还因为作为学生群体中的优秀分子,他们需要尽快起到积极带头作用。获得辅导员的培养,对于学生来说是一种荣誉,就学生管理而言,也需要有一个先进群体带着大家尽快适应大学生活。通过培养学生干部,使他们成为这个群体的优秀带头人,具有重要的引领和示范价值。

就培养方式而言,学生干部的培养方式可以灵活多样,在这里主要讨论集中培训与日常培养相结合的方式。

在学生干部任命以后,就应进行集中培训。因为这个时候是学生干部对大学的班级工作一无所知的时候,要让他们尽快适应工作要求,必须快速进行相关工作的介绍和引导。

这个时间集中培训不仅必要,而且十分重要,对于形成班风很有价值。有些辅导员没有经验,不着急开始班级工作,导致各项工作拖延很

①贺媚. 新时期高校学生干部选拔、培养与发展研究[D]. 南昌:南昌大学,2013.

长时间，其中就与学生干部不适应大学班级工作有关。一开始就拖沓，对于学生的第一感觉的冲击是比较大的。要知道学生新来，对大学充满好奇的同时也充满期待，趁此机会在一开始就立规矩对于今后的班级管理是十分有益的。

集中培训内容的安排应服从大多数同学的实际需要。比如，应安排高年级优秀学生干部介绍工作经验；安排本校学生工作的基本情况介绍；安排一次集体见面会，邀请高年级学长或学姐组成一个代表团，用专门的时间集中回答新生干部的各种问题；辅导员也应安排一个时间，把自己的工作要求、工作打算、工作目标等内容告诉大家，最好用文字的形式，给每个新生干部发一份，让他们讨论，以为日后贯彻实施之用。

当然，集中培训过程中解决的问题并不能代表每个干部在实际工作中可能遇到的个性化问题。因此，就工作而言，还需要辅导员有针对性地解决每个干部日常的工作中可能遇到的困难。这种个别指导的挑战性在于，辅导员可能自己也不知道该怎么办。因此，新辅导员应主动与老辅导员交流，并请他推荐一些优秀的学生干部当自己的参谋，让自己的学生与他们对口联系。

日常培养不能因为有集中培训而忽视，在内容和形式上它们都有根本的不同。打个比方来说，集中培训是栽树，而日常培养是养护。树栽好了，不能只让它自然生长，弄不好可能会半途夭折，还要有很好的日常养护，才可能使其成为参天大树。

日常培养要过三“关”：正常工作要关注，平时学习要关心，个人成长要关怀。

这三个词的心理距离是不同的。因为辅导员是教师也是普通人，与不同的学生交往也会产生不同的心理距离。与不同的人有不同的心理距离是客观现象，只是辅导员可能要用不同的方式来表达，以使学生感到这种距离不是霍然存在的。

关注是有距离地看。对于他们的工作，不要轻易插手，要多看；看到有困难了，需要帮助了，再过去支援，尽可能不干预，更不能包办代替。

关心的距离要近些。学习虽然与工作是两码事，但是学习是他们的主业，如果学习拖后腿，就会影响他们工作的积极性和成效。关心他们的学习，既要关心专业的学习，也要关心个人实践中的学习，要及时帮助他们总结工作中的经验以促进他们的进步。

关怀,是距离最近的一种呵护。对于那些有发展潜力、为班级工作作出巨大贡献的人,还有师生关系比较密切足以使用关怀来表达的同学,一般可以考虑得到这类的培养。这当然不是在学生工作一开始就可以进行的,一开始就如此,容易引起学生的情绪波动,有的可能嫉妒,有的可能失望。一般在共同工作一到两年后,主动的关怀会让大家都能够接受。对于他们的未来发展具有影响的现实生活,应该进入辅导员指导的领域。比如,不仅仅过问他们是否考研,还要较为具体地指导他们如何做这件事。

集中培训和日常培养相辅相成,相得益彰,不可偏废。一般来说,在学生干部的不同成长时期都要有集中的培训。科学的做法应该是将集中培训的内容作为培训后一个时期学生干部们努力奋斗的目标。培训之后再通过日常培养逐步落实,以起到增长才干的目的。举例来说,一年级的学生干部,最好以"如何开展活动"为第一次培训的核心主题,再辅以其他内容,像如何与同学和谐相处等,这样培训的内容就会主题鲜明,内容丰富而实用。日常培养中,辅导员就可以根据不同的活动有针对性地指导学生,以帮助他们尽快成长为合格的学生群体中的优秀分子。

第六章 新时代高校辅导员履职体现——日常工作

第一节 大学生资困助学工作

由于地理环境、社会历史、个人能力等方面的影响，社会上出现了贫富差距。高校作为社会大环境下的一部分，也不免受其影响。每逢开学时，开名车送孩子上学和用扁担挑着行李到学校报到的现象形成了鲜明的对比。和社会上对困难家庭的资助类似，在大学里面，也需要对家庭困难的学生进行资助，以帮助他们顺利完成学业。

党和国家一直都很关心对高校困难生的资助工作，2004年10月，中共中央、国务院在《关于进一步加强和改进大学生思想政治教育的意见》中明确指出，要加强对经济困难大学生的资助工作，以政府投入为主，多方筹措资金，不断完善资助政策和措施，形成以国家助学贷款为主体，包括助学奖学金、勤工助学基金、特殊困难补助和学费减免在内的助学体系，帮助经济困难大学生完成学业。另外，在《普通高等学校辅导员队伍建设规定》中，也强调辅导员要"指导学生办理助学贷款。组织学生开展勤工俭学活动，做好学生困难帮扶"。

一、对困难学生资助的意义

(一)有助于班级活动的开展

同学之间明显的贫富差距不利于开展校园集体文化活动。因为只要有活动，就会花钱，有的同学出手千元都绰绰有余，而对于困难学生，一二十元的活动费用都是个大问题。这往往会让他们产生自卑心理，不敢参加各种活动，从而远离集体。因此，对困难学生的资助，有利于他们融入集体中去。

(二)有助于校园的稳定

对困难学生的资助,有利于学生身心健康的发展,减少同学之间的对立,这符合建立和谐校园的要求。对困难学生的资助,在培养他们的自信心和健康的人格方面都有着现实的意义。

(三)有助于困难学生完成学业

物质是一切活动的基础,对于学生来说,很难想象饿着肚皮去学习会有好的效果。四年左右的大学生活,对于生活艰难的学生来说,可能会是非常漫长的煎熬,有的学生长期处在饥饿状态下,严重损害了身心健康。因此,资助贫困生,使他们在学习时无后顾之忧,最后顺利走向社会,成为有用之才。①

二、辅导员在学生资助工作中的措施

辅导员是高校贫困生认证工作的最直接领导者,在学生资助工作中起着非常重要的作用。但每年9月份的贫困生、特困生认证工作,时间紧、任务重、头绪多,在具体评定过程中非常困难。现在通常的做法有以下几点。

(一)甄别贫困证明材料

每年6月份前后,辅导员会通知学生下载打印贫困生认证申请表格,并在假期回家后由生源地政府部门盖章后,统一收上来进行汇总。辅导员要对每份交上来的证明材料仔细核查。因为盖错章、申请条件不符合等原因,每年都有学生的材料被打回,甚至会错失机会。

(二)通过平时观察和走访学生进行摸底

在日常的学习生活中,经过长期共处,同学之间相互比较熟悉,无论是故意装穷还是故意装富,都是短期的行为,都很难坚持半年以上,因为家庭环境会在每个同学身上显现出特殊的气质,而这种气质一旦形成,就会非常稳定,不会因为一时的穿着打扮而完全消磨掉。辅导员在平时的查寝、查课以及与同学的谈话中,也可以通过自己的经验来判断学生的经济情况,进而为接下来的贫困生认定工作打下基础。

①杜坤林.高校资困助学工作范式转换探析[J].教育发展研究,2012,32(07):74-77.

（三）打电话联系学生家庭进行调查

对于一时辨别不准的申请人，辅导员可以与学生家长或者学生生源所在地的村委会、社区进行联系，这样就可以进一步了解学生的家庭经济状况，因为在递交贫困申请的学生中，有的是家庭不困难的学生，而有的学生家庭贫困，因为自尊心等原因，宁愿夜里去垃圾箱捡剩饭，也不愿意把自己家的情况告诉别人。因此，加强家校之间的联系，有利于共同维护和充分利用困难学生的权利。

（四）交评议小组审核并公示

以辅导员为组长，组成10人以上的贫困生综合评议小组，对班级中递交申请的学生，或者出于自尊心未递交申请的特困生进行评议。评议小组要尽可能扩大覆盖面，要把平时在班级中人缘好，学习工作积极，品学兼优的学生选进评议小组，并在初选名单出来后，在班级中进行公示，接受全班同学的监督。

在认定工作开始前和开始过程中，辅导员要开班会进行说明，并在班级中大力宣传诚信意识和爱心观念，要把资助款评给那些真正需要帮助的同学。

三、辅导员在资助困难学生中应注意的一些问题

（一）辅导员要为人师表、洁身自好

辅导员是学生心目中的“中小学班主任”，辅导员的一言一行、一举一动都会成为同学们效仿或者评论的焦点。因此，作为辅导员，要时刻注意自己的行为举止，要平易近人、洁身自好，要保持自己高洁的人格，绝不可在带班过程中，特别是奖助贷评定过程中收受学生的钱物，也不要根据自己的喜好直接指定某个同学为国家奖助学金的获得者。身教胜于言教，“其身正，不令而行；其身不正，虽令不从”，说的就是这个道理。

（二）要坚持公开公正透明原则

在各种奖助贷评定过程中，要始终把公开、公正、透明作为首要原则，要求真务实，以生为本，绝不搞暗箱操作或者内定后走过场，也不能整个班级统一分配或者让获得者拿出一部分钱款请客或充作班费，这不仅仅是几千元或者几个学生的问题，而是一个思想观念和制度原则的问

题。一些错误的做法可能会影响一个人的心态和对社会的看法，以及他以后的人际关系和工作态度。

（三）要把公平正义、诚实守信、孝道爱心宣传贯穿在日常思想教育中

公平正义比太阳还要有光辉，因此用优秀的价值观影响在校学生，应是辅导员常抓不懈的工作。在评定贫困生的过程中，要提醒大家谦和忍让，诚实正义，讲究爱心，为父母分忧，学会感恩社会。只有心灵上得到了积极的净化，才能促进大家向着爱心的方向自愿前进。在实际操作过程中发现，人际关系好的班级，大家思想比较简单纯洁，工作开展得最快，效果也最明显。因为大家有一个共识，那就是尽可能地帮助贫困大学生，减少他们生活中的困难，使他们不因为贫困而影响学习。

第二节 奖学金工作

奖学金是和助学金贷款并列的一项涉及学生物质利益的项目，但从严格意义上讲，无论是国家奖学金、研究生奖学金、学校的综合奖学金以及其他科技竞赛奖学金，都和助学金、贷款不同。奖学金不属于大学贫困生的资助项目，它面向的是全体学生，公平性、大众化、激励性是它的显著特点。只要是品学兼优，或者说是学习成绩好，就有可能获得奖学金。既然奖学金不属于困难学生的资助项目，那么它的评选标准就与国家助学金有所不同。

一、奖学金工作的意义

每个人都希望获奖和受鼓励，因为这是对成绩优异的最好证明。高校面向全体同学设立奖学金制度，奖励优秀学子，对于鼓励大家德、智、体、美全面发展，促进素质教育、激励学生勤奋创新以及改善学风，都具有重要意义。

（一）促进学生综合素质的全面发展

目前高校普遍采取综合测评的办法，来检验学生过去一个学期或者一个学年的在德、智、体、美方面的综合表现,这样就可以尽可能地避免唯分数论现象的发生。每年毕业时,经常会有这样的例子出现,那就是排在班级前几名的学生,几乎所有的奖学金都获得过,但最后就业的岗位不理想;而不少成绩处在中游的同学,由于实践、口才方面突出,反而找到很不错的单位。这就是综合能力的重要体现。因此,完善奖学金的种类、比例和评定方法,促进学生多方面发展,对于学生、家庭、社会都是一件无法替代的重要的事情。

(二)激励学生善于学习,不断创新

奖学金是面向全体学生的奖励,只要有真才实学的学生,均有机会获得。奖学金的颁发,对于促进校风和学风,具有重要的导向作用和激励作用。特别是各种国家级、省市级科技竞赛的展开,学生在获得名次的同时,又可以凭获奖证书申请所在学校的科技创新奖学金,这对于增加大学生的科技创新能力、动手操作能力、培养拔尖人才,均具有重要的推动作用。

二、辅导员对奖学金认定工作的措施

目前,奖学金的种类包括国家奖学金、学校综合奖学金、科技创新奖学金以及各种企业奖学金,每种奖学金的评定标准各有不同,但基本上都要求学生品学兼优、德智体全面发展。

(一)做好综合素质测评

综合素质测评是目前高校普遍采用的对学生在思想、学习、健康等方面进行科学分析、判断和评价的体系。综合测评一般从德智体几个方面打分,智育占到60%的比例,德育和体育共占40%的比例。综合测评有利于辅导员全面了解学生的日常表现,也有利于学生自我评价。[①]

作为辅导员,在测评前要组织一个测评小组,包括辅导员、专业老师、班干和人际关系好的其他学生。然后在班会上向全体同学说明测评的内容、方法等,做到测评有理有据有计划。

(二)做到公开公正透明,杜绝任意拔高德育分

在奖学金的评定过程中,德育的测评是难点。在德育、智育、体育三方面,智育和体育容易打分,而德育由于需要考察的范围广、不容易掌握

---

①王烨. 高校奖学金管理系统分析[J]. 湖北农机化,2019(14):95.

等特点,往往在打分时出现模糊化、简单化、片面化、简单化的情况。辅导员在带班过程中,要经常深入到宿舍、课堂看看学生,同时也要求班干做好平时的上课、集体活动的考勤记录,并每周上报。这样,在德育测评时,就会按照实据打分。但要警示测评小组成员不应根据个人关系的亲疏打分。学生自己可以提前递交一份德育的自我鉴定,供测评小组参考,数据有出入时,及时进行沟通。测评结束要在全班进行公示,直到无异议后,才能确定奖学金的获奖同学名单。

三、评选奖学金过程中应注意的事项

奖学金因为种类多,获奖人数多,时间集中,加之临近开学事务多,评选过程会很忙碌,因此需要特别注意一些事项。

(一)确定测评小组的得力人选

如何做到测评的公正性,确定合适的测评人员是关键。辅导员要把那些人品好的老师和学生吸引到测评小组中,并在测评过程中做好指导和监督。有了问题立即纠正,杜绝打关系分和印象分。

(二)辅导员要坚持原则,洁身自好

因为辅导员是班级奖学金评定工作的主要组织者、领导者和最后确定者,掌握着很大的权力,因此,辅导员的人品非常重要。

(三)仔细核查获奖学生的信息

在奖学金下发之前,辅导员特别要核查获奖学生的银行卡号、姓名以及奖学金类别,因为现在很多高校实行奖学金转账银行卡,如果银行卡号或姓名错误,就一定不能入卡,还要筛选后去领现金。另外,还要特别注意姓名和申请类别、等级等出现错误,有时在打印奖学金证书时也会出错,这些都会带来后续的一连串的麻烦,所以仔细核查获奖学生的信息是非常必要的。

第三节 高校党团建设工作

高校的党组织、团组织是党和政府在高校的最基本的组织形式,在当

前形势下做好高校的大学生党团组织建设，对于提高学生党员、团员队伍整体素质，培养造就中国特色社会主义事业合格建设者和可靠接班人，实现中国梦，最终实现中华民族的伟大复兴，都具有重大而深远的意义。

一、辅导员在高校党团组织建设中的作用

辅导员是学生日常思想教育和管理的组织者和指导者，在带班过程中，要指导学生党支部和班委会建设，做好学生骨干培养工作，激发学生的积极性、主动性。要注意发现优秀人才，并把他们吸入党组织的队伍里来，为党和国家输送优秀人才。作为大学生党员的第一入党介绍人，辅导员在党团组织建设中作用重大。

（一）辅导员是党团活动的主要组织者、指导者

虽然大家一直提倡高校的班级、社团为学生自我管理的自治组织，但不是说自我管理就不需要老师的参与。各级学生组织，都要在党组织的统一领导下，在遵守党规、校纪的前提下才能开展活动。而各种党团活动、班级社团活动，都不能完全脱离所在班级辅导员的支持和参与。辅导员应该成为党团活动的主要组织者、参与者和指导者，要时刻把思想政治教育和安全管理放在第一位，进而促进党团组织活动的有序高效开展。①

（二）辅导员是优秀人才的发现者、培养者

国家的发展靠人才，同样，一所学校、一个班级的发展也需要人才。高校党团组织建设，需要大批的基层党团骨干参与，才能共同汇集起广大基层群众的参与，才能壮大党在高校的群众基础。因此，发现、培养党团干部，就成为辅导员开展各项工作的重要任务之一。学生干部是党团组织的骨干力量，一名能力出众的党团干部，会成为辅导员的得力助手，会带活一个团队。因此，培养优秀干部是辅导员工作的重要内容之一，要积极从团组织中吸收优秀团员进入党组织或学生干部队伍，要慎重选拔、大胆任用、用心培养，最终为社会输送群众基础扎实、德才兼备的优秀党团人才。

---

①张娓娓．高校党团组织载体建设研究[D]．沈阳：沈阳航空航天大学，2016.

(三)辅导员是党团成员积极性的调动者

积极开展党团活动,是党章、团章规定的用来联系党团成员,考察和选拔干部的有效手段,也是保持党团组织凝聚力的必要条件。因此,辅导员要定期召集党团员开展组织生活会,开展各种实践活动。在实际工作中,学生党团员对参加活动的积极性普遍不高,不少同学片面地认为党团活动就是发展新党员、缴纳党团费。而有的同学入党的动机不明确,组织观念、团队意识比较淡薄。对此,辅导员应该明确组织纪律,组织大家熟悉学习党团章程,调动大家参与的积极性。

(四)辅导员是党团组织制度的监督者

党团组织的蓬勃发展,人才是关键,但制度是保障。没有制度,再好的集体也终将会成为一盘散沙。辅导员要对党团成员严格要求,做好会风、学风的监督和管理,让好的作风成为大家的集体行动,让党团的纪律成为大家永远自觉遵循的标准。

二、辅导员在党团组织建设中应注意的事项

党团组织是一个集体,对这个集体要加强管理,使之对周围的学生产生强大的向心力,时刻起到先进模范带头作用。因此,辅导员要熟练掌握指导学生党团组织的技巧,创新工作方法,使党团组织成为学生中的坚实堡垒。

(一)辅导员要经常参加团组织生活会,并积极指导班级团支部工作

中国共产主义青年团是中国共产党领导的先进青年的群团组织,是广大青年在实践中学习中国特色社会主义和共产主义的学校,是中国共产党的助手和后备军。

要着力创新活动方式,把贴近实际贴近生活、贴近青年作为开展工作的重要原则,提高团的活动对广大团员青年的吸引力和感召力,推动共青团工作提升整体水平、实现全面活跃。要着力夯实基层基础,把加强团的基层建设当作全团的重点工程来抓,增强基层活力和战斗力,努力使团的基层组织网络覆盖全体青年,使团的各项工作和活动影响全体青年。因此,辅导员要做好对团组织的指导工作,使共青团员积极参加主题团日、社会实践等活动,以锻炼大家的综合能力,为党组织输送大批的

后备干部。

(二)辅导员要熟悉党的章程,始终把政治标准放在首位

“思想政治工作是一切工作的生命线。”由此可见思想政治工作在育人方面的重要性。辅导员要带领支部成员加强政治理论学习,熟悉党团章程,用社会主义核心价值观教育和引导学生党团员提高政治理论素养,使他们始终保持崇高的政治觉悟和政治信仰。

(三)辅导员发展党员要严格按照组织程序,不徇私情

作为学生党支部书记的辅导员,要坚持组织原则,奖惩分明,严格党的纪律,及时处置不合格的党团员。同时,辅导员要严格要求自己,要用严格的党性来影响自己的支部成员努力奋斗。

(四)辅导员要善于利用网络,注重创新

当今社会,网络全球化带给了师生很大的便利,很多学生工作都能在网上快速高效地完成。但信息全球化带来了思想的多元化。因此,作为辅导员,要善于运用网络宣传党和政府的方针政策,注重创新工作方法,及时了解支部成员上网情况,使网络成为积极宣传中华优秀政治制度、文化的重要教育平台。

第四节 校园文化建设工作

校园文化是以学生为参与主体的课外文化活动,也称作“第二课堂”,它“是由校园中的所有成员在长期的办学过程中共同创造而形成的校园物质文明和精神文明的综合”。校园文化是大学生在正常课堂教学之外的另一个重要的提升和发展自己的平台。校园文化在当今高等教育中应该发挥重要的作用,是大学的灵魂,对校风、教风、学风、班风、会风均有重要影响。

一、高校校园文化建设的意义

校园文化是中国特色社会主义文化在高校的一个反映,集中体现社会主义核心价值在高校的发展水平,对大学生的成长、成才极其重要。

(一)有利于提高大学生的精神风貌和道德情操

校园文化在学生的成长过程中起着潜移默化的作用,不同的校园文化,培养出的学生气质和思维各不相同。例如国家重点高校的大学生,其整体精神风貌要好于一般高校的学生,这源于重点大学更让学生自信,更重要的是重点大学的校园文化氛围更加完善,从而吸引了全国一流的教师、教学资源去传导、服务于大学生,也更进一步地完善学生的知识结构,进而陶冶学生的情操,开阔了学生的视野,丰富了学生的校园生活。因此,良好的校园文化,将是各高校努力不懈追求的目标,对于提高高校的知名度和提升师生的综合素质都将起到不可估量的作用。

(二)有利于丰富大学生的业余生活,增加他们的社会实践能力

高校的先进文化建设,更多的是要靠课外实践活动来体现。由于高校的管理模式已不同于中小学阶段的教育,而是需要大学生去主动地学习,因此,同学们在参加完正常的课堂授课后,自己可支配的时间较多。大多数同学会参加诸如学生会、义工协会等各具特色的学生社团,来积攒在课堂上学不到的社会实践经验。这就在内容和形式上提升了大学生理论联系实际、学以致用、把书本知识应用到实践中的动手操作能力,既丰富了他们的视野和生活,又为毕业后踏入职场做了必要的演练。

(三)有利于增加大学生的凝聚力和团队意识,增加大家的归属感

一个团队就是一个集体,团队精神的核心在于奉献,简单地说就是大局意识、协作意识和服务精神。在当今社会,分工与协作已经成为一个团队制胜的法宝,离开团队的协作,任何一个公司都无法做强做大,更无法发展成为一个跨国公司。同样在大学校园里,一个班级、一个社团就是一个集体,如果大家各自为政、我行我素,再好的个体聚在一起也终将是一盘散沙。而优秀高校校园文化的形成,也是大家合力的结果;反过来,优良的校园文化,又会使大家产生强烈的自豪感和归属感,最终会把大家牢牢地凝聚在一起,形成群体意识和集体行为,进而产生巨大的生产力。

(四)有利于培养优良的风气,增强大家的纪律观念

优良的校园文化氛围,会促进校风、教风和学风的发展,它会使迟到早退者感到紧张,会让碌碌无为者感到惭愧,会让优秀者如鱼得水。优秀校园文化,张扬的是积极向上的人生态度,培养的是张弛有度的学习精神,最后养成的是良好的生活习惯和生活作风。

二、辅导员在高校文化建设中的作用

高校辅导员处在学生管理的第一线,是高校学生日常思想政治教育和管理工作的组织者、实施者和指导者,特殊的工作性质和角色定位,决定了辅导员在校园文化建设中有着举足轻重的作用。

(一)辅导员是高校文化建设的重要参与者和执行者

辅导员是大学里的教师和管理者,是大学生的知心朋友和人生导师,是大学生在校期间接触最多的老师。因此,校园文化的建设,离不开辅导员的直接参与和执行。辅导员不应该只是上级与学生之间的传话筒,也不应该只是学生对学校发泄不满的挡箭牌,更不能只是查寝查课、处理突发事件的保姆和消防员。而应该如《普通高等学校辅导员队伍建设规定》的那样,高等学校要把辅导员队伍建设放在与学校教学、科研队伍建设同等重要位置,并在学校的会议政策出台过程中,能考虑众多辅导员的感受,能使辅导员有和其他部门教职工同等比例的代表和同样的话语权。只有这样,辅导员才能真心、实心地把学校的方针政策落到实处,也才能真正投身到校园文化建设当中。

(二)辅导员是高校文化的重要培育者和引导者

高校文化中,很大一部分涉及校风、教风、学风、班风和会风,良好的校园风气,会提高学校在社会上的信誉,增加大学生的归属感。而辅导员作为班级日常管理的直接负责人,在培养学生的良好学习生活习惯,引导大学生树立正确的世界观、人生观、价值观方面,身份特殊、责任重大,有时候甚至牵一发而动全身。

(三)辅导员是高校思想文化建设的重要传播者

辅导员具有教师和干部的双重身份。因此,在创建优秀校园文化的过程中,辅导员要时刻起到带头作用,要时刻关注国内外大事,要明辨是非,在思想和行动上始终以积极、客观的心态来看待前进中遇到的困难和挫折,始终和党中央保持一致,并积极向学生传播党和国家的大政方针。并适时、得当地纠正学生的错误思想、观念和言论。真正发挥思想政治辅导者的角色。

三、辅导员在促进高校文化建设中应采取的措施

(一)增强对学生的校史、校训、校歌、校徽的认同感教育

校史校训校歌校徽是一所高校文化的集中体现。因此,在新生入学时,辅导员要积极地对他们进行校史的宣传教育,让他们了解所在学校过去的历程和前辈的创业史和奋斗史,增加他们的主人翁意识和历史使命感。同时,要让学生牢记学校的校训和校歌,因为校歌校训里凝结着前辈们的切身感悟和经验总结。而在平时的上课、会议、活动方面,要让同学们积极自觉地佩戴校徽,一方面增加对学校和专业的认同感,另一方面校徽也会让学生随时随地高姿态地严格要求自己,时刻提醒自己的言行要符合一个大学生的形象和气质。

(二)带领学生开展丰富多彩的课外实践活动

课外实践活动,也称为第二课堂,是相对于学生平时正常上课的第一课堂而言的,与第一课堂的被动选择相比较,课外业余活动则是学生自我管理,更乐意积极主动参与的社会实践。

中共中央、国务院在《关于进一步加强和改进大学生思想政治教育的意见》中强调,文化部门和艺术团体要进一步推进高雅文化进校园活动,丰富校园文化生活,提高学生艺术修养。充分发挥爱国主义教育基地对大学生的教育作用,各类博物馆、纪念馆、展览馆烈士陵园等爱国主义教育基地,对大学生集体参观一律实行免票。

作为学生课外社会实践活动的主要指导者和带队老师的辅导员,应该以积极的心态去面对学生的各种健康活动。如暑期"三下乡"、义务帮扶、体育运动会、歌舞比赛、科技小发明等有利于提高学生动手操作能力的项目,不能因为怕出安全事故就对学生正当的课外活动、校外集体活动、寒暑假的留校意愿进行消极阻止或者禁止。不给学生锻炼机会,一味地对各种活动设限,换来的是学校的短期安宁,但失去的可能是学生找工作时的迷茫和失业后对学校、老师的严重不满。当然,在积极支持学生锻炼的同时,还要做好学生社团指导、服务和管理工作,规范队员的纪律和诚信意识,要把活动过程中可能出现的问题做个预判,并作出相应的合理规划,以备不测,以防后患。

（三）要精心设计、认真组织好具有特殊教育意义的活动

对于学生而言，在大学期间最值得怀念的记忆，可能就是开学典礼、军训、毕业典礼、校庆、各种颁奖典礼、入党宣誓等活动。因此，辅导员在带班过程中，一定要在这几个方面重点培养学生的集体主义意识和爱校情怀，要精心设计、认真组织、做好计划。要让每个同学都感受到来自集体的力量是巨大的，也要让同学们感受到，辅导员时刻在他们身边，无微不至地为他们服务。

另外，要充分利用“五四”青年节、“七一”建党纪念日、“十一”国庆节等重大节庆日，开展主题教育活动，唱响爱国主义、集体主义、社会主义主旋律。要深入开展“文明校园”“文明班级”“文明宿舍”，做“文明大学生”的道德实践活动，把思想道德教育的要求和任务融入大学生的学习生活之中，引导大学生从具体事情抓起，从一言一行做起，养成文明行为，培养良好的道德情操。通过以上集体活动，不断地提升学生的学习风气和和谐的人际关系，不断提高大学生的综合素质，让他们认识到身边的同学，可能就是未来事业上的最佳合作者或合伙人。①

（四）建立合理的班规

班规是一个班级的全体同学，在民主协商和民主集中制的原则基础上，共同形成的有普遍道德约束力的行为规范。班规不是为了限制学生的自由和权利，而是为了更好地促进学生的学习热情。要鼓励班级的成员形成互帮互竞、团结协作、共同进步的和谐竞争的局面。在班规的形成和执行过程中，辅导员要做好积极的辅助和引导，避免同学间的不良竞争和相互攻击。要在班会上明确，班团干部是普通同学的一员，是为大家服务的，班干要尊重学生，学生也要支持班干的工作。不能因为一己之私，而影响整个班级的整体利益。

（五）善于利用网络宣传

目前，网络已经成为学校师生交往和获得信息的重要渠道。在有些专业，网络甚至成为每日必须使用的资源。网络带给了师生极大的便利，也给学生工作带来了很大的挑战。在网络全球化的情况下，稍有不慎，部分学生的偏激情绪就会在网上转变为群体性的社会事件。因此，

---

①刘伟，郑卫东. 新时代背景下高校校园文化建设现状与对策探析——以上海高校为例[J]. 中国农业教育，2020，21(03)：75-80.

辅导员要善于运用网络上的各种交流方式和同学们进行正面沟通，宣传积极先进的文化，规避消极敏感的话题，要善于发现不利于团结和稳定的信息，把一些学生事件在萌发阶段就尽快解决掉。

(六)加强辅导员自身建设

创建优良的校园文化，在需要辅导员积极参与的同时，也需要辅导员提升自身的理论素养和工作技巧。因为学生工作琐碎、复杂而多变，如何从繁多的事务性工作中抽身，如何精神饱满地投身到各种课外实践中去，如何应付自如地处理各种学生突发事件，这都需要辅导员具有高超的理论知识和灵活的实践技巧。而事半功倍的处理效果，离不开辅导员自身综合能力的提高，这需要辅导员在日常工作中事事留心，时时总结，使自己变得更稳更强。

第七章 新时代高校辅导员自我发展的推进策略

第一节 建立辅导员自我发展的职业伦理

一、辅导员自我发展的职业伦理构建

(一)用“敬业”构建自我发展的职业伦理起点

敬业是对高校辅导员的内在规定。敬业是要高校辅导员认识自身的职业价值和这种职业对于人生的神圣性,从而发自内心地热爱自己所从事的职业,找到职业的尊严感与职业对个人的生命意义,从而全身心地投入其中,创造辅导员职业生活的价值。敬业是从事辅导员职业、做好辅导员工作的前提和基础。敬业就是尊重辅导员职业,对从事辅导员这一职业有发自内心的使命感和崇高感,把大学生思想政治教育、管理和服务看成自己的职责,从而激发自己对辅导员工作的职业认同感,在平凡的辅导员职业中实现生命的尊严。

1.敬业是热情和热爱的交融

没有爱就没有教育,没有爱就办不好教育。教育是一项需要激情的事业。只有热爱,才会有热情和激情。由热爱教育,到对教育产生热情,再到产生激情,是一个熟悉并逐渐深入教育的过程。当一个辅导员对工作确实产生了激情时,他会反应敏捷、充满活力。这种激情与活力使他以饱满的态度对待生活、对待工作和对待学生。

作为一名辅导员,敬业最核心的体现就是对学生无与伦比的爱。辅导员要无一例外地对每一个学生关心、关爱,就是要对他们好。“没有不成器的学生,只有教育不得法的老师。”更何况辅导员面对的都是正在接受正规教育的大学生。有缺点的孩子也是天使,我们的责任是要营造没

有缺点的天堂。

2.敬业是一种境界和使命

时代变迁赋予了敬业新的内涵。对辅导员敬业的具体解释还源于辅导员对职业的理解和从中受到的启迪，源于辅导员平时点点滴滴的行动。辅导员敬业在心理上表现为高、低两个层次：低层次是按部就班地完成基本的教育工作，以对学生、家长和社会有个基本的交代为满足；高层次就是把思想政治教育、日常管理和服务看作自己职业的使命，把辅导员职业行为当成人生的实践，当成生命存在的积极实践，当成通向个体意义人生坦途。辅导员敬业所表现出来的就是对思想政治教育工作忠于职守、认真负责、一丝不苟，并且有始有终。

我国宋朝的大教育家朱熹曾言："敬业者，专心致志，以事其业也。"当代辅导员不仅是一种专业、一个人的职业和事业，而且还是一种境界和使命，是一个人生命的意义所在。"爱岗敬业，教书育人"是每一位辅导员的神圣使命和职责。富有使命感的辅导员立足本职工作，不断地为自己的使命作出承诺和努力。他们都有一个共同的理想：投身教育事业，为了学校和学生做出自己的贡献。而完成使命、战胜挑战的经历，又让他们可以从工作中获得比别人更多的经验，并进一步完善自身的个性特长和能力，如组织能力、合作能力、沟通交流能力和学习创新能力等。

3.敬业是辅导员的承诺

教育选择了我们，我们也选择了教育。一个人能够主观为自己、客观为他人地活着，是一种幸福，而辅导员是能够过上这种生活的人。敬业爱岗，做好本职工作，积极参加教育管理和服务，求实、创新，辅导员是内心深处对教育事业的执着追求的承诺和期望。①

选择辅导员职业，就意味着选择这个职业所带来的很多东西，包括琐碎的规范和约束，当然也有欣慰与尊严。如果没有辅导员职业带来的自我约束，这一职业也就不会有美丽的光环，因此这种自我约束不应当成为辅导员的"锁链"，而应当能够帮助并支持辅导员及其他人员去发现和再次认识辅导员的职业方向和意义。

选择意味着行动。好的辅导员正是那些能够恪守其理想并在行动中不断丰盈、创造辅导员职业生命价值的人。在实际行动中，辅导员应时

①史慧明.高校辅导员职业伦理研究[D].南京：南京师范大学，2012.

刻保持对辅导员职业的认同感,从心底接纳它,敢于承担辅导员职业所赋予的义务和职责,像热爱生命一样热爱辅导员事业。

(二)用"悟业"构建自我发展的职业伦理根本

悟业是一种对职业基本要求、职业特殊性的认识深化。通过悟业,人们可以加深对职业的理解和认识,逐渐领悟到职业本身的价值。涉及辅导员这一职业时,悟业是指不断领悟为师之道,自觉提升自身的教育感悟与工作艺术,提升自我教育素养,并能随着时代的需要、社会的发展与教育的进步,不断完善自我、调整自我和充实自我,以积极的姿态创造辅导员的人生价值。

1.感悟职业的价值

辅导员可以用不同的方式去感悟辅导员工作的价值和意义,并从中体会辅导员职业的乐趣,挖掘出辅导员的自身价值。

辅导员工作是具有创造性的,思想政治教育中的很多工作都可以成为一种创造性的活动。辅导员的一次好的思想政治教育堪比编排一场精彩的话剧,并且可以获得同样的精神享受。

辅导员工作是充满艺术性的。每一位辅导员都应该把工作当作艺术创作。如果辅导员把自己的工作看成在创作音乐作品和艺术作品,培养出的学生就是自己的"作品",那么辅导员的工作就会变得趣味盎然,因为经过自己富有创造性的努力之后,那些学习品质欠缺、学习成绩差、行为不能自控的学生,也能以自己希望的样子出现在自己的面前。辅导员的工作具有满足感。为了自我满足而从事教育是一种乐趣。辅导员应把工作作为自己学习和提高的途径。一位资深辅导员做工作时,他的风格与众不同,他会不时停下来记录一些东西,因为他时时将自己的思维与学生的思维融为一体。他善于启发学生思考,经常鼓励学生提出不同意见和新的想法,一旦发现有价值的东西,便及时将瞬间灵感的火花和启迪记载下来。如此一来,他会从单调的工作中、从学生那里收获不少东西,每天他甚至在每一项工作中都会有新发现和新收获。

2.感悟职业的幸福

思想政治教育工作的复杂性使辅导员在职业活动中能获得丰富的情感体验,辅导员这一职业是一种幸福感很强的职业。对于追求幸福的辅导员来说,更重要的是挖掘辅导员职业的个人价值,在追求幸福的过程中捕捉辅导员内在的生命价值,让自己感觉到这是一个包含尊严与欢乐的职业,是一个真正能激发人的热情和灵感的职业。

辅导员职业能够带给人快乐。辅导员可以在与学生的交流中,张扬个性、肯定自我、展现才艺,充分展示出自己的个性与魅力,把生活与工作结合起来工作。当辅导员在工作中放弃了对物质生活的追求,把自己所做的工作与学生的成长和成才紧密联系在一起,与自我价值的实现联系在一起时,他就会获得精神上的自由,体会到职业带来的满足感和快乐。他就成了校园优美环境的欣赏者、学生良好举止的赞赏者、课堂生命力的激发者、神圣职业的吟诵者。

辅导员职业包含创造的幸福。当辅导员面对自己的学生,教授他们对生活的感悟和生命的尊重,表达自己的真情实感的时候,是一种非常幸福的职业体验。也只有从事这样的有尊严的职业,一个人才不会成为职业的附庸者,而是在自己的职业中进行创造性劳动,收获职业的幸福。

辅导员通过思想政治教育,将个人的世界观、人生观和价值观,潜移默化地传递给自己的学生,为学生提供精神的引导,促进学生的发展和成熟,改变学生对世界的看法和对人生的感悟,甚至改变学生的人生轨迹。从某种意义上讲,学生的生命就是辅导员的生命的延续,是辅导员人生价值的实现和对辅导员生命的肯定。

(三)用“乐业”构建自我发展的职业伦理归宿

乐业,即以业为乐。乐就是享受、快乐,能够享受职业生活,从中获得人生的快乐。乐业指向的并不是职业本身,而是辅导员自身的生命状态,是一种从辅导员职业中获得生命的充实、和谐与完满的生命状态。乐业的根本是一种生命境界的提升。如果说敬业是辅导员职业伦理的起点,悟业是辅导员职业伦理的根本的话,那么“乐业”就是辅导员职业伦理的归宿。

1.乐业是一种积极的职业态度

人生的真谛在于追求幸福和完满。要从职业生活中主动追求那份属于自己的快乐和满足,做一名乐业的辅导员。乐业的核心是辅导员职业对于辅导员个人生命的安顿,即辅导员个人能从辅导员职业中找到人生的精神依据,妥善地安顿自己的心灵生活。乐业与敬业同样重要,只有真正从辅导员职业中找到人生的价值归宿与生命欢乐的人,才可能积极敬业。

乐业作为一种职业态度，指乐于从事教育职业，具体指辅导员乐于与学生分享知识、经验、智慧和情感，与学生共成长、同幸福，并由此派生出以下六种乐：乐于教学；乐于育人；乐于和学生交往；乐于和同事进行业务合作；乐于和学生家长、相关的社会人员交往；乐于学习、反思和研究。

辅导员的职业兴趣是辅导员在从事教师职业的活动中所表现出的特殊个性倾向，它使辅导员对职业具有向往的倾向，使他们乐于去从事这种职业。只有当辅导员把这份工作当成一种乐趣，并由此使自己的人生变得丰富的时候，才可能成为真正优秀的辅导员。

2.乐业是辅导员职业伦理的理想境界

之所以说乐业是辅导员职业伦理的理想境界，是从道德的利人、利己两个角度来讲的。从利人的角度讲，辅导员职业伦理的理想境界是指辅导员在职业的积极实践中，最大限度地促进学生的发展。乐业的辅导员能以一种积极的态度从事教育工作，能更深刻地认识和理解教育活动，把握教育活动过程和结果的意义。同样，学生学习的过程将不仅仅是发展的过程，同时也是享受、感悟生命，欣赏生活的过程。从利己的角度讲，乐业使辅导员的职业行为成为一种自觉和自愿的愉快行为，而不再仅仅是出于一种社会责任、良知和理性自觉。在这种愉快的教育行动中，辅导员将充分享受到自身生活的幸福与职业人生的完满。

一个人职业活动的最高境界即生命价值、生活价值与职业价值统一，职业幸福与人生幸福相吻合。在这种吻合中，“不仅遵守一定的职业伦理规范，而且对职业伦理具有深切的认同感，能将职业操守与自己的职业生涯中的生命体验有机结合起来，将职业伦理作为自己的生命追求去恪守、护持，并以此作为自己的安身立命之本，在职业生涯中感悟道德和智慧，充分享受人生的幸福和快乐、追求道德智慧的完满与自足”。

二、辅导员自我发展的职业伦理调适

（一）自我定位，提升职业发展自信

正确的自我定位，能够帮助意识和行动一体化，避免工作在低位徘徊，能够使人们自觉地在工作中寻找有突破性和创新性的工作方式和方法。由于辅导员工作内容复杂，工作角色多变，所以辅导员要完成教育

者、管理者、服务者、协调员等不同的角色转换。同时,高校辅导员具有“干部和教师”的双重角色,但是要落到实处,归根结底还要看自身对辅导员角色的正确认识和明确定位。

对于高校辅导员职业的明确定位,对于高校辅导员职业的认同,不仅对所教育和管理的学生具有非常重要的影响,更关系到辅导员自身的发展。一名具有高水平职业认同感的辅导员,会在工作中表现出更高的积极性、更多的创新精神和更多的存在感与价值感。这对于提升辅导员的工作自信具有很大的作用。当然,对辅导员职业的认同不能停留在精神层面,要把对职业的认同变为教育实践,将更多的爱、关怀和帮助给予学生,从而体会到更大的职业满足。

(二)自我反思,挖掘职业发展潜能

自我反思是辅导员应该具备的一种职业能力。辅导员通过反思,可以对学习和工作中的成败得失进行分析,不断调整与提升工作能力。大多数辅导员都会经历职业高原期,处于高原期的辅导员要深刻反思自己面对的职业困境,通过反思发现自己在工作中存在的问题,努力寻求解决的办法和途径。辅导员可以通过坚持学习、勤于钻研,增强自己的职业发展能力,不断提升自身的综合素质,进而激发个人的潜能,找到自己擅长的研究方向和研究领域,挖掘职业发展机会,拓展职业发展前景。

反思在辅导员的职业实践中非常重要。反思能够帮助辅导员逐步完成对工作规律性的把握,通过对知识的反思实现理念的更新和能力的提高,最终达到增强辅导员工作效果的目的。反思不仅仅是对知识的反思,也应对辅导员、学生、辅导员职业活动都有一个反思。这种教育反思伴随辅导员工作而成长。当积累到一定程度时,它会不知不觉地应用于辅导员工作的各个层面,成为辅导员教育活动顺利开展的“润滑剂”。

(三)自我管理,增强职业发展韧性

辅导员工作要求辅导员具有较好的心理素质和较高的耐受力。辅导员要学会自我管理。

1.要有完善的社会支持系统

社会支持是指一种特定的人际关系,意味着有可以信赖的人在尊重和保护自己。当一个人在面临困难和压力时,如果有来自领导、同事、家人、朋友的帮助与支持,那么就能够提高自我管理能力,提高抗压能力,促进身心健康。因此,完善的社会支持系统是辅导员强大的精神后盾,不但可以在其遭遇挫折或困扰时为其提供强大的精神支持,而且可以帮助辅导员更顺利地完成工作任务。

2.加强情绪管理

“人的烦恼不是起于事件,而是起于人们对事件的看法。”情绪管理就是要了解自己情绪情感发生和发展的特点、水平和规律,要学会一些积极方法加以调控,寻找适宜的宣泄方式,保持积极的情绪与平和的心境,将抑郁、烦躁、焦虑等负面情绪的影响降到最低点。要培养自己乐观豁达的人生态度,养成开明的思路、开朗的性格、开阔的胸襟和敢于解剖自己的勇气。

3.勇敢地面对工作中的压力和困难

面对同样的压力源,最终产生的是积极应对还是消极应对,取决于个体的个性和应对机制。抗压能力强的人,对于相同的刺激所感受到的心理压力较小;反之,抗压能力较弱的人,感到的心理压力就较大。辅导员的工作特点决定了这是一项压力很大的职业,因此,在决定选择辅导员这个职业开始,就应该对具体的工作内容有所了解,并做好相应的心理准备。一方面,要正确看待工作中的压力。压力往往来源于工作中能力的缺失和个性的不完美,因此应尽可能把压力转化为动力,不断提升抗压能力;另一方面,在面对工作、生活中的压力时,要客观冷静地分析压力的来源,有针对性地解决问题,主动应对。

4.积极调整心态,畅通发泄渠道,学会适度减压

积极参加多种多样的社会活动,是积极缓解精神压力的一剂良药。比如,经常参加文体类的集体活动,通过文化休闲缓解工作压力;同时,保持与家人、朋友的良好沟通,努力得到家人、朋友的理解与支持;此外,还可以求助专业咨询人员,通过心理辅导及时排解负面情绪等。

(四)自我教育提升职业发展效能

自我教育是辅导员在面对挫折与困难时战胜消极情绪的法宝,它有助于辅导员增强面对挫折和困难的信心,帮助其提升职业发展的效果。通过自我教育,辅导员要对自身的职业价值有清晰的认识,能够在理性

与感性之间做出明智的选择。通过自我教育要充分认识到,在职业生涯发展过程中的客观条件和外部环境的不可控性,充分发挥主观能动性在自我职业发展中的决定性作用。通过自我教育,不断获得能力的提升、知识的增长,不断感知辅导员这一职业所带来的成就感和幸福感,是通过努力可以获得的。实践证明,通过自我教育,保持良好心态,构建和谐的工作环境,积极应对工作中的困难和压力,可以不断获得个人的成长与提升。自我教育可以激发辅导员对教育事业的热爱,认识到所从事的工作对于大学生成长成才的重要作用,并从日常的思想教育、服务管理和学生成长中体会到职业的价值。

第二节 改进辅导员能力素质的发展策略

一、全面提高辅导员的核心素质

辅导员职业素质决定辅导员职业化水平,职业素质的高低直接影响大学生思想政治教育与学生管理的成效,影响高校人才培养目标的实现。作为大学生行为指导者和引路人,辅导员应该具备以下方面的核心素质。

(一)高度重视辅导员的思想政治素质

思想政治教育者是辅导员的主要工作职能,这在某种程度上赋予辅导员工作一种政治化属性。辅导员应当成为学生政治上的向导、思想上的益友。教育部《关于加强高等学校辅导员、班主任队伍建设的意见》提到,辅导员应帮助高校学生树立正确的世界观、人生观、价值观,确立在中国共产党领导下走中国特色社会主义道路,实现中华民族伟大复兴的共同理想和坚定信念,积极引导学生不断追求更高的目标,树立共产主义的远大理想,确立马克思主义的坚定信念。辅导员思想政治素质的高低对辅导员工作的成败起至关重要的作用,优良的政治素质是辅导员能力素质的核心,对其他职业素质的形成起导向和激励作用。

辅导员的思想政治素质具体包括以下两个方面:一是政治理论水平。辅导员应当具有较高的政策理论水平和深厚的马克思主义理论功底,不断加强政治理论知识的学习，深入了解党的各项方针政策，与时俱进，分析国内重大事件与局势。二是思想觉悟程度。理论要对实际发挥作用关键在于运用，理论运用的关键在于思想觉悟。辅导员在认真学习政治基本理论的基础上，要积极思考并有所觉悟，只有将理论应用于实践中，才能真正提升自己的政治素质。

（二）全面提高辅导员的科学人文素质

科学人文素质是辅导员综合素质的体现。辅导员面对的是求知欲强，知识水平较高的大学生，要指导学生的各项工作和活动，就必须具备深厚广博的知识和丰富的文化底蕴。从一定意义上讲，辅导员的科学人文素质与思想政治教育工作水平紧密相连。要想成为一名工作水平较高的辅导员：首先，必须系统地学习思想政治教育专业的基础理论与基本方法；其次，掌握管理学、心理学、教育学等教育教学规律和相关专业知识；再次，围绕所带学生所学专业的相关专业知识，努力熟悉了解学生专业的特点、难点和专业发展走向；最后，学习一定的历史文化知识和法律常识，培养自己的文化艺术修养。只有做到这些，辅导员才能拉近与学生之间的距离，给予学生正确、积极的引导。

（三）不断磨练辅导员的身心健康素质

辅导员工作复杂而又烦琐，工作周期较长且不确定，工作中还会出现一些突发事件和危机，这些都要求辅导员必须具备良好的身心健康素质。按照国家相关文件规定，高校辅导员应按1∶200配备，但现实情况是大多数的辅导员所带学生数都超过这个比例。可见，辅导员的任务繁重。不但在工作期间要完成行政管理的工作，还要在学生的课余时间开展学生思想政治教育工作，辅导员的工作周期较长。据此，出于工作的需要，辅导员应该具备健康的体魄、良好的身体素质。良好的外在形象和文体特长，也是个体素质的一种体现，这有助于学生工作的深入和顺利开展。与此同时，辅导员应该加强心理素质的锻炼，由于辅导员工作任务繁重，工作压力大，工作中时而出现的突发事件和危机无形中给辅导员增加了心理压力和责任。此外，近年来，受经济发展和各种思潮的影响，学生中存在的问题呈现出多样化和严重化的趋势，大大增加了学生教育与管理工作的难度。这些都要求辅导员要有良好的心理素质，良好的心理调适力，善于化解工作压力和心理压力，并将压力变为动力，不断磨练自己的意志，提升各方面素质。

（四）严格恪守辅导员的职业道德素质

高尚的职业道德素质是高校辅导员必须具备的基本素质，是顺利开展思想政治教育的必要条件。职业道德素质的高低是辅导员成熟与否的重要标志，它是辅导员的灵魂，对辅导员工作职能的发挥起着至关重要的作用。身教胜于言传，假如没有高尚的道德，就很难做好学生的思想政治教育工作，辅导员其他工作能力都没有了根基。因此，在工作和生活中，辅导员要严格要求自己，恪守职业道德。首先，要有严于律己的形象、率先垂范的品格和无私奉献的精神；其次，作为一名辅导员，高校辅导员必须具备强烈的事业心和责任感；最后，辅导员应该有爱心，以学生为本、严于律己、宽以待人。复旦大学辅导员中流行着这样一句话："你的所作所为会影响一百多个孩子。"每个辅导员都应该明白自己所从事工作的重要意义，要恪守职业道德，用责任、奉献和爱心，引领学生健康成长。

二、大力提升辅导员的业务能力

辅导员所具备的业务能力是其开展学生工作不可或缺的基本条件和重要保证，包括辅导员对工作理论、工作规律和工作方法等的掌握和熟练程度，以及辅导员自身素养、思维方式、实践经验和其他有关知识和技能在工作活动中的综合表现。

（一）思想政治教育能力是根本

辅导员是开展大学生思想政治教育的骨干力量，是大学生健康成长的指导者和引路人。辅导员的思想政治教育工作的高度与水平，决定了他们能否顺利胜任"指导者"和"引路人"的工作角色。

首先，辅导员应具备较高的政治理论素养和政治敏锐性，引导学生正确认识当前的形势与政策。可以通过形势政策课、团课与党课的教学实践，使之成为"两课"的有效延伸，有效地引导学生吸收正能量，唱响主旋律。其次，辅导员要密切关注时事政治和社会热点，保持高度的政治鉴别力。针对学生关心和关注的国际焦点、社会热点问题，及时作出反应。辅导员还应掌握思想政治教育工作的主动权，立场坚定，旗帜鲜明，及时发现和消除影响校园稳定和学生安全的不安定因素，消除隐患。最后，辅导员要有一套行之有效的工作方法，以增强思想政治教育的实效性。可以通过主题教育活动，将日常教育与主题教育相结合，将理论引导与实践锻炼相结合，使大学生思想政治教育工作落到实处。

（二）组织管理能力是保证

辅导员的教育、管理和服务的职能大多是通过各种载体加以实现的，如思想教育、科技创新、文体竞赛、社会实践等，需要辅导员结合学校、学院、学生的实际情况组织策划学生接受度高、效果明显的学生活动，帮助辅导员履行工作职能。因此，这对辅导员个人的组织管理能力提出了很高的要求。这是开展好大学生思想政治教育工作的重要保证。[①]

（三）沟通协调能力是手段

辅导员要有较强的沟通能力，较好的沟通能力有助于解决复杂问题，处理复杂局面。从高校辅导员现有的工作情况来看，平均每个辅导员要带200名学生，有的辅导员可能还会带更多一些学生。面对成长环境、思想状况、学习成绩、性格爱好等都不一样的学生，辅导员的工作想要面面俱到是不现实的。因此，辅导员要想胜任自己的工作，就必须具备良好的沟通与协调能力。

沟通是辅导员开展工作的有效手段，通过沟通有计划地组织学生、激励学生和引导学生。辅导员只有掌握沟通技巧，在沟通中爆出清晰的沟通思路，有计划、有目标地进行沟通，才能实现沟通的目的。要在沟通中观察和感受学生的心理变化，适时改变语言方式，换位思考，寻求最佳解决问题的方法。此外，辅导员要能够协调处理好与领导及同事的关系，协调好与各职能部门的关系，协调好学生骨干与普通同学的关系，协调好工作和家庭的关系，只有这样，才能游刃有余地开展工作。

（四）提高创新能力是需求

高校辅导员的工作内容随着工作对象和社会实际而变化，需要不断地调整和提高。辅导员只有保持一种积极学习的工作状态，才能应对和解决工作中的各种问题。这种学习包括理论知识的学习，不断提高自身的政治素养和党性修养，能够在面对复杂问题的时候用科学的方法处理

①余南飞．新时期高校辅导员素质建设研究[D]．上海：复旦大学，2011．

问题和解读热点。辅导员在向书本学习的同时,还要在实践中学,向同行学习。辅导员只有在实践中不断摸索和积累工作经验,掌握工作规律,才能够游刃有余地开展大学生思想政治教育工作。此外,辅导员还要向学生学习。学生处在时代的前沿,掌握着最新的信息和技术。辅导员在掌握传统思想政治教育方法的同时,要顺应潮流,大胆创新,勇于实践,用学生喜闻乐见的载体开展教育工作,特别是利用现代新媒体等科技手段,努力贴近学生、贴近生活、贴近实际,不断增强自身素质,提高解决实际问题的能力,提高工作的针对性和实效性,增强工作的吸引力和感染力。

第三节 强化辅导员自我发展的职业生涯管理

一、树立辅导员职业生涯规划的正确观念

(一)转变观念,建立职业生涯发展的意识

职业生涯管理意识是指组织或个人对职业生涯管理在组织和个人成长的重要性的认识,要在充分了解自己和周围环境的基础上,确立职业目标,制定职业发展策略,职业生涯按照既定的目标和策略坚决执行。

从目前来看,辅导员工作常常陷入日常管理事务工作中。辅导员无暇思考自身职业能力的提升和专业素质的培养,对于自己未来的发展走向也比较迷茫。因此,辅导员需要强化对于个人职业生涯的规划意识。辅导员职业生涯规划自我发展要做的第一件事就是改变观念。辅导员本身必须建立职业发展的主体意识。辅导员的主体意识的觉醒是实现自我发展的动力,是最重要的条件。通过促进主体的改造,有利于辅导员加强专业活动,实际经验的专业发展,提升自身应具备的素质和能力。

职业生涯的自我管理与个人辅导员的发展有密切的联系,辅导员要不断加强自己的生涯管理。辅导员应学会正确认识自己的长处和短处,对自己进行客观评价,合理设计自己的职业发展规划,并按照设计规划自己的职业定位和发展,从而实现人的全面发展。

(二)正确评价,确立职业生涯成功的标准

职业选择、职业实践和职业发展,最终目的是事业的成功。事业上的成功不仅体现在公众在特定的时间判断成功的价值标准,它也是每一个职业生涯发展的追求目标,发挥激励作用和方向。因此,加强辅导员职业生涯管理,不仅建立了职业发展的认识,而且同时也要引导辅导员对职业发展目标确立正确的认识,必须不断调整职业生涯成功的标准判断,助推辅导员科学发展。

事业上的成功通常被定义为一个人在工作中积累起来的积极的心理和成果或成就。成功通常被分为主观成功和客观成功两类。评价主观成功和客观成功的标准是不一致的:主观的成功更多的是个人的理解,注重内在的职业生涯经验的过程;客观的成功主要是社会各界的理解,专注于外部的职业指标的结果。

职业成功是一个评价性的概念,无论从主观角度还是从客观角度,都需要职业者本身认同,是评价者职业价值观的具体体现。辅导员的职业发展是否成功,能否以职称的评定或行政级别的评定等政治、经济待遇为依据?答案是否定的。因为随着人们对成功标准认识的逐步加深,职业成功的标准已经改变,从注重结果到注重过程,从价值的外部评价到个人体验,而不仅仅是经济待遇和政治待遇。对不同层次、不同地区和不同专业背景的学生,辅导员都能顺利开展学生工作,这也可以成为辅导员职业成功的标准之一。

无论是在教师层面,还是在学生层面,辅导员在学生离校后仍然具有很高的社会声誉,从而可以提高其社会地位和辅导员的生活满意度,这也应该成为辅导员职业生涯成功的一个标准。这一评价标准能够刺激辅导员自身发展的持续动力,逐步扭转关于辅导员“是临时职位”“每个人都可以做”等社会认知的偏差。

二、加强辅导员自我的职业生涯的管理

辅导员的职业生涯发展需要组织的热情关怀,需要整个社会的积极关注,但是核心在于辅导员自身的高度重视。高校辅导员要坚持分阶段的规划和管理自己的职业生涯,加强对自己教育和管理活动的反思和学习,以自我教育为动力,将职业规划、自我发展和事业的需要结合起来,

促进个人职业生涯的健康发展。

对于职业生涯规划的"阶段论",许多学者提出了不同的分类方法。有"三阶段论""四阶段论"和"五阶段论"。美国心理学博士格林豪斯将辅导员生涯划分为四个阶段,这四个阶段分别是职业确立阶段、职业发展阶段、职业稳定阶段、缓慢衰退阶段。我国学者赵睿把辅导员分为早期、发展期、成熟期三个阶段。唐家良教授则把辅导员的职业生涯划分为适应期、成长期、成熟期、高原期、超越期这五个阶段。笔者综合各"阶段论",以及我国高校辅导员职业发展的实际情况和本课题的实际研究价值,把辅导员分为形成期、发展期、成熟期三个阶段。在辅导员不同的职业发展期,职业规划是不同的。因此,辅导员要根据自己的入职时长来制定适合自己的发展规划。

(一)以自我认知和目标设定为核心,加强形成期的职业生涯管理

这一时期是优秀辅导员专业成长过程中打基础的阶段,通常处于入职后的0~5年,这是高校辅导员专业成长过程中必经的一个阶段。

1.自我认知是职业探索的起点和基础

自我认知与职业探索可以从以下四个问题入手:我想做什么(主要包括职业兴趣、职业价值观、职业性格、气质、天赋才干等);我需要做什么(主要包括对职业定位的理解、对职业工作内容的认识、对处理人际关系的要求掌握、对统筹事业与家庭的思考等,考虑社会、工作、家庭对职业角色的要求);我能做什么(主要包括职业能力倾向,如语言表达、逻辑推理、组织管理等,包括自己掌握的专业知识、技能、工作经验、智商、情商等);我如何做(主要包括事业与家庭的协调、事业心与幸福感的双重管理、学生需要与教育管理意图的结合、工作经验与实际行动的相互促进、现状工作与未来职业生涯发展的链接、能力的培养与应用等具体实际操作的内容等)。

第一,"我想做什么?"其实是明确个人的职业价值观的问题。价值观与个人需求存在关联,但是比个人需求更为本质,对自我的影响更深远。一个人的价值观主要受制于其所处的社会背景,特别是家庭传统与教育的影响,同时也受制于个性、能力、情绪等心理因素。价值观涉及一个人行动的信仰和情感,表达了一个人真正想要的、在制定职业生涯规划中起近乎决定性的作用。很多人对价值观的认知可能模糊,而实际上在选择职业、工作过程中控制决策过程的，就是职业价值观。每个人对自己价值的认知有一个过程，当对自己的价值观认知得很清楚时，择业时遇到的问题就会小一点。关注职业价值观，是因为能够由，此得知哪些是对辅导员来说是最重要的职业因素。

"我想做什么"实际上是个人的动机，也是个体成长发展的内在力量。根据马斯洛的研究，这一动机是分层次的，包含生理需求、安全需求、社交需求、尊重需求与自我实现的需求。其中，自我实现的需求不仅代表了人的创造性愿望，更是对终身职业的一种自发的追求，因而也是辅导员自我认知所需要着重关心与分析的。辅导员从业者首先是一个活生生的人，他/她的理想应该在一开始就得到尊重，而不能单纯将其看成辅导员角色的长期扮演者。尊重辅导员本身而不是过分强调职业要求，不仅是人权的基本要求，而且也是尊重辅导员职业以及从业人员的基本要求。这里的困难在于辅导员从业者是否能够发现自身的真正的理想。大部分人对自己的目标或者理想是相对迷失的或者是不明确的，这实际上对创造性发挥来说是一种非常大的浪费。通过深入辅导员自我认知的，明确自身的真正理想所在是辅导员自我认知的重要目标。

第二，"我需要做什么？"实际上是指职业定位。自我认知的第二个提问方式是针对外在环境对个体的需求进行思考，并直接影响辅导员职业生涯发展中的职业角色定位。人不是生活在真空当中，总要扮演一定的角色，承担特定的责任和义务。对这些外在要求的认同与内化，是自我认知的重要内容。在某种程度上，自我认知就是个人学习社会要求的过程，是社会化以及再社会化的过程。针对辅导员职业角色的要求，将职业特点内化为辅导员从业者的自我要求，是一个无法回避的重要过程。辅导员主动对此问题的思考与探索，将非常有助于对辅导员职业的规划，并尽早适应和调整辅导员工作。①

尽管辅导员职业角色具有一定的普遍性，但在具体的工作内容上由于学校、院系、专业、学生特点等方面的不同，对辅导员的具体要求也有很大的差别，进而辅导员由于个体差异性，对"我需要做什么"的自我回答同样也有较大的认知差别。是否能够准确理解辅导员的职业特点并将其内化为对自身目标的设定，是自我认知的重要工作内容。

---

①李媛．高校辅导员职业生涯管理的问题与对策[D]．长沙：湖南师范大学，2012.

第三,“我能做什么?”是探讨优势职业能力的问题。自我认知的第三个提问方式是针对自身能力及所具备资源的组合可能性进行思考。这一自我认知的探索方向寻求对自身的行动可能性的理解,同时也是支持现实行动的自我认知的内容。这一自我认知需要分析自己的能力范围,探讨各种现实资源是否能够支持自身去达到的各种目标(尽管这些目标未必全然是主体所要)。这实际上是在目标不确定的情况下,对自己的实践能力、影响能力和工作能力的思考。

辅导员对“我能做什么”的思考,往往体现为在新开展工作时对各种工作可能性的分析。而对“我能做什么”的回答,往往与辅导员工作经历和对辅导员工作的各种辅助条件等因素的理解有关。拓展辅导员对这一问题的回答,往往有助于开拓新的业务空间。由于“我能做什么”的自我认知提问往往关注的是可能性,但对于这些可能性是否有必要实现及能否最终实现等问题依然是悬而未决的,因而“我能做什么”尽管有助于开拓自我认知的工作领域,但离真正的指导行动有一定距离。

第四,“我如何做?”是指的采取什么样的行动策略。自我认知的第四个提问方式是在面对现实的时候结合以上三个问题的理解,重点回答具体情境下“我如何做”的问题。“我如何做”是生活与工作中随时随地都可能面临的问题,这个问题直指未来自我的行为规划并将直接影响未来自己的身心、生活与职业状态,因而是自我认知与世界衔接的关键的环节。

辅导员在回答“我如何做”时,往往需要面对一系列具体的事务,如学生会议的组织、领导精神的传达、工作报表的编填、突发事件的应对等。如果仅仅限制于对操作性问题的理解,那么这一问题只会陷入琐碎与繁忙之中,并使辅导员精力耗尽。利用对其他问题的深思来反思“我如何做”,能够实现自身理想、现实要求与行动可能之间的和谐与升华,是辅导员自我认知的极为重要的内容。这是关系到辅导员能否顺利达成自身职业生涯发展的目标的问题。

自我认知是辅导员职业生涯发展的起步与基础。辅导员自我认知是指从事辅导员职业的个体对自我的认识,以及对辅导员这个职业与自身关系的认识,包括辅导员的职业价值观、职业角色定位、优势职业能力的认知、对具体行动策略的思考与谋划等。辅导员职业生涯中的自我认知实际上是一个长期的、动态的、阶段性的心理调适过程。辅导员的自我认知关乎辅导员工作开展的成效，对思想政治教育、就业指导、事务管理、心理咨询、党团建设、校园文化建设等工作能否顺利开展，起到关键的指导作用。辅导员的自我认知更是自身职业发展和人生发展的推进器和助燃器，在职业生涯发展中居于核心地位。

2.设定目标是职业发展的力量和源泉

职业发展目标一般是根据其专业能力的优势和劣势的个人职业分析，结合社会和职业机遇和挑战的需求，来确定自己的职业锚。实践与发展趋势表明，辅导员工作是一项伟大的事业，职业发展目标是否明确，是否合理和可行是辅导员走上成功之路的关键。因此，每一个辅导员必须基于主观和客观条件及各种因素制约，做一个明确的、合理的职业生涯目标设定。

关于人生职业目标的实质意义，美国人彼得·德鲁克有过明确阐释，他认为目标不是命定，而是方向；不是命令，而是承诺。目标并不决定未来，而是为了创造未来而动员资源和力量的手段。

(1)职业生涯发展目标要切合辅导员的职业定位、职业性质和职业特点

辅导员、班主任是高等学校教师队伍的重要组成部分，是高等学校从事德育工作、开展大学生思想政治教育的骨干力量，是大学生健康成长的指导者和引路人。这是辅导员职业化中对他们性质和任务的明确规定。高校辅导员工作队伍除了是思想政治教育工作骨干以外，还是高校教师队伍的重要组成部分。在工作职责上，辅导员是大学生日常思想政治教育和管理的组织者、指导者和工作者，这使辅导员在工作中日益形成大局意识和大局观念，具有较强的组织和领导能力。日常系统性的思想教育和心理辅导工作，又使辅导员在思想政治教育、社会学和相关专业领域打下了较好的理论功底和基础，具有较强的思想政治宣教能力。在职业特点上，辅导员具有政治性、教育性和服务性，工作要求具有直接性、复杂性和烦琐性，这使他们锻炼成政治素质高、责任意识强、方法手段灵活多样的组织者和领导者。从职业过程来看，辅导员岗位是培养人、锻炼人的地方，经过工作的锻炼，辅导员不仅可以实现思想感情的升华，而且还可以提高各方面的工作能力。

只有认识了辅导员工作的性质、职责和价值,才能真正理解这个职业;只有真正了解了这个职业,才会知道必须拥有什么、掌握什么,才能胜任这个工作;只有不断提高自身的政治素质、业务能力、师德修养,才能做好这个工作;只有不断提高学习创新,才能更好地适应形势发展的需要,成为一名优秀的思想政治教育工作者。因此,在认识辅导员职业的角色定位和职业性质的基础上,确定自己的生涯发展目标,是客观的,也是明智的,这样才会更有利于职业生涯目标的行动和实现。

(2)职业生涯发展目标应该是具体的、清晰的和明确的

顺势确定自己职业生涯发展目标,进而还需要将自己的目标定得具体、清晰和明确。职业生涯发展目标具有两重性,一方面,职业生涯发展目标是一种主观的、抽象的意识憧憬和设想;另一方面,职业生涯发展目标又是一种现实的具体的工作状态的描述。如"我想成为辅导员队伍中的专家",这是想象自己职业生涯发展目标的一种职业形象和身份体验。而要成为辅导员队伍的专家,需要具体设想自身在什么层次的高校、获得什么样的专家职位,是教学系列的教授还是研究系列的研究员等。而在实际中,要确定职业生涯发展目标就必须将二者结合起来,从具体到抽象、再从抽象到具体。这是我们确定自己职业生涯发展目标很好的方法论。因此,辅导员具体和清晰地确定职业生涯发展目标,就是明确自己想成为一个什么样的人,在行政管理职务上什么时候达到哪一级别,担任什么社会角色,在专业技术职务上何时成为哪一领域、哪一级的专家,以及在设定自己长远发展目标后,如何规划中期目标、短期目标等。厘清这些问题后,我们就会明白自己在辅导员岗位上适合干什么、想怎么干,在职业生涯发展上达到怎样的成功。

(3)职业生涯发展目标与生活目标相结合

人生除了事业目标外,还有生活目标,包括财富、婚姻、健康等。这些问题都直接影响人生事业的发展和生活质量。因此,在制定职业生涯发展目标时,应考虑财富、婚姻、健康这些必备因素。

(4)职业生涯发展目标需要将"人、时、空"三个维度综合考量

职业生涯发展目标需要宽度思考。辅导员职业生涯发展有一定的宽度,是指辅导员职业生涯发展方向是多维的,有多个发展方向。从实践看来,职业发展目标可高可低,选择的专业面可宽可窄。一般说来,专业

面越窄，精力就越容易集中，所耗时间、力量就较少，达到成功的机会就越多。例如，某一位辅导员想成为思想政治教育专家，此目标定得太宽了。因为思想政治教育专家包括多个领域、多个方向。一个人想要成为各方面的专家，精力有限，不现实。如果想成为一名思想政治理论课教学名师或学生事务管理专家，或就业指导专家，经过努力，是有可能实现的。在辅导员职业化、专业化的发展趋势中，追求成为某一领域、某一方面的专家，是辅导员切实可行的努力方向。

（5）一定时期职业生涯发展目标不宜过多

比如，一个辅导员在就职之初想做好工作、晋级加薪，想提高学历、职称，想拓展人际关系、加强人际交往，更想安家乐业、生儿育女等。可以说，这种种想法或目标都是合理和实际的。但是，生活和实践的经验告诉我们，这些目标必须是一个分期、逐步实现和较长期的发展过程。就事业发展目标而论，一个人在一定时期确实不宜将目标定得太多。同时设下几个目标，就可能一个目标也实现不了。当然，这不是说不能设立多个目标，而是可以把它们分开设置。具体说，就是一个时期设立一个目标，实现一个目标后，再实现另一个目标。

（6）需要深度思考职业生涯发展目标

深度是指辅导员职业在每个方向上能走多远。人生职业生涯发展的阶段是一个持续性过程，各个阶段之间并没有一个明显的分界。各阶段所经历的时间长短常因人而异。例如，有些辅导员的职业生涯发展得比较顺利，不但探索阶段短，而且从选定辅导员这一职业直到在政工岗位上退休，都没有出现转换职业的经历；有的辅导员职业生涯发展过程不顺利，总是徘徊在选择和试探阶段，虽然自始至终一直在不停尝试不同方向的发展，但到头来仍然是一事无成。高校辅导员无论是按职业化发展，还是转向专业技术、行政管理的发展都走向一个更远的目标，具有职业发展的一般规律。但是由于影响每个人职业发展的具体因素、具体特点和际遇不同，这也决定了辅导员不同的职业发展的纵深和长度。因此，我们既要掌握辅导员职业发展的一般规律，也要把握好自身职业生涯发展各个年龄阶段的特点，只有将一般规律和特殊规律很好地结合起来，才能获得职业生涯发展目标的长远成功。

(7)思考职业发展目标时长短要相结合

职业发展的目标应该按长短相结合来设定。长期目标是明确的人生方向,鼓舞人心,防止盲目的短期行为。短期目标是实现长期目标的基础,没有短期的目标,就没有长期的目标。尤其是在职业发展过程中,实现短期目标,可以体验到成就感和满足感,激发自己向更大的成功和更高的目标迈进。但是,只有短期目标,并没有远大的理想,也将影响到士气和志气,也将导致徘徊不前,不断从发展方向偏离。

辅导员职业生涯发展目标一旦确定,就不必在意别人的闲言碎语,被他人意志所左右。因为计划好人生,设计好发展,是义务、是责任、是权利。辅导员既然拥有了在高校工作的机会,在此期间做好职业生涯规划,正是夯实自身事业基础的最佳时机。

(二)以总结反思和调整适应为方法,加强发展期的职业生涯管理

这一阶段是辅导员个人工作深度突破上水平的重要时期,一般处于辅导员工作的5~9年,是辅导员在专业成长上的实践反思阶段。在这一阶段,辅导员摆脱了经验模仿,进入主动、积极的工作状态,能根据自身特点,确立自身专业发展方向,并开展反思性实践行动。处于这一阶段的辅导员,其自我发展可能会遇到一些困境,可能会在探索和实践中受到挫折,甚至产生职业倦怠,应发挥自身主观能动性,克服困难,向更高层次的目标前进,实现自我超越,推动自我发展。

1.总结和反思,优化发展思路

辅导员以理念引领反思,增强问题意识,应深刻认识到反思在辅导员工作中的重要性,在工作中学会反思,并将反思作为一种习惯长期坚持下去,在工作中不断增强问题意识。辅导员应在发现问题后,积极寻找解决问题的办法,总结出工作规律性的认识,进而找到最优解决方案。在此基础上,要及时将新理念转化为思想政治教育工作中的实践,并进一步完善相关理论认识,再次投入实践中去,形成"实践—反思—实践"的良性工作循环。通过总结反思、优化发展思路,辅导员的个人理论及实践能力在这一过程中可逐步提高,并形成自身独特、有效的工作方法,形成工作的新思路。

辅导员应以典型推动反思,促进问题解决。辅导员日常工作中的典型问题最具反思价值,各类典型问题的解决方法对于解决实践中同类问题具有重要借鉴意义，也是促使辅导员不断提高解决问题能力的重要方法。辅导员应善于捕捉思想政治教育工作中的各类典型问题，有针对性地进行反思，掌握行之有效的思维方式，特别是在解决过程中提炼出科学的思想方法，促进实践问题的解决。这一过程有助于辅导员调整思路，克服思维障碍，思维优化，最终实现在实践、研究中发展完善自身解决问题的能力。

这一时期的辅导员已经具备了较好的专业能力和工作经验，应该在此基础上进行不断的实践反思，并创造性地开展工作。虽然这种创造可能是零碎的、未能形成体系的，但是这种探索和创造是必要的，是自我工作风格形成的基础。

2. 调整和适应，克服职业倦怠

高校辅导员的职业倦怠是指在高等教育大众化背景下，由于职业化专业化程度不高、超负荷工作、职业价值与社会地位未能得到有效认同，辅导员产生的一系列消极的情感、意识和行为方式，以及由此出现的情绪、态度和行为上的一种衰竭状态。现实中，轻微职业倦怠可以表现为对工作缺乏耐心、热情、对工作投入不足、对学生缺乏关爱等。中等职业倦怠可表现为自我评价低、讨厌和排斥工作、丧失工作热情、对前途悲观失望。严重的职业倦怠可表现为不愿意与同行同事交往合作、对工作效果和个人能力缺乏自信、对外部发展环境和管理机制不满意、对待学生的工作方式简单粗暴。

这一时期，辅导员经过几年的工作历练之后，对学生工作的各项事务都已经熟悉，没有了一开始的新鲜感，工作热情也随之降低，对学生工作驾轻就熟，感到工作缺乏挑战性，开始表现出对工作的厌倦，对个人价值评价降低。而此时，辅导员开始谋求自我发展，开始围绕发展目标不断追求和探索，但是发现个人在能力与素质上、在时间和精力上遇到了发展中的困境，个人职业生涯的发展遭遇到“瓶颈期”，成为职业倦怠感最高的时期。此时，辅导员应该不断调整与调适，克服发展期的职业倦怠。

(1)辅导员要保持坚定的职业信念

辅导员也是教师，更是大学生成长成才的人生导师，因此，辅导员应具有教师的情怀和担当，要摒弃急功近利思想的影响，脚踏实地地做好学生工作。思想教育效果具有滞后性和隐性的特点，不会有立竿见影的教育效果。因此，辅导员要学会等待，要树立“十年树木，百年树人”的思想，把目光放长远，在立德树人中慢慢体会工作价值和个人价值，真正成为大学生成长成才的领路人。

(2)辅导员要有充分的职业自信

自信是一种强大的精神力量，自信是一种隐性的资本，它具有强大的力量。自信带来的能量比金钱和权力更大，是辅导员自我发展的强大支撑。只要有自信，即使遇到复杂的情况和困难的境遇，也都会将其化解，完成好工作。

(三)以学习提升和完成目标为动力，加强成熟期的职业生涯管理

这一时期，通常为工作的9～16年，优秀辅导员的基本特质已趋于稳定，已形成明确清晰的发展目标、丰富老道的实践经验，逐渐具有细腻宽厚的情感魅力和勇于开拓的创新精神。

1.坚持学习，提升学历

对于这个阶段的辅导员来说，随着工作、学习和思考的深入，他们开始有意识地探究学生工作的热点、难点问题。对思想政治教育与日常管理中的重点问题，会激发他们具有较强的征服欲望和探索精神，他们会积极地研究工作规律，总结工作经验。

处于成熟期的辅导员需要将工作实践思维转换为理论研究思维，这是一般辅导员与专家型辅导员的根本区别所在。能否实现这个质的飞跃，需要辅导员自身的不断发展和努力。辅导员应该不断提高专项技能学习专业知识，增强解决困难和问题的本领，继续攻读学生思想政治教育方面的硕士或博士学位，加深专业素养。

2.抓住机遇，完成目标

这个时期是高校优秀辅导员自我专业成长的最佳时期，应该抓住机遇完成自己设定的职业目标。他们在教育教学上形成了创造性、个性化的教育风格，使育人成为一门艺术。这一时期的辅导员在科研上也进入了成熟期、创造期，在专业领域里能够不断创新，有所建树，并具有团队引领和带动作用。这一时期的辅导员在人格上，学高为师，身正为范；在政治上，发挥旗帜的作用；在学业上，发挥导师的作用；在品行上，发挥典范的作用；在情感上，发挥感染的作用。

第四节 探究辅导员自我发展的专业路径

一、通过理论学习，全面提升自身内涵

（一）建立系统的知识结构

21世纪是一个科技不断进步、信息高度发达、知识迅速更新的时代，人们只有不断学习才能适应快速发展变化的环境。近些年，学习型社会、学习型组织理念被人们广为熟知和接受。

高校辅导员要具有宽广的知识储备，最为重要的基础理论是马克思主义的基本原理，以及马克思主义中国化的最新理论成果。马克思主义是思想政治教育学科得以建立和发展的基础。学习马克思主义的基本原理必须与马克思主义中国化的理论创新成果相结合，同中国革命、建设和改革的实践、中国历史传统、中国的优秀传统文化结合起来，把中国丰富的实践经验上升为理论，坚持和发展马克思主义。

在辅导员的专业知识结构中，作为主干内容的是现代思想政治教育学的理论与方法。其中，思想政治教育的基本理论及知识包括思想政治教育学原理、思想政治教育学、思想政治教育史、思想政治教育管理学、思想政治教育方法论、比较思想政治教育等方面的知识。大学生思想政治教育工作实务相关知识，包括思想政治教育、大学生党团建设、网络思想政治教育、班级建设、职业生涯规划与就业指导、困难资助奖罚管理、校园文化建设、社会实践、危机事件、突发事件应对与管控的相关知识。法律法规知识包括与大学生学习生活密切相关的法律法规和校规校纪。这些共同构建了辅导员职业的知识体系，是辅导员自我发展的专业知识支撑。

此外，辅导员还要多学习政治学、教育学、伦理学、管理学、心理学、法学、人才学、信息科学和系统科学等学科的有关理论知识和方法。要积极学习国外社会教育和高等教育研究的科学成果和先进经验，结合我国的国情，将其作为创新大学生思想政治教育有益的知识借鉴。

(二)提高专业理论修养

1.加强理论学习的自觉性是提高理论修养的关键

理论学习的自觉源于坚定而正确的信念。辅导员要不断提高专业知识理论修养,把理论学习和增强对中国特色社会主义的认识结合起来。要认真学习研读马克思主义原著,在原著中寻找解决现实问题的理论依据。要结合党的路线、方针、政策来进行理论学习,在理论学习中全面认识和掌握党的方针政策。要结合思想政治教育工作实践进行理论学习,在工作中边思考、边学习、边实践,既要干好事又要做好学问。培养理论学习的自觉性,必须从大局的高度、政治的高度出发,增强使命感和责任感,提高学习的自觉性和主动性。

2.要不断提高辅导员运用理论的水平

运用理论的水平既是对理论学习效果的检验,也是理论修养的重要体现。理论联系实际、学用结合、学以致用和学用相长是党一贯倡导的科学学风,辅导员提高运用理论的水平应把理论学习和自身思想的提高结合起来,把改造主观世界和改造客观世界结合起来。辅导员在理论学习中反思自身思想认识中的不足和偏差;同时,还要把系统的理论转化为科学的认识。要善于在理论指导实践的过程中深化认识、发展认识和升华认识,善于把理论转化为分析问题和解决问题的立场、观点和方法。要增强运用思想政治教育理论的能力与水平,运用科学的理论和方法观察和认识学生,发现问题、作出判断、运用理论,做好学生的思想教育工作。辅导员的理论运用水平体现在对社会实际的全面、客观的认识和把握上,要做到理论与实际相结合,学与用相统一,言行相一致,继承与创新相融合,反对教条主义和经验主义,理论学得深不深,体现在对客观实际正确的把握,用科学的理论去解答学生在实际生活中的新问题,化解矛盾,使学生提高认识。①

3.把握政策的能力,是辅导员系统掌握专业知识,提高专业化水平的重要方面

辅导员执行政策的能力和水平,要求他们应全面地理解和掌握国家的政策方针,全面系统地掌握各级政策法规,既要熟悉本学校、本学院的

①许辉.基于"自我发展"视角的高校辅导员职业伦理路径构建[J].继续教育研究,2018(07):109-112.

具体业务政策，又要熟知其他相关的规定。辅导员在学生教育管理中要善于灵活运用，一方面要坚定地贯彻落实政策，把落实各项政策作为自己的重要职责；另一方面要注意工作方式和方法，注重灵活性和原则性相结合，同时做好信息反馈工作，使各项工作更科学，更符合实际。

（三）强化科研意识，提升科研能力

从辅导员的实际工作出发，科研意识就是辅导员在适应学生工作环境、开展思想政治工作过程中运用思想政治教育工作的理论知识和实践经验，研究和分析在学生工作中碰到的问题。科研意识既包括对科研的觉察与主动性，又包括科研信念与热情、科研知识与经验等。敏锐的科研意识是辅导员做好科研工作的重要因素，因此，提高辅导员的科研意识是提升辅导员科研能力的关键。

辅导员进行科研工作应该首先从切身的实际工作出发，依据自身的专业特长、兴趣能力、价值观念等，针对学生日常管理、思想政治教育、心理健康教育、就业指导、职业规划、党团建设、危机干预等不同的工作方向，从职业发展的角度出发，制定科研计划。

对初级辅导员来说，要掌握的基本的思想政治教育理论和方法，主动参加学术研讨活动，积极了解科学的研究方法，善于发现问题和总结问题。对中级辅导员来说，要广泛地申报科研项目，包括辅导员工作创新、理论研究和实践研究等项目，积极争当课题研究的带头人，培养具有独立领导团队进行科研的能力。对高级辅导员而言，要结合其专业特长和兴趣能力，积极关注国内外学生工作的理论前沿和发展动态，科学地运用思想政治教育工作的研究方法，将科研成果转化为具体实践，积极参与学生工作相关的国际会议、学术交流，不断拓宽视野，培养自身开阔国际化学生工作研究的视野，并带领初级、中级辅导员建立课题组、组建科研团队。

总之，通过强化辅导员的科研意识，使辅导员实现“工作学习化、学习问题化、问题研究化、研究课题化、课题成果化”的理想化状态。

二、通过实践锻炼，全面提高工作素养

辅导员借助于社会实践提高自我能力的发展，是因为在改造客观世界的实践活动中人们能够获得发展，而职业实践在一定程度上制约着能

力发展的方向,因为职业实践对各种职业能力的发展起重要作用。高校辅导员通过在一线的工作实践,能够不断地提升工作能力。因此,高校辅导员在实践工作中要创新实践方法,持续、科学地开展深入、广泛的工作实践,避免工作过程中出现"低水平重复建设"。只有通过不断地实践,在过程中不断发现新情况,不断解决新问题,最终才能提高工作水平和提升自身职业能力。

(一)为人之师的道德修炼

"所有从业人员在职业活动中应该遵循职业道德的行为准则,行为准则包括了职业与职工、从业人员与服务对象、职业与职业之间的关系。"辅导员的职业道德包括很多方面,如育人为本、德育为先;爱岗敬业、关爱学生;以身作则、为人师表;勇于创新、奋发进取;淡泊名利、志存高远等。辅导员的职业道德核心是为学生服务,基于辅导员职业的特殊性,辅导员的职业道德水平不仅影响到学生的道德素质水平,而且还是自身道德素质的体现,关系道德素质的效果教育。辅导员的职业道德素质与辅导员的职业发展是相辅相成的,具备良好的职业道德是拥有美好的职业发展前景的必要前提;反之,连最基本的职业道德素质都不具备的辅导员,其职业发展必定会遇到种种困境。辅导员应该加强对自身职业道德的修炼。

育人为本是指辅导员把培养优秀的具有中国特色社会主义的建设者和接班人作为职业的根本。德育为先是指辅导员把对人学生的思想政治教育放在学生工作的首要位置。辅导员在开展思想政治教育等职业活动时,对待学生必须以正确的思想理论武装人,以高尚的思想感染人,坚持社会主义方向引导人,以高素质教育人。

淡泊名利是指辅导员应该忠实于崇高的教育发展事业,超越世俗功利,树立正确的职业观。志存高远要求辅导员安心下来干事业,一心一意从事育人工作,要求辅导员有远大的理想抱负,全心全意为学生的健康成长服务。

爱岗敬业要求辅导员干一行、爱一行。当从事一项职业时,任何人都应该喜爱自己的职业,热爱自己的工作岗位。如果一名辅导员想要达到优秀,就要热爱其工作的岗位,忠于职守。辅导员只有热爱职业,积极投身事业,才能做好辅导员的工作。辅导员应该不怕吃苦、兢兢业业、认真勤恳,努力把所有精力投入到培养优秀人才的辅导员事业当中去。

辅导员关爱学生的要求是把学生当成知心朋友,在把自己优秀品质和自己的知识技能传授给学生的同时,努力发现学生的优点与潜力。尊重学生的具体要求是让辅导员尊重每一位学生,包括尊重学生们的兴趣爱好、理想抱负、人生态度等;同时,还要求辅导员公平、公正地对待每一位学生,并且严格要求每一位学生。

教学生学会为人处世,这要求辅导员自己必须先学会为人处世之道,能够做到以身作则、为人师表。辅导员只有这样,才能做好学生的思想工作。孔子云:“其身正,不令而行;其身不正,虽令不从。”言传身教对于辅导员来说尤为重要。辅导员在工作中需要做到言行一致、严于律己、表里如一、以身作则,争当学生的楷模和榜样,处处注意自己的行为规范。辅导员的道德品质、言谈举止、性格气质等,都会对学生产生深远的影响。

创新精神要求辅导员要有强烈的创新意识,不断更新思想政治教育与学生管理工作的方法与思路,以适应不断变化的教育环境。奋发进取则要求辅导员要有不断追求进步的意识和态度,并始终保持足够的工作热情和激情,不断追求新目标、新境界。

当然,辅导员的职业道德素质除了上述几点之外,还包含刻苦钻研、严谨笃学、循循善诱、因材施教、团结协作、求真务实等。辅导员要在提高思想政治教育的实效性等工作中不断地提高自身的职业道德素养。这是从自身角度解决职业发展困境的最直接的途径。

(二)管人之术的能力锻炼

从事辅导员这一职业的人员在年龄、学识和阅历等方面都存在差异。为此,辅导员这一职业要依据从业者不同的能力特点划分出不同的职业等级。辅导员职业等级体系包括以下六个方面:思想教育的管理能力、人生发展的导航能力、党团组织的建设能力、专业知识的指导能力、生活心理的关怀能力、危机事件的处理能力。基于辅导员自身的发展需求,辅导员应该在不断加强自身业务学习的同时,注重提升自己的各项实践能力。

在思想政治教育与管理方面,辅导员要深入学生中去,可通过走寝、谈话、班会等形式直接了解和掌握学生的基本情况,也可通过日常观察、学生骨干反映等方法间接了解学生的情况,从而在第一时间掌握学生的思想动态,对学生所关注的焦点、热点问题进行及时、正面的引导,使学生的思想道德一直处于社会主义主旋律上。大学阶段是青年形成正确的世界观、人生观和价值观的关键时期。因此,辅导员应该注重运用灵活多样的方式帮助其形成积极健康的价值观。此外,辅导员还可以在校园内围绕社会主义核心价值观开展理论学习及实践活动,邀请思想政治教育方面的专业教师对学生们传授系统的理论知识,依托学生组织和社团打造具有品牌影响力的校园文化特色活动,从而更好地践行社会主义核心价值观。

在指导学生的人生发展方面,要清醒地认识到,辅导员是一个侧重于引导和激发学生潜能的职业,应该多与学生一起分析问题、探讨问题,让学生在解决问题的同时,意识和找到自身的潜力所在。辅导员是学生在校期间接触最多的老师,因此,辅导员要时刻注重自己的举止和言行,并用自己的经验去辅导学生,成为学生的榜样。此外,辅导员还要做学生的知心朋友。只有这样,学生才会说出所思所想,辅导员才能进行正确的引导与帮助,做到教学相长。

在党团组织建设方面,辅导员要抓好红色主义的建设工作,要在学生中间定期开展党团知识的理论学习和主题教育活动。可借助多种新媒体手段,增强学生学习的主动性及实效性。注重对学生党员的培养,要严格按照程序,做好学生党员的发展及教育管理工作。若能抓好学生党员这个群体,就能了解学生的思想动态、学习风气和精神风貌等方面,要努力让学生党员成为学生中的一面旗帜。

在专业知识的指导方面,辅导员必须不断地丰富自身的知识储备,掌握基本的专业知识并不断完备知识结构,与同学们一起进行新领域的学习与探索。同时,做到了解和掌握专业动态,还要从横向和纵向把握专业的发展趋势。辅导员只有这样,才能在学生中树立威信力,形成理想效应。为帮助同学们更深层次地把握专业知识,还可聘请相关领域的专家、教授通过开展讲座的形式对其进行指导,从而更好地为学生的成长和成才服务。

在对学生生活和心理的关怀方面,辅导员要了解和掌握大学生的需求,对于大学生常见的生活和心理问题能够进行有效的解决与排查;同时，注重运用法律和心理学等方面的知识帮助学生解决问题。对于几个重要的时间节点，如新生入学期、考研择业期、毕业生离校期，要加强重点关注与管理。要与专业的心理机构保持密切联络，对学生初期的不良情绪进行疏导与调节工作，懂得运用基本的心理危机干预方法。要在把握基本工作规律的主线上，不断深入分析和探讨有效的工作方法。

在处理危机事件方面，辅导员要掌握危机事件处理的方法与程序。在坚持原则的前提下，视情况而定。在危机事件发生后，要第一时间赶赴现场，了解基本情况并及时汇报。要依情况采取规劝、说服等缓和性的措施稳定当事人的情绪，或寻求相关部门采取救援等措施。对事件的发展，要持续进行跟踪。必要时，还应当召开新闻发布会以正视听。事后，要根据事件性质，依法追究相关人员责任，对人员进行必要的心理疏导，及时消除由此衍生的不良影响。要从整个事件的发生和处理过程中总结经验教训，建立和完善危机事件的预警机制。

三、通过朋辈指导，全面提高工作水平

（一）同事间的交流互助

在辅导员的自我发展中，应该如何调动辅导员个体或群体的积极性？虽然，制度与政策非常重要，但是辅导员发展的最终动力还是来自自我发展。部分高校在高校辅导员队伍建设的实践中积累了很多经验，常常通过辅导员协会、辅导员沙龙、辅导员论坛等方式，帮助辅导员的成长与发展，形成了互动交流型辅导员的发展模式。这种互动交流型的发展模式，加强了辅导员同事之间的相互学习，对于辅导员职业能力的提升具有很大的促进作用。

辅导员要创造条件积极参加高校学生工作沙龙、论坛、竞赛等交流活动，与一线学生辅导员交流经验，进行思想碰撞。辅导员协会是一个集辅导员交流、学习和培训为一体的组织。2005年，复旦大学成立了全国首家高校辅导员协会。复旦大学的辅导员协会在理论学习的基础上，根据辅导员的实际需要，制定辅导员培训大纲，为辅导员提供可选择的培训课程。培训不是简单地让辅导员学习理论知识，而是更注重辅导员间的交流、研讨。通过主题式研讨，组织辅导员进行讨论，积极营造同行同事间相互学习、共同提高的氛围。清华大学在这些方面也有自己的经

验。他们编辑的《辅导员之友》专题杂志,除了提供思想政治教育的基本理论和实践探讨外,还开设了其他栏目,促进辅导员之间经验的分享与交流。此外,随着微信被大众广泛使用,微信也成为辅导员之间跨地域交流的重要手段和便利平台,辅导员之间可以通过"辅导员微信公众号",分享工作经验,交流工作心得,讨论工作方法,共享公共资源。例如,"高校辅导员联盟""第一辅导员"等微信公众号,分享了很多辅导员工作的经验和做法,对于辅导员的发展有很好的示范作用。辅导员应该创造机会参加辅导员岗位交换活动,在不同高校间、不同岗位间进行实践锻炼。要争取自愿参加辅导员跨校的短期考察,加强对整个高校辅导员职业深刻的、系统的和直观的认识,有的放矢地使自身职业能力获得提升。教育部辅导员工作研究会每年都举办国内高校的交流活动,在这项交流活动中,辅导员不是进行简单的经验学习,而是亲身实践,在工作中获得新技能和新思路。辅导员国内跨省挂职交流开辟了辅导员培训提高的新渠道,搭建了辅导员向兄弟院校学习和借鉴的新平台,为辅导员的自我发展注入了新活力。

同行同辈间的交流互助能够充分调动辅导员个体、群体的积极性,变"要我学习"为"我要学习",变"要我发展"为"我要发展"。这实际上是辅导员发展主体、理念和途径的转

(二)"先""优""模"的榜样示范

榜样的力量是无穷的。典型教育也叫示范教育,它是通过典型的人或事进行示范,教育人们提高思想认识的一种方法。典型教育法是将抽象的说理变成通过活生生的典型人物或事件来进行教育,从而激起人们在思想感情上的共鸣,引导人们学习与对照效仿。

辅导员要把工作中的"先""优""模"当作老师,可以借鉴部分院校的辅导员导师制,邀请富有经验的老辅导员或者年轻优秀的辅导员担任导师。顾名思义,导师制是有经验的优秀老辅导员担任新入职辅导员的老师,在亲密的师生关系下,老辅导员不仅能帮助新辅导员积累工作经验,而且还可关心他们的学习和生活。因此,在辅导员培养上,尤其是新入职辅导员的培养上,可以借鉴这种教育培养模式。新入职的辅导员工作热情饱满,但对自我认知及职业认知都还比较模糊,对于职业前景、发展方向也不太了解。年轻的辅导员可以邀请富有经验的老辅导员担任其

导师,这样可以充分发挥学生工作“传、帮、带”的优良传统,对其进行指导和帮助。

在辅导员职业导师的帮助下,年轻辅导员能够尽快完成角色的转变,明确角色定位,树立职业发展目标,传授工作经验,解决工作难题;老辅导员可以督促新入职的辅导员不断加强学习,进行学术研究,完善其知识结构;老辅导员还可以帮助新辅导员构建和谐的工作环境和建立良好的心理素质。例如,福州大学就有建立辅导员导师制的成功经验,他们为新入职的辅导员指定导师,导师对新入职的辅导员进行为期一年的“一对一”指导。导师制的做法值得借鉴和推广,有利于辅导员个人能力和素质的快速提升,促进辅导员的自我发展。

教育部每年都会评选“高校辅导员年度人物”,其活动的目的在于发掘和宣传辅导员群体中的先进典型,树立辅导员队伍中可亲、可敬、可爱、可学的优秀榜样。通过对典型人物的宣传,将他们优秀的个人魅力、工作经验与敬业精神分享给全国的辅导员们。类似这样的活动还有辅导员技能大赛,辅导员博客大赛等赛事,充分体现了“先”“优”“模”的榜样示范作用,能够更好地调动和激励辅导员们以优秀者为榜样,不断增强自身的业务素养和职业能力,促进自身的全面发展。

第五节 优化高校辅导员自我发展的管理机制

一、重视辅导员的职业生涯规划

(一)引入辅导员职业生涯管理理念

辅导员队伍的发展问题主要是指辅导员的职业生涯发展问题。在辅导员职业生涯发展的过程中,辅导员职业的认同感和工作成就感的提升非常重要,要将物质奖励和精神激励相结合,特别是要加强对辅导员精神激励的关注。Argyris在20世纪60年代最早提出了“心理契约”的概念。这一概念强调了组织和员工有一种隐含的、非正式的关系。这种关系是一种相互期望和理解,是除了具有正式契约关系之外的另一种关系。20世纪80年代以后,美国管理心理学家施恩(Schein)进一步界定了心理契约的内涵。他指出,心理契约是指"个人将有所奉献与组织欲望有所获取之间,以及组织针对个人期望收获而提供的一种配合"。按照这种理论,在辅导员进行职业生涯管理的过程中,只有了解了辅导员的内心需求,才能更有针对性地激励辅导员不断发展。如今的高校辅导员都有相对较高的个人素养和综合能力,属于高知人群。相对于学历较低的人群来说,他们在工作中更加渴望得到自由和独立,更需要得到认可和尊重。因此,在辅导员的自我发展过程中,了解自己工作的发展空间和发展前景具有十分重要的意义。

高校传统的人事管理往往重使用、轻培养,这样传统的认知管理模式,是在管理者长期经验中积累建立起来的。这种理念不重视辅导员职业潜能的开发和辅导员自身职业价值的实现,而是更多地关注辅导员的工作业绩。在这种传统的管理模式下,辅导员只会事务缠身,缺少对自己职业生涯发展的展望和规划,会逐渐产生职业倦怠,丧失工作的积极性,对自己的职业前景逐渐失望。因此,在高校辅导员的使用和培养上,要借鉴职业生涯规划管理理念,高度重视辅导员的职业生涯规划,重视辅导员的培养与培训,积极引导辅导员进行自我职业生涯的规划,拓展辅导员的职业发展空间,促进辅导员的成长发展。

思想是行动的先导,管理理念的先进与否直接影响管理行为及管理效果。应加强高校辅导员职业生涯管理,将职业生涯管理理念引入高校辅导员队伍的管理中,实现高校辅导员队伍的整体提升和快速发展。首先,要转变高校的人事管理观念,转变那种视辅导员为高校人力成本的观念,而是应将辅导员队伍视为可以在高校教育教学管理中可开发的、产生良好的社会效益并能发挥重要作用的人力资源。其次,要突破传统的管理理念。不仅要实现辅导员人尽其才、才尽其用和用见其效,而且还要提高对辅导员职业技能培训、培养的重视程度,使他们有增值的机会和发展的空间,以充分实现其自我价值。

因此,从辅导员自我发展外部环境的营造上,需要辅导员的管理部门提高对辅导员职业生涯规划的认识,构建辅导员职业生涯管理的机制,优化辅导员的知识结构,培养辅导员的专业技能和素养,提升辅导员的职业认同感,为他们创造发展的空间和平台,把辅导员工作视为能实现个人价值的职业,使他们感受到辅导员职业是有广阔的职业发展空间的、值得为之奋斗的终身的一项事业。这样一来,每一位辅导员就能最大限度地发挥自己的主动性、积极性和创造性,不仅能够有效地开展大学生思想政治教育工作,而且还能够服务于学校的发展目标,进而更好地实现自我发展。

(二)设立“辅导员职业生涯管理委员会”

辅导员职业生涯委员会是加强辅导员职业生涯管理的一项尝试,是高校对辅导员职业生涯管理和规划的部门。它由学校人事部门和学生工作部共同建立,由校内外专家或资深辅导员担任职业生涯指导顾问。其主要职责应包括以下五个方面:规划、制定高校辅导员培训培养方案;分析辅导员的职业特质,帮助辅导员规划职业生涯发展;提供辅导员的职业生涯发展咨询服务;检测、监督辅导员的职业生涯发展进程;加强高校组织与辅导员个人的信息沟通。

职业生涯管理委员会采用会员制管理,定期举办沙龙,一方面解读学校在辅导员队伍建设上的相关政策与措施;另一方面倾听辅导员的愿望与需求,及时调整辅导员政策和制度,实现辅导员与高校之间的信息畅通和信息互动。这样做有利于辅导员及时了解辅导员队伍的整体发展,将个人发展与组织发展融合起来,使两者之间达到和谐平衡的发展状态。

(三)设计辅导员职业生涯通道

“确定的职业生涯通道有助于员工了解自己在该组织中的职业生涯发展的框架,更好地按组织的需求进行发展,或者根据自己的特长来确定适合自己的发展道路。”术业有专攻,学生工作涵盖范围广,需要辅导员在多项领域都能够有所涉猎,但是辅导员要想在所有领域都能做到样样精通却非常困难。

从辅导员自我发展的角度来讲,成为学生思想政治教育工作某一领域内的行家里手,走专业化、专家型道路是辅导员自我发展的一种最优选择。高校可以根据辅导员的职业发展目标、岗位经验基础、能力与知识机构、性格特点,设计打造管理型、专家型、学者型辅导员。成为学者型辅导员的基本特点是具有深厚的马克思主义基本理论功底,掌握大学生思想政治教育规律,并具有一定的学术科研能力。为培养学者型辅导员,学校可以组织他们进行科研交流、学术讲座及理论学习培训,为他们的成长成才提供条件。学者型辅导员可以成为思想政治理论课教师的后备力量。专家型辅导员的特点是在学生工作某一领域专业化程度高,专业能力和素质强,专业经验丰富。为培养专家型辅导员,学校可以依托专门的机构,选送辅导员参加国家心理咨询师资格培训、职业生涯规划师培训、创业导师培训等,提高他们的专业技能。管理型辅导员的特点是组织管理能力、沟通协调能力都较强,擅长党团建设、资助管理、班级建设、学生干部培养、突发事件处置。为培养管理型辅导员,可以有针对性地安排他们参与组织学校大型活动,进一步锻炼他们的组织协调能力,还可选送优秀的管理型辅导员成为学校机关管理人员的后备力量。①

二、积极推进辅导员队伍的职业化建设

(一)提高对辅导员职业化的认识,落实好相关政策

1.高度重视辅导员职业化

第一,高等学校尤其是高校领导层,要充分重视辅导员队伍职业化建设,熟悉中央和教育部关于辅导员队伍建设的相关文件,在办学理念、办学思想上,充分认识辅导员队伍在学校人才培养工作中的重要作用,真正把辅导员职业化建设的重要性提高到学校发展战略的高度上,将其看成提升高校办学质量、强化教师队伍建设和提升高校综合竞争力的重要组成部分。同时,结合上级文件精神,制定操作性强的辅导员职业化建设实施细则。育人为本,德育为先,要真正把学生思想政治教育坚定不移地放在学校人才培养工作的首要位置,给予辅导员职业化提供全面支持,消除政策和体制造成的各种根本性问题。

第二,学校全体师生应该逐步转变观念,正确认识学生思想政治教育工作开展的重要作用,剔除传统的诸如辅导员是教育管理工作的“保姆”、人人都可以胜任、辅导员是维持学校秩序的“学生督导”等思想,切实认识到辅导员职业的重要性、专业性与职业性发展的必要性,积极配合辅导员,从本职工作出发,形成全校多方合力育人的良好局面。努力营造全员育人的氛围,协同配合做好学生的教育、管理和服务工作,改变

①吴渝婷.高校辅导员职业发展规划的对策[J].中外企业家,2017(15):174.

对辅导员队伍的错误认知，支持并关注辅导员的职业化建设。

2. 采取措施，落实相关政策

国家关于辅导员队伍建设的相关文件经过深入调研和论证已相继出台，在具体实施过程中，要提高认识，坚决贯彻落实各项政策，切实规划好辅导员职业化的方案并制定相关的保障制度，切实保证高校辅导员职业化建设的资源供给。学生思想政治教育队伍工作在大学生思想政治教育的第一线，其任务繁忙、责任重大，学校要从政治上、工作上和生活上关心他们，在政策和待遇方面给予适当倾斜。因此，迫切需要中央、教育部、地方政府、教育行政主管部门、高校形成合力，出台具体、明确的实施细则、配套制度，并加以监督落实，应把辅导员队伍建设的职业化、专业化纳入高校办学质量评估体系，并将其作为衡量高校党政工作的硬性指标。

高校要严格按照文件要求，采取行之有效的具体措施，坚持“留住人、造就人”的理念加强辅导员队伍建设；思想认识上，要高度重视，提供和保障工作待遇，不断增强辅导员职业认同感和职业吸引力。思想政治教育工作是学校发展的“生命线”，辅导员作为一线思想政治教育工作者，要视其为高校管理干部和专门人才培养的重要储备，出台与本校实际情况和发展需求相适应的文件、条例来提高和保障辅导员的政治地位和经济地位，保障其至少不低于同级别专任教师的经济收入，真正获得学校的充分重视和内心的满足，从而提升辅导员对自己的职业充满自豪感，积极主动地投入大学生思想政治教育工作。高校应严格执行国家有关辅导员队伍建设的各项政策，包括辅导员是教师和管理干部的双重身份等，努力营造和谐的工作氛围，给予辅导员更多人性化的关怀，优化辅导员工作的软环境。

（二）明确高校辅导员职业标准，建立和完善辅导员从业制度

高校辅导员职业化建设中的一个重要的标志就是辅导员拥有独立的职业地位。而要拥有辅导员专享的职业化工作地位，首先应通过明确辅导员职业标准、确立辅导员职业职责范围、确定辅导员职业专业化发展方向来实现。要区分辅导员这一职业与高校教师和机关行政干部的相同之处及不同之处。辅导员是独立的职业，辅导员队伍是相对独立的群体，因而要建立起一项特殊的、完善的准入、聘用、职级、考评及退出机制。

1.建立统一的辅导员职业准入制度

应明确辅导员职业资格认证体系,逐步完善辅导员各项职业标准。要像社会其他行业需要具备从业资格一样,如会计师资格、律师资格等取得必须通过一定的考试和认证,辅导员也要在思想教育、心理辅导、就业指导、学习辅导等方面综合运用教育学、心理学、医学、公共关系学、组织行为学、管理学等理论和前沿实践,最终达到对学生成长进行指导和服务的基本要求,以及相应的职业认证。这一目标可以通过建立健全高校辅导员职业认证资格机制,通过职业资格认证、注册制度,逐步推行辅导员持证上岗机制,确保辅导员从业的专业能力和职业水平。应构建科学的高校辅导员胜任力模型,并以此为标准来选拔和聘用辅导员。另外,高校还要在相关部门的组织下,对新入职的持有职业资格的辅导员进行具有本校特色的岗前培训,如校史和校情教育、专业思想教育、《学生手册》学习、危机处理,以及本校有关辅导员的相关管理制度培训,辅导员做岗前培训合格后,方可被录用上岗。

2.完善现行的辅导员职称评定体系

在辅导员专业职称评聘、职务晋升上,实行辅导员双重职业路径,坚持"两条腿"走路,一走专业职称,一走行政职务。在职称评聘上,各高校在政策上应给予适当倾斜,建立单独的辅导员职称评定体系,制定与辅导员实际工作相结合的职称评定标准,结合个人实际工作业绩可适当放宽教授级别辅导员的评聘标准,增加高职称辅导员比例。专业技术职称可参照助教、讲师、副教授、教授的专业职级,行政职务按照科员、副科、正科、副处、正处的管理职级,设立不同级别的辅导员岗位,由低到高。不同的岗位和职级的收入水平逐级递增,由低向高晋升要明确工作年限和工作实绩。

根据职业发展理论的提示和现实的需要,高校要重点考虑辅导员职称体系的建立和为辅导员创造良好的工作条件问题。高校在制定职称评审文件时,应在考虑学生思想政治教育复杂性和艰巨性的基础上,将职业化辅导员的职称评定标准与专业教师区别开来,按照德、能、绩、效的标准,完善一套与辅导员工作特点、规律相适应的职称评定体系。各级各类高校应加强思考,加强探索,不应简单机械地制订专业教师的职称评聘标准,要尽快制定完善适应辅导员工作规律和特点的职称评定体系，根据其工作的特殊性进行单独评定，给予适当的政策倾斜。成功的案例如上海大学通过“五级聘任”的方式，保障辅导员的职称晋升和待遇，这对辅导员职业地位的提升起到非常大的促进作用。辅导员职称序列单列是国家政策明确规定的，但在现实中受各地人事制度限制却是最难以实现的。贵阳学院出台了辅导员职称评聘单列指标、单设标准单独评审的“三个单列”指导性文件，校学术委员会在研究博导员评聘原则时，明确了“辅导员优先”的原则，并在职称评聘上开始进行有益尝试，对广大辅导员具有较强的激励作用。

3.建立科学的辅导员考评制度

完善的职业考评制度有利于约束从业者的职业行为，有利于激励从业者做好本职工作。辅导员的职业化进程离不开科学的考评制度。首先，应科学设定考核指标。由于辅导员的工作具有特殊性，其工作内容能够定性分析的较多，能够定量分析的较少，辅导员的具体工作成效很难用具体数字反映出来。思想政治教育工作是一个系统工程，需要各个方面配合才能产生成效。此外，教育学生是一个潜移默化的过程，短时期内很难起到立竿见影的效果。因此，不能简单地以所带学生在校期间的表扬和奖惩情况来评判辅导员的功过是非。通常情况下，高校的辅导员考评指标包含“德、能、勤、绩”四个方面，范围涵盖内容广，但缺少量化的指标，在实际的考评中应就每个方面作出具体规定。如考核辅导员的“能”可以设定为辅导员的获奖情况、科研成果等。在辅导员的“勤”，则要求人事部门要做好辅导员的出勤情况统计，以及辅导员深入学生次数统计等。

(1)要完善考核方法

应先把辅导员的考核标准和办法以文件的形式固定下来，不能朝令夕改。根据辅导员工作的特点，对辅导员的绩效考核工作可采用“360度评估法”，从辅导员自评、院系领导测评、职能部门评价、部分专业课教师和学生评价等方面，对辅导员的工作进行全方位考评，增加考核的可靠性和有效性。

(2)要注重考核结果的及时反馈

应将考核结果公示后存入档案。学校应及时将考核结果对每个辅导员进行分析、总结。对于考核不及格的辅导员，应找其个别谈话，解释此次考核结果,分析该辅导员工作中存在的问题,达到鞭策后进的作用。对考核多次不合格的辅导员,应有相应的处理办法。考核结果的反馈和运用,是考核能否取得预期效果的关键环节。同时,考核的结果应该与辅导员的薪资待遇、培训交流、职称评定等紧密挂钩,赏罚分明,有利于激发辅导员的工作积极性。只有这样,考核才能真正起到奖励先进、鞭策后进的作用。

4.完善辅导员流动和退出机制

高校应逐步完善辅导员流动和退出制度。根据实际工作的需要,辅导员可结合自身情况流动到校内教师或相关职能部门的管理岗位,表现突出的辅导员也可以提拔到二级学院党委等学生思想政治教育和管理的相关部门,尽量保证不离开学生教育和管理岗位,避免专业人才流失。如果辅导员在考核或日常工作中出现职业不匹配、工作不称职、工作不到位、工作不安心等情况,那么就应及时果断地启动退出机制,保证在岗的辅导员具备良好的职业操守和胜任岗位工作的能力,保证辅导员队伍的相对稳定,奠定辅导员队伍职业化发展的基础。

三、改进高校辅导员工作运行机制,创新管理机制

传统的辅导员管理模式是由多个部门分块管理,这在某种程度上制约了辅导员职业化的发展,应着力改善辅导员工作的运行机制,创新管理体制,理顺管理关系和工作模式。

(一)明确辅导员角色定位和工作职责

明确辅导员的角色定位要回答的是辅导员“是谁”的问题。辅导员是高等学校教师队伍和管理队伍的重要组成部分,具有教师和干部的双重身份。辅导员是开展大学生思想政治教育的骨干力量,是高校学生日常思想政治教育和管理工作的组织者、实施者和指导者。辅导员应当努力成为学生的人生导师和健康成长的知心朋友。

从辅导员“是大学生教育管理工作的组织者和实施者”来看,辅导员处于思想政治教育工作的一线,做好思想政治教育工作是辅导员工作的首要职责,要结合学生的不同特点开展有针对性和实效性的思想政治教育;同时,也要负责对学生的学习、生活等各个方面的管理,组织学生开展各种文化艺术活动,如社会实践活动、科技创新活动、志愿服务活

动等。

从“辅导员是大学生的人生导师和知心朋友”来看，辅导员是与大学生接触最多、交流最多的老师，他们容易与学生打成一片，也能够成为学生的知心朋友。同时，由于辅导员有较为丰富的人生阅历和实践经验，能够更好地了解学生成长过程中的困惑与问题，并在其人生发展方向上给予指导。因此，辅导员可以成为学生“人生导师”。

由此可见，辅导员具有教师和管理人员的双重身份，他们不仅是学生工作事务的管理者和组织者，更是学生健康成长的人生导师和知心朋友。因此，由于身份复杂、角色多样，辅导员的工作也是千头万绪，一旦陷入事务性的工作中，就会失去发展的方向。因此，只有抓住工作中的主要矛盾和矛盾的主要方面，才能取得事半功倍的效果。总之，要加强辅导员队伍的职业化建设，要明确辅导员的角色定位。只有这样才能使辅导员产生职业归属感，增强职业认同感，激发辅导员的职业进取心。

辅导员的工作职责要回答的是辅导员要“做什么”的问题。权责不明、分工不清是当前辅导员队伍的整体问题，辅导员是“万金油”，什么都能做，什么都该做，只要涉及学生的问题，无论什么都与辅导员相关，导致辅导员承担了很多超于其职责范围内的工作，造成辅导员事务缠身，身心疲惫，无暇顾及个人的职业化、专业化发展，无法有效地开展学生思想政治教育工作。明确界定辅导员的工作职责，有利于辅导员的自我发展。

要做好高校辅导员的职业化队伍建设工作，需要采用精准的工作分析和科学的工作设计，合理分工辅导员工作，明确工作归属，明确各项工作的特征、规范、要求和流程，以及完成此工作所需的技能、知识和能力。从教育部的规定可以看到，辅导员的工作职责首先是教育职责，其次是管理职责，最后是服务职责。对辅导员工作职责的界定表明辅导员虽然在组织中扮演着重要的角色，但这只是学校管理工作中的一个环节，有其特定的工作范围。

（二）明确管理主体，划分管理范围，统一管理权限

在传统的高校辅导员管理体制中，由人事处负责管理辅导员的人事编制、岗位聘任制、人员调配手续、工资管理、工资福利、档案管理等；由学生工作部负责辅导员的准入、业务培训、校内工作交流、年度考核、业务档案管理、评奖评优等；由所在院系负责具体工作安排、补贴福利发放、院系一级的考核、奖惩。

辅导员的职务、职称晋升、转岗等问题的一般程序是院系初审，学生工作部复审，组织部审定职务晋升，人事处审定职称晋升，教务处审定转岗。在这样的传统体制的管理下，在辅导员职称职务晋升的切身利益的问题上，经常会出现互相推诿，导致辅导员各个方面待遇兑现困难的问题。所以，需要明确管理主体，划分好管理范围，统一管理权限。

（三）大胆创新，试行专项辅导员工作机制

我国高校学生工作实行的“块状”模式管理，每个辅导员都有自己一块“责任田”，每天要面对“责任田”中的上百名学生，解决每个学生身边出现的种种问题，显然专业化程度不够，专业能力提升缓慢，缺乏可持续发展力。国外学生事务管理采用的是“条状”模式管理，学生事务工作者只需要在自己擅长的专业领域发挥作用，突出工作的专业性，彰显专业能力。因此，可以考虑借鉴国外条状模式，在高校中试行专项辅导员工作机制。根据管理工作的内容不同、分类设立不同的专项岗位，细化辅导员岗位职责内容，突出辅导员的专业服务职能，包括生涯规划、心理健康、学业指导、生活服务等，加强内部分工，在各自的领域里，进行专业深度和广度的拓展，最终发展为专家型辅导员。专家型辅导员指的是由具有相关专业背景和职业资质的辅导员，担任专业性较强的教育、指导、服务工作，在实践中拓宽专业宽度。这种做法不仅有利于辅导员的专业发展，更有利于推进辅导员队伍的职业化进程。

一些高校也在尝试把“多头管理制”改为“中心管理制”。在学生工作处下设辅导员工作中心，辅导员由该中心统一管理，不再分配到各个院系。辅导员工作中心再根据专业性质和工作职责设立若干小组，组成办公室，分别从事思想政治教育、就业指导、困难资助、心理辅导、素质拓展、校园文化、党团支部及班委会建设等方面的工作。改变必然会牵动高校学生工作的各个方面，带来操作上的麻烦，会带来大规模的调整和改变。但从长远来看，这种致力于“术业有专攻”的工作模式，对于提高辅导员工作的专业化和职业化程度是有利的。

（四）建立健全激励机制

激励机制不仅是确保辅导员队伍稳定性的有效保证，也是辅导员个人职业生涯可持续发展的有效保证。它充分调动了辅导员的工作积极性，实现从“要我做”到“我要做”的转变。激励机制不但包括物质激励机制，而且还包括精神激励机制。

物质激励是一种最常见的激励方式。物质激励可以满足辅导员基本的生活需要，使辅导员无后顾之忧。高校在制定辅导员的工资待遇时，在考虑辅导员正常生活所需的基础上，要结合辅导员的工作业绩和工作量，有差别地设定绩效工资。工资与辅导员的工作量、工作绩效水平挂钩，使工资成为工作量、工作结果好坏的一种反映，使工资生活保障因素变为与工作本身有关的激励因素。此外，辅导员也属于高校教师的一员，在工资待遇上要一视同仁，甚至可以略高于本校相应级别的教师，这体现出对辅导员工作强度的认可与尊重，也是有物质激励带来的激励效应。

根据马斯洛关于人的需求理论，人不但有物质需求，还有精神需求，而且更关注精神需求的满足。当低层次的需要得到满足以后就会产生高一级的需要。因此，要建立完善的辅导员的精神激励机制，应主动关心辅导员的情绪体验与价值认同，适时褒奖工作突出、敬业勤勉的辅导员，充分满足辅导员的自尊心、荣誉感和成就感，满足辅导员的心理需求，推动、刺激他的发展需求，从而激发其自我发展的动力。

四、健全辅导员职业能力培育体系，加强职业组织和职业文化建设

（一）依托专业学科

高校辅导员职业一直以来依托的是思想政治教育及相关学科专业。从2008年起，教育部力求从源头开始培养从事学生工作的高级专门人才，开始推行思想政治教育专业（辅导员方向）学科试点工作，设立硕士点、博士点或专业学位点。思想政治教育专业（辅导员方向）这一学科方向的设立给辅导员职业化发展提供了新的契机，这一学科方向正在逐步建构起体系完整、有针对性的专业课程模式。

要加快推进辅导员职业化进程，就应该尽快设立独立的高校辅导员

专业，打造由思想政治教育、管理学、心理学、人际关系学、青年学等多学科共同支撑的专业学科平台。

（二）建立职业培训体系

坚持专业化培训。一方面，有条件的高校可以开设思想政治教育专业，甚至是辅导员专业，培养具有专业理论知识和职业素养的学生，作为辅导员的人才储备；另一方面，高校重视辅导员的学历提升，鼓励、支持和委派优秀辅导员深造学习，攻读思想政治教育（辅导员方向）硕士和博士学位，专职从事学生教育、管理、服务工作，走专业化、职业化发展道路。

坚持全方位培训。辅导员培训要形成多层次、多类别、多形式、多渠道的培训体系，将岗前培训和岗位培训相结合，将骨干培训与全员轮训相结合，将职业培训与学历教育相结合，提高认识和深化实践相结合。培训的实施要清晰合理、层次分明、类型多样、各有侧重。

注重校本培训。我国高校辅导员队伍越来越壮大，既不能单纯地依靠教育主管部门组织的培训，也不能单纯依靠辅导员培训基地组织的培训，而应该依靠高校自身有针对性地加强校本培训。高校需要设立专门的辅导员培训部门，精心设计和规划辅导员的培训课程。可以在校外聘请学生事务管理的专家与校内挑选资历深厚、经验丰富的辅导员共同研究制定培训方案，定期组织辅导员参与学习、培训，为本校辅导员量身定制培养计划。需要校本培训顺应终身学习的要求，贯穿辅导员生涯的全过程。这与辅导员职业能力培养的持续性和持久性匹配，需要校本培训体现实践性，把辅导员的培训和实际工作紧密结合起来，不仅通过培训解决实践中碰到的最棘手的难题，而且还要把教育活动融合到实践工作中，发现问题、反思问题、交流问题和解决问题；需要校本培训可结合高校的资源条件，针对不同的培训内容采取不同的培训方式，以达到提升辅导员职业能力的目标。

（三）营造职业文化氛围

加强辅导员职业化建设，还应该以职业组织为载体，加强职业道德规范和职业文化建设。所谓的职业组织就是辅导员协会，依托协会培养和实践职业道德规范和职业文化。要树立典型，加强事迹宣传，引领行风发展，明确辅导员个体的行为准则。优化职业文化建设舆论环境，一方面为辅导员队伍的科学、有序发展提供道德规范的上保障；另一方面，有利于提高辅导员队伍整体素质的提高。利用职业道德规范约束辅导员群体的职业行为，塑造辅导员崇高的责任感、使命感，鼓励辅导员乐于奉献、爱岗敬业，为推进辅导员职业化建设营造氛围创造条件。

参考文献

/ REFERENCES /

[1]杜坤林.高校资困助学工作范式转换探析[J].教育发展研究，2012,32(07):74-77.

[2]付鑫，张亮.大学生思想政治教育[M].成都：电子科技大学出版社，2017.

[3]贺媚.新时期高校学生干部选拔、培养与发展研究[D].南昌：南昌大学，2013.

[4]李媛.高校辅导员职业生涯管理的问题与对策[D].长沙：湖南师范大学，2012.

[5]梁倩蓉，赵观音.新时代大学生成长成才规律研究——基于学风建设调查研究[J].教育现代化，2019,6(86):290-294+301.

[6]刘彤，王雪梅.大学生创新与创业[M].成都：西南交通大学出版社，2017.

[7]刘伟，郑卫东.新时代背景下高校校园文化建设现状与对策探析——以上海高校为例[J].中国农业教育，2020,21(03):75-80.

[8]乔旭.高校辅导员胜任素质模型构建及应用研究[D].青岛：青岛大学，2019.

[9]盛夏，路丙辉.高校辅导员工作实战方略[M].芜湖：安徽师范大学出版社，2018.

[10]史慧明.高校辅导员职业伦理研究[D].南京：南京师范大学，2012.

[11]王丽婷.辅导员在大学教育管理工作中的地位和意义探讨[J].中国教育技术装备，2017(10):26-27.

[12]王烨.高校奖学金管理系统分析[J].湖北农机化，2019(14):95.

[13]魏则胜，李敏，王鹏，等.高校辅导员道德素养概论[M].广州：广

东高等教育出版社,2018.

[14]吴渝婷.高校辅导员职业发展规划的对策[J].中外企业家,2017(15):174.

[15]伍晓芸.新时代高校辅导员角色建构研究[D].成都:西南交通大学,2019.

[16]向伟.新时代高校辅导员素质及提升策略研究[D].长沙:湖南师范大学,2020.

[17]熊楚国.大学生心理健康教育[M].武汉:华中科技大学出版社,2018.

[18]许辉.基于"自我发展"视角的高校辅导员职业伦理路径构建[J].继续教育研究,2018(07):109-112.

[19]余南飞.新时期高校辅导员素质建设研究[D].上海:复旦大学,2011.

[20]张娓娓.高校党团组织载体建设研究[D].沈阳:沈阳航空航天大学,2016.

[21]朱吉玉,朱丹.新时期高校辅导员角色与素养[J].安徽商贸职业技术学院学报(社会科学版),2020,19(04):69-72.

[22]朱珈楠,姚晶晶."95后"大学生思想和行为特征分析及对策研究[J].中小企业管理与科技(下旬刊),2016(11):130-131.